浙江省普通本科高校"十四五"重点立项建设教材

TRAFFIC AND TRANSPORTATION MANAGEMENT

交通运输管理

殷艳红 ◎主编

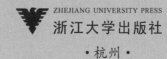

ZHEJIANG UNIVERSITY PRESS
浙江大学出版社
·杭州·

图书在版编目（CIP）数据

交通运输管理 / 殷艳红主编. -- 杭州 ：浙江大学
出版社，2024.6
　　ISBN 978-7-308-24728-3

　　Ⅰ．①交… Ⅱ．①殷… Ⅲ．①交通运输管理－中国－
教材 Ⅳ．①F512.1

　　中国国家版本馆CIP数据核字(2024)第053886号

交通运输管理
JIAOTONG YUNSHU GUANLI

殷艳红　主编

责任编辑	陈丽勋
责任校对	朱　辉
封面设计	春天书装
出版发行	浙江大学出版社
	（杭州市天目山路148号　　邮政编码　310007）
	（网址：http://www.zjupress.com）
排　　版	杭州林智广告有限公司
印　　刷	杭州宏雅印刷有限公司
开　　本	787mm×1092mm　1/16
印　　张	19.5
字　　数	380千
版 印 次	2024年6月第1版　2024年6月第1次印刷
书　　号	ISBN 978-7-308-24728-3
定　　价	59.00元

前言 | PREFACE

　　"要想富先修路。"这句朴素的谚语道出了经济发展和民生改善的背后交通运输的重要作用。经济的发展和社会的进步，离不开交通运输的支持。交通运输与人们的生活密切相关，例如早晨坐公交车去单位上班、周末一家人自驾游玩、骑自行车到菜场买菜等，都是普通人日常交通的掠影。交通运输的发展水平与经济发展以及人民群众的生活质量、幸福感、获得感息息相关。党的二十大报告强调加快交通强国建设，促进交通运输的高质量发展，推进我国现代化建设进程。

　　党的二十大报告指出："坚持为党育人、为国育才，全面提高人才自主培养质量。"[①]为培养新时代的交通运输建设者和实践者，我们需要在全面了解和掌握交通运输的基本理论知识与专业技能的基础上，针对交通强国建设的现实问题，积极思考，提出对策，采取行动，助力我国交通强国建设。为满足新时代的人才培养需求，保障交通人才的知识储备和能力储备，本书的内容遵循"概念+方式+综合+趋势"的思路，共分十章。

　　第一章是绪论，主要介绍交通运输的内涵及特点、作用、发展历程，了解交通运输的基本概念。第二至六章，依次论述五种运输方式的特点、设施设备、规划与管理等基本概念和理论。第七至九章是运输方式的综合应用，主要针对五种运输方式的综合运用领域，如综合运输、城市交

---

① 习近平. 高举中国特色社会主义伟大旗帜　为全面建设社会主义现代化国家而团结奋斗——在中国共产党第二十次全国代表大会上的报告 [R]. 北京：人民出版社，2022：33-34.

通运输、智能运输进行专题讨论。第十章结合社会发展规律和国内外发展趋势，对可持续发展要求下的交通运输发展趋势和策略进行讨论。

针对交通运输信息量大、技术更新速度快、实践要求高等特点，本书在理论知识的基础上，以近年来的交通发展为背景，对各种运输方式的设施设备、运营管理等现状和问题展开讨论，并结合国际国内的最新发展及未来趋势进行剖析，如智能公路、车联网、自动驾驶、出行即服务（Mobility as a Service，MaaS）平台等，具有一定的前瞻性。同时紧密结合共同富裕、乡村振兴、绿色出行等发展主题，全面论述和讨论交通运输在时代背景下的作用，引导学生树立正确的价值观，达到思政教育与时代精神紧密结合的目的。本书结合我国特色交通问题（如机非混行问题），引导学生思考"中国式解决途径"（如限号策略、限牌政策），体现了内容的中国特色。考虑到现代信息技术的广泛使用，本书结合配套的智慧树线上课程"交通运输学"（https://coursehome.zhihuishu.com/courseHome/1000077654#teachTeam），将线上资料如课件、知识点讲解视频、每章习题等做成二维码，读者用手机扫一扫即可全方位享受线上视频解读，实现"线上+线下"无缝连接，全方位推广教材应用。

本书涵盖设施与设备、管理与运营、规划与评价等多个维度的知识，涉及机械（如汽车）、工程（如公路）、管理（如运输管理）、经济（如运营）等多门学科，是"工+文""理+文""文+文"交叉融合的一部专业教材。本书内容全面、案例丰富、紧跟时代发展，可作为高校物流管理、交通运输等相关专业课程的本专科教材，也可以为交通运输领域和物流领域从事教学、科研、管理等工作的人员和交通运输工程学科硕士研究生提供专业参考。

本书为"浙江省普通本科高校'十四五'重点立项建设教材"项目，受到宁波大学、宁波财经学院（宁波市哲学与社会科学重点研究基地"数字经济创新与枢纽自贸区联动研究基地"项目）的资助，对此由衷表示感谢。此外，宁波大学海运学院李婷婷老师，研究生唐占峰、朱雨凤、徐科锋、崔康、叶子豪、黄礼奥、韩秋艳等，做了本书资料收集和整理的工作，在此一并表示感谢。

由于笔者水平有限，本书难免存在一些谬误和不足，敬请相关领域专家、同行及广大读者不吝赐教。

殷艳红

2024 年 3 月

目 录 | CONTENTS

第一章　绪　论

本章从交通运输的定义入手，对交通运输的概念、构成要素、主要方式、作用影响、发展历史、发展现状及趋势等各个方面进行阐述，以便读者全面地了解交通运输的基本专业知识。

第一节　交通运输的内涵

一、交通运输的概念

"山川涸落，天气下，地气上，万物交通。"《管子》是我国最早提出"交通"词语的著作之一。此句中的"交通"意为"交感、感应"。《辞海》对"交通"的定义为："各种运输和邮电通信的总称，即人和物的转运输送和信息的传递播送。狭义指运输。"《现代汉语词典》对"交通"的释义可概括为五种：①往来通达，如阡陌交通；②原是各种运输和邮电事业的统称，现仅指运输事业；③抗日战争和解放战争时期指通信和联络工作；④交通员；⑤结交与勾结，如交通权贵。由以上定义可以看出，"交通"一词侧重于各种事物之间保持关联与畅通的一种状态。虽然"交通"含义较多，但近代以来侧重于促进客货位置移动的各种要素之间的联系，如道路与道路相连、道路与车辆的联系、道路与铁路车站之间的联系等。

交通运输的
内涵、性质、
作用和影响

"运输"是一个与"交通"紧密相关的词语。与"交通"不同，"运输"一词的使用历史较短。《现代汉语词典》将其定义为"用交通工具把人员或物资从一个地方运到另一个地方"。由以上定义可以看出，"运输"一词侧重于完成旅客或者货物位置移动的活动过程。

从以上交通与运输的定义可以看出，交通与运输的概念相互交织。在现代流通领域，交通系统要素的构成是完成运输的必要前提，而运输是运用这些系统要素及它们之间的联系，实现旅客或者货物的位置移动。交通侧重于系统要素的关联，运输侧重于客货位移的活动，而实现这样的位移活动离不开交通系统要素的关联。从这个角度可以说，交通是实现运输活动的前提条件，而运输是交通作用的具体体现。如果说交通是前提，那么运输就是结果，两者构成了一个不可分割、相互联系的整体。

在社会经济发展中，交通和运输侧重于实现旅客和货物的位置移动，实现生产和生活物资的流通。尽管信息、数据、电子货币等虚体流动随着移动互联网的发展日益突出，但在我国有专门的部门另行管理。因此本书中交通运输讨论的范畴仅包括实体（旅客和货物）的位置移动。同时本书中的交通运输与物流搬运有所区别。虽然两者都强调物体的空间位置移动，但物流搬运更加聚焦于物体在同一空间内的短距离位置移动，而交通运输则主要关注物体在不同空间中的长距离位置移动。例如，在工厂内将物品从一道工序移动到另一道工序，属于物流搬运。而将产品从工厂运送到零售商店，则属于交通运输。

根据以上概念的归纳和整理，本书给出交通运输的定义如下：交通运输是指在一定的基础设施和设施设备的关联系统中，实现旅客或货物在一定距离的空间位置移动的活动。考虑到距离的量化，参考前人研究，距离的范围要大于500米。

二、交通运输的要素构成

根据交通运输的定义，交通运输的要素主要包括三个部分，即基础设施、交通运输工具、交通运输运营与管理。

（一）基础设施

基础设施是指为社会生产和居民生活提供公共服务的物质工程设施，是用于保证国家或地区社会经济活动正常进行的公共服务系统。基础设施一般分为两类：一类为基础建设，包括公路、铁路、机场、通信、水电煤气等公共设施；另一类为社会性基础设施，包括教育、科技、医疗卫生、体育、文化等社会事业。

交通基础设施是基础设施的重要组成部分。交通运输中的基础设施主要是指供运输使用的各类不可移动的工程体或固定建筑物。工程体主要指供运输工具行走的通道，如公路、铁路、航道、航线等。固定建筑物主要指供运输工具停留作业或者客货上、下运输工具的建筑物，例如汽车站、火车站、机场、港口、管道泵站等。

作为一种社会公共产品，交通基础设施具有以下特点。一是先行性和基础性，所提供的服务是原料、产品、人力等的流动，是商品与服务生产和消费过程中必不可少的环节。若缺少交通基础设施，其他生产经营活动商品与服务难以有效生产和消费。二是不可贸易性，所提供的服务具有地域的限制，几乎是不能通过贸易进口的。一个国家可以从国外融资和引进技术设备，但要从国外直接整体进口机场、公路、火车站等是难以实现的。三是整体不可分性。通常情况下，交通基础设施是一个密不可分的整体，且只有达到一定规模时才能有效提供服务，如果公路、机场、水路、铁路等基础设施碎片化，那么将很难达到明显的规模效应。四是准公共物品性，即相对的非竞争性和非排他性。非竞争性体现在交通基础设施的使用具有特定的目的，是其他设施无法替代的。非排他性体现为交通基础设施的使用是开放性的，某人使用基础设施所提供的服务时，不可能禁止他人使用。

交通基础设施是交通运输系统的主要构成要素，是实现运输的基本前提，也是交通运输建设中的重要投资方向，是一个国家或地区交通运输水平的重要体现。交通运输的基础设施建设投资大、建设周期长，一般由政府投资或支持。据有关资料统计，目前在我国建造一条双向四车道的高速公路，普通地区建设成本为5000万元/千米，而高山、丘陵地区建设成本达1亿元/千米以上。交通基础设施的建设水平对社会经济、就业、消费等各个领域都有重要影响。其影响主要有两个方面：一是乘数效应，即政府支出中的投资可以通过投资乘数放大来推动生产水平的提高，继而提升人民的收入水平；二是挤出效应，即政府的投资支出挤占了私人的投资和支出，从而阻碍经济的发展和人民的收入提高。通过对大部分国家的实际问题进行研究发现，基础设施建设对经济发展起着推动作用。聚焦到我国乡村振兴、共同富裕等时代主题，交通基础设施建设是一个举足轻重的角色。无论是"要想富，先修路"，还是近年来国家不遗余力地建设"幸福小康路""康庄大道路"等，农村经济发展、农民增收与交通基础设施建设已经紧紧地联系到了一起。交通基础设施把农村的初级原材料生产市场和城市的消费市场串联起来，是供给侧结构性改革的重要一环，是乡村振兴的重要基础。习近平总书记曾指出，"交通基础设施建设具有很强的先导作用"，"特别是在一些贫困地区，改一条溜索、修一段公路就能给群众打开一扇脱贫致富的大门"[①]。目前，我国农村已建成"外通内联、通村畅

---

① 新华社.筑好康庄大道　共圆小康梦想——习近平总书记关心农村公路发展纪实 [N].人民日报，2014-04-29（1）.

乡、班车到村、安全便捷"的交通网络。经济进入新发展阶段后，需要进一步完善交通基础设施，打破地区持续发展的瓶颈，促进经济发展和人民生活水平的提高。

（二）交通运输工具

交通运输工具狭义上指一切人造的用于人类代步或运输的装置，如自行车、汽车、摩托车、火车、船、飞机等机器，也包括马车、牛车等动物驱动或者人力驱动的黄包车等移动设备。相对于固定的交通基础设施而言，交通运输工具是可以移动的，通过利用基础设施的空间和运输管理，实现旅客、货物的空间位移。

随着科技的发展，交通运输工具也在不断变化。在原始社会，人类主要靠步行来实现运输。距离较远的两地无法很好地沟通，人们只能在有限的地域空间内交流、交换物资，社会发展也极其缓慢。后来，人类发明了马车、牛车等畜力交通工具，借助马、牛、驴等畜力，社会运输的范围和量都有了较大飞跃，促进了民间的物质交换和文化交流。之后水上交通运输工具船舶也逐渐成形，借助错综的天然河道和水流、风力等自然力量，人们可以实现较长距离、较大规模的物资运输。以蒸汽机为代表的第一次工业革命极大地促进了交通运输工具的发展，蒸汽火车和蒸汽轮船应运而生，人类运输实现了全球性的空间跨越。到近代，内燃机的发明使得交通运输工具的发展更上一个台阶，小汽车、飞机、火箭等新式工具的出现，使得人类进入了更加自由开放、无所不及的运输领域。

根据运输方式的不同，交通运输工具可分为以下五类：①轨道运输工具，指沿固定的轨道行驶，由电力、内燃机或蒸汽提供动力的各种车辆；②道路运输工具，指利用汽油、柴油、电或其他能源作动力，通过轮胎在各种道路上行驶的各种车辆，如汽车（货车和客车等）、无轨电车、摩托车等；③水上运输工具，指利用螺旋桨、喷射水流在水中的推力而在水上行驶的载运工具，如各种螺旋桨船舶、水翼船、气垫船等；④航空运输工具，指利用螺旋桨或高速喷射气流在空气中的推力而在空中航行的载运工具，包括各种螺旋桨飞机、喷气式飞机、直升机等；⑤管道运输工具，如各种液体或气体输送管道。

各类交通运输工具具有不同的使用特征。从输送旅客和货物角度来看，主要从以下三个方面考察交通运输工具的性能表现：一是速度性能，移动速度是考察运输效率的一个主要指标；二是运输容量，即一次装载能容纳的旅客数或货物量；三是运输费用，包括交通工具建设投资、运营管理、能源消耗等方面的费用，是考察交通运输工具使用经济效益的一个指标。当然，除了以上三个指标，还可以从生态保护和可持续发展角度考察交通工具的其他性能，如安全可靠性（事故、资源耗损、时间损耗等）、环境保护（空气、水、土壤和声音等）、舒适性（乘坐舒适度）等。以上性能不可能完美地体现在某一种交通运输工具上，因为有些性能要求是彼此抵触的。例如，要求速度快，就势必多消耗能源，从而使费用增大。因此现实生活中需要综合考虑，权衡利弊，选择合适的交通运输工具。

（三）交通运输运营与管理

交通运输运营与管理讨论如何组织和管理交通工具在基础设施空间范围内移动，高效完成旅客和货物的空间移动，属于交通运输的第三个构成要素。交通运输运营与管理侧重于交通运输管理、交通运营调度、交通运输服务、安全管理、信息技术运用等方面，具体体现为交通运营管理、车辆营运调度、站线管理及信息管理等，包括运输运营和交通管理两个方面。运输运营强调如何组织交通工具在一定的时间和空间内合理利用交通基础设施，完成快速、安全、高效的旅客和货物输送服务。例如城市与城市之间的铁路运输，以及运行线路、停靠站点、停靠时间、发车频率、运营速度、司机安排等，都需要详细的运营数据，都需要在列车运行前做好安排，都属于运输运营。交通管理则侧重于在运营前、中、后三个过程中明确相关方的责任与义务，规范旅客行为，引导货物有序运输。交通管理中涉及的相关方主要包括运输服务提供者、运输服务接受者、运输服务监督者。对运输服务提供者的管理主要包括资质审查、安全监督、车辆检测等。例如对长途客运巴士的实载人数进行严格规定，不能超过车辆的核载人数，如果超载，则会采取相应处罚措施。对运输服务接受者的管理主要包括对旅客行为、货物的规范，如不能在公交车上拉扯驾驶员，不能在高铁车厢内抽烟，以及危险品运输的特殊要求等。运输服务监督者主要履行对运输服务提供者和运输服务接受者的监督执法职能，对一些违反交通法规的行为进行处罚。在我国，运输服务监督主要由各级运输管理局或处、交通警察联合执行。

三、交通运输的主要方式

交通运输方式是指实现旅客或者货物较长距离位置空间移动的方法，主要考察交通运输活动完成的方式，即实现位置移动的手段。因此，可以从使用何种交通工具和运用何种交通基础设施两个方面来划分交通运输方式。根据基础设施与交通工具的特点，将现代交通运输划分为公路运输、水路运输、铁路运输、航空运输、管道运输等五种方式。虽然五种方式的产品和目的都是实现旅客或者货物的空间位移，但其速度、载重量、连续性、安全性、舒适性等技术性能不尽相同，经济指标（投资、运输费用、劳动生产率）等的产出也具有较大的差异。表1.1从速度、运输能力、货物通用性及机动灵活性四个方面来比较以上五种运输方式的主要特征。

表1.1　五种运输方式的主要特征比较

运输方式	最大速度	最大运输能力	货物通用性	机动灵活性
公路运输	客车 80 ～ 120 千米/时 货车 60 ～ 100 千米/时	四个车道 300 ～ 500 万吨/年	较好	好
水路运输	客船 36 ～ 111 千米/时 货船 28 ～ 55 千米/时	不受限制	好	差
铁路运输	客车 80 ～ 350 千米/时 货车 80 ～ 140 千米/时	单线 1800 万吨/年 双线 5500 万吨/年	好	较差
航空运输	900 ～ 1000 千米/时	空中客车 A380 840 人/机	较差	较好
管道运输	液体 12 千米/时 气体 90 千米/时	管径 762 毫米输油 2000 万吨/年 管径 564 毫米输油 1000 万吨/年	差	差

公路运输是在公路上运送旅客和货物的运输方式。公路运输使用的交通基础设施主要是公路、公路桥梁、隧道、涵洞、汽车站等，使用的交通工具以汽车为主，此外还有摩托车、电瓶车、自行车、马车等。公路运输适用性强，运输时间、地点和运输量等调整非常灵活。由于公路路网密度较大，分布面也广，因此公路运输可以"随时、随地"。公路运输的车辆可随时调度、装运，各环节之间的衔接时间也较短。公路运输对客货运量的多少具有很强的适应性，不同类型汽车的载重吨位可在0.25 ～ 300吨浮动。单个车辆既可以独立运输，也可以与多辆车编成车队同时运输，对抢险、救灾工作和军事运输具有重要意义。公路运输最显著的特点是可以直达运输。汽车体积较小，供给需求较为简单，中途一般也不需要换装，可沿分布较广的公路网运行到工厂、企业、农村、城市住宅等地，把旅客和货物从始发地门口直接运送到目的地门口，实现"门到门"运输。公路运输中途不需要倒运、转乘就可以直接将旅客和货物运达目的地，因此，其客货在途时间较短，运送速度较快。公路运输所需固定设施简单，车辆购置费用一般也比较低，投资门槛低，投资回收期短。另外，汽车驾驶技术比较容易掌握，对驾驶员的各方

面素质要求相对也比较低。虽然公路运输具有较多的优点,但由于它主要使用化石燃料供给能源,所排放的尾气会加剧城市空气污染;同时其安全性能也不容乐观,我国每年死于汽车交通事故的人数达50多万人。

水路运输是通过航道运送旅客和货物的运输方式。水路运输使用的交通基础设施主要是航道、港口、港站、码头等,使用的交通工具以船舶为主。水路运输运送量大,能耗与成本较低,货物兼容性强,是我国长距离货物运输的一种主要运输方式,也是国际贸易货物运输的基础。水路运输运载能力大,首先体现在航道的通行能力限制较少,特别是海上航道几乎不受限制。其次是船舶的运载能力强,单位运量大,单船的最大载重量达56万吨。一条密西西比河的运量相当于10条铁路运量,一条莱茵河的运量抵得上20条铁路运量。另外,水路运输基础设施建设成本低,利用海洋或天然河道,占地很少,成本较低。但是水路运输受自然条件的限制与影响大,受海洋与河流的地理分布及地质、地貌、水文与气象等因素明显制约,且运行速度较慢。

铁路运输是在铁路上运送旅客和货物的运输方式。铁路运输使用的交通基础设施主要是轨道、沿线设施、桥梁、隧道、涵洞、火车站等,使用的交通工具以火车为主。铁路运输运送量大,速度快,能耗与成本较低,一般不受气候条件限制,是我国中长距离客货运输的一种主要运输方式。一般每列客车可载旅客1800人,一列货车可装2000～3500吨货物,重载列车可装2万多吨货物。我国单线单向年最大货物运输能力达1800万吨,复线达5500万吨。在运行组织较好的国家,单线单向年最大货物运输能力可达4000万吨,复线超过1亿吨。铁路运输成本较低,是同期公路运输成本的1/17～1/11。同时铁路运输能耗较低,2017年我国铁路单位运输工作量主营综合能耗3.96吨标准煤/百万换算吨千米,仅为公路运输的1/15～1/10。铁路运输速度较快,旅客运输最高可达到350千米/时,货物运输最高可达140千米/时。铁路运输通用性能好,既可运客又可运各类货物;运输过程受自然条件限制较小,连续性强,计划性强,能保证全年大量客货的准时运输。铁路运输的缺点主要表现为建设成本过高,且建设周期较长,一条干线要建设5～10年。

航空运输是在空中运送旅客和货物的运输方式。航空运输使用的交通基础设施主要是航线、空港等,使用的交通工具以飞机为主,还包括热气球、飞艇等。航空运输速度快、运送量较小、能耗与成本较高、货物兼容性较差,是贵重、时间要求高的货物长距离运输的一种重要运输方式,也是国际旅客运输的基本方式。速度快是航空运输最显著的特点,目前民航平飞速度可达800～1000千米/时,是五种运输方式中最快的。同时,航空运输的基础设施建设周期短，投资较少，而且受地形地貌的影响较小，可实现两点间线路的灵活运输。但是航空运输受气候、天气的影响较大，准确性和经常性较差。

管道运输是在管道里面运送货物的运输方式。管道运输使用的交通基础设施主要是管道线路、泵站、线路附属设施等，基本不使用移动交通工具，货物在推力或者压力作用下自行前进。管道运输由于其运输的特殊性，所运输的货物须具有可流动、性能稳定等特点，主要应用于油、气等物质的运输，有时还进行煤炭等的浆体输送。管道运输具有投资少、运量大、成本低、运输稳定、劳动生产率高等优点，成为油、气、水等的主要运输方式。管道运输省去了水运或陆运的中转环节，可从生产地直接向消费地连续输送，大大缩短了运输周期，降低了运输成本，提高了运输效率。管道运输适用的货物种类有限，同时受限于管道，可达性也不强。

第二节　交通运输的性质、作用与影响

一、交通运输的性质与特征

（一）交通运输的性质

交通运输业属于服务业的流通部门。国民经济可分为农业、工业、服务业三个部分。农业和工业生产物质，农业为社会提供农产品，满足人类最基本的生存需要，工业为社会提供加工产品和建筑物，为人类更高水平的生活需要提供原材料和工业加工品。服务业主要为人类提供除满足物质需要以外的更高级的非物质服务。与农业和工业不同，服务业不生产具体有形的物质产品。服务业包含的行业多，范围广。我国将服务业划分为流通部门和服务部门两大部分。交通运输是以一定的生产关系联系起来的具有劳动技能的人们使用劳动工具（如车、船和飞机等运载工具及其他主要技术装备）和劳动对象（货物和旅客）进行客货位移的活动过程。

（二）交通运输的特征

在交通运输过程中，旅客和货物只是实现了空间位移，并无新物质的生产，属于典型的服务行业，具有服务行业的典型特点。

1. 不创造新的有形产品

交通运输不改变运输对象的物理、化学性质和形态，只改变运输对象（客、货）的空间位置，因此并不创造新的有形产品。对旅客来说，其服务随着位移直接被旅客消费。对货物运输来说，它把价值追加到被运输的货物身上。

2. 运输服务既不能储备也不能调拨

交通运输服务是在流通过程中提供并被消费的，是为满足把物质从生产地运往下一个生产地或消费地的运输需要，因此运输服务既不能储备也不能调拨。在交通运输生产过程中，运输工具和运输对象是同时运动的，所创造的服务（客、货在空间上的位移）不具有物质实体，在运输生产过程中同时被消费掉。因此，只有在运输能力上留有后备，才能满足运输量波动和特殊的运输需要。

3. 不同交通运输方式提供同一服务

各种运输方式虽然使用不同的技术装备，具有不同的技术经济性能，但提供的是同一服务，它对社会具有同样的效用。其他行业由于工艺不同，其提供的产品和服务有很大差异，而不同交通运输方式生产的服务是相同的，这是运输生产的又一特征。

4. 各种运输方式相互衔接、互为补充

交通运输的生产场所分布在有运输联系的、广阔的空间里，不像工农业生产那样可以在比较有限的地区范围内完成它们的生产过程。各种运输方式之间还可以相互衔接、互为补充，共同完成旅客或货物的运输过程，可根据运输需要，按方向、分工形成综合运输体系。

二、交通运输的地位与作用

交通运输作为社会经济的基础和重要纽带，是经济发展的基本需要和先决条件，其通过资源配置和宏观调控，促进社会分工、大工业发展和规模经济的形成。因此，交通运输是国土开发、城市和经济布局形成的重要因素，具有重要的经济、社会、政治和国防意义。

（一）促进国民经济发展

交通运输属于流通部门，是国民经济发展的必要条件，是促进国民经济发展的重要基石。

生产的规模、配置以及交换的性质，在很大程度上取决于交通运输水平。发达便利的交通运输业是保证工农业之间，以及国家和地区之间经济联系可靠、稳固的必要条件。只有通过交通运输，才能把中央和地方、沿海和内地、工业和农业、城市和乡村、生产和消费，联结成一个严密的有机整体。生产、分配、交换和消费也只有通过运输的纽带才能得到有机的结合。生产的社会化程度越高，商品经济越发达，生产对流通的依赖性越大，交通运输在社会再生产中的作用越重要。

交通运输还带动了一系列相关产业的发展，交通基础设施建设和相关制造业随着交通运输业的发展不断壮大。交通基础设施的建设占国家基本建设投资的最大份额。"十三五"期间，我国交通运输总投资规模达到15万亿元，其中铁路3.5万亿元、公路7.8万亿元、民航0.65万亿元、水路0.5万亿元，带动了水泥、建筑等相关行业发展，提供了无数的工作岗位。机械制造业和造船业也是交通运输的直接相关产业。制造机车车辆、汽车、飞机、船舶等运载工具，使制造业成为国家的支柱产业。交通运输及其相关产业的现代化也为电子信息产业提供了广阔的市场，大大促进了电子信息产业的发展。交通运输业的发展还直接促进旅游业和物流业两大新兴支柱产业的形成与发展。

（二）促进区域经济格局形成与城市发展

交通运输在促进社会经济发展的同时，也对区域发展布局和资源的协调有着重要的作用。依托于交通运输的基础设施，以交通要道为依托，依靠若干条通过能力强的南北向、东西向的运输大通道，可引导形成若干跨地区的经济区域和重点产业链，有力带动交通沿线的生产，优化生产力布局，促进社会分工、大工业发展和规模经济的形成。

交通运输也是城市、都市圈、城市群形成与发展的基础要素，在城市形成与发展过程中作用显著。纵观世界上较为成熟的城市群在过去一个多世纪的沿革和演变，可以清晰地看到，交通投资建设和运输组织带动了城市群空间的拓展与优化，带动了产业的链式发展和集群发展。城市扩张也大多以交通为先导，以大交通搭起城市大框架。较早提出都市圈概念的国家，在确定都市圈的边界时，都将外围市镇与中心城市之间有无通勤交通作为主要衡量指标。比如日本提出，大都市圈内的外围市镇到中心城市的通勤率不小于本身人口的15%。因此有没有高强度的交通联系是定义都市圈概念的核心判断依据，这与国内学者对同城化"1小时交通圈"的界定方式极为相似。城市群由一个或若干个都市圈以及其他城市、城镇构成。城市群的本质是资源和环境一体化优化的地域空间，是关系密切的生产协作圈、经济圈，其交通需求特征是以低成本、高效率的物流体系来保障生产资料、半成品和产品之间的可靠流通，同时以舒适快捷的客运系统来保障中短距离商务及旅游出行。

（三）影响人们生活质量

交通运输是人们生活的一部分，其通行效率与便捷程度直接影响人们的生活质量。近代以来，随着出行的增加，交通运输的服务水平成为提高居民生活质量的一个重要维度。

（四）具有政治、国防意义

交通运输是国土资源开发的先锋，是我国实施西部大开发、长江经济带等国土开发与建设的先行军。交通运输的发展，不但可以促进欠发达地区或边远地区的资源开发，而且可以优化资源配置，调整农牧业结构，推动农业现代化，改善投资环境，加速工业化进程，加快人流、物流、信息流，促进第三产业的发展和社会文明的进步。例如在西部大开发中，公路运输在西部综合运输体系中占主导地位，交通基础设施的建设也以公路为重点。铁路构建了西部地区出海的主要通道，是连接东部和组成大陆桥的大动脉。

运输业平时为经济建设服务，战时则为军事服务。在战争中，它是联系前方和后方、调动部队运送武器弹药和粮食等物资的保证。因此，交通运输也具有较大的国防意义。交通运输业是国家战斗实力的重要组成部分，交通基础设施的建设和交通运输的通达对于巩固国家的政治统一和加强国防建设、扩大国际经贸合作和人员往来具有重要作用。

三、交通运输的影响

交通运输对资源、环境、安全、城市空间形态等方面都有着或积极或消极的影响。

（一）资源方面

交通运输对资源的占用不仅包括交通运输工具制造和基础设施在建设过程中消耗的自然资源与原材料，特别是不可再生的资源如土地，还包括各种交通运输方式在运营中消耗的自然资源和能源（如石油产品）。

土地是社会生活与生产的主要场所，是非常宝贵的不可再生的自然资源。公路、铁路、机场等交通基础设施建设往往要占用大量宝贵的国土资源，尤其是高等级公路、高速铁路，由于线路标准要求高，占用土地更为突出，每千米占用土地少则上万平方米，多则数十万平方米。土地被占用后恢复原有用途非常难，交通基础设施占用土地资源，使得土地功能具有不可逆转性。

能源是经济发展的重要物质基础，也是交通运输发展所需的资源。交通运输对能源的需求体现在两个方面：一是能源的种类；二是能源的消耗强度。交通运输对能源需求的品种主要是石油产品，也消耗煤及其他类型能源（如天然气），但占比较少。2021年我国交通运输、仓储和邮政业的消费总量约为43935万吨标准煤，其中消耗煤炭、石油、电力、天然气分别为120万吨、21988万吨、1993亿千瓦时、366亿立方米。

对建筑材料和其他资源的消费也是交通运输的资源占用体现之一。各种运输工具的制造和铁路、公路、码头、机场、管道等基础设施的建设，都需要大量的原材料投入，如钢铁、水泥、沥青，以及化工、电子元件、通信器材等材料。以铁路为例，平均每千米长度的铁路需钢轨200吨，每辆列车的自重在20吨以上，其中80%为钢铁及其他有色金属。公路建设则需要大量的水泥、砂石、沥青、钢材等。据估测，每千米长度的公路需沥青1000吨，水泥350吨，以及大量的砂石料和各种填料。汽车制造消耗了大量的原材料，仅钢铁一项，每千辆小轿车消耗平均重量达600～800吨。无论是交通运输基础设施，还是交通运输工具，其消耗的建造材料，都需要开采大量矿产资源，对资源储量造成压力。

（二）环境方面

交通运输业在推动社会和经济发展过程中，运输总量与运输规模不断增大，对环境造成了一定的影响。交通运输对环境的影响包括废弃物排放（如汽车尾气所带来的空气污染）和交通工具在运营中产生的固体废弃物带来的土壤污染等。

汽车尾气所造成的空气污染是交通运输产生的突出环境问题之一。随着汽车保有量持续快速增长，汽车尾气排放已经成为大气环境污染的重要来源之一。科学分析表明，汽车尾气中含有上百种不同的化合物，其中的污染物有固体悬浮微粒、一氧化碳、二氧化碳、碳氢化合物、氮氧化合物、铅及硫氧化合物等。一辆轿车一年排出的有害废气比其自身重量大3倍。汽车尾气直接危害人体健康。尾气在直接危害人体健康的同时，还会影响一些其他的生产生活设施的使用寿命，对人类生活的环境产生深远影响。比如尾气中的二氧化硫具有强烈的刺激气味，达到一定浓度时容易导致"酸雨"的发生，造成土壤和水源酸化，影响农作物和森林的生长。交通运输业也是全球温室气体的主要排放部门，碳排放量占据全球碳排放总量的25%，加剧了温室效应和气候变化，其带来的冰川融化、海平面上升，以及厄尔尼诺现象、拉尼娜现象等极端气候，给人类的生存带来了极为严峻的挑战。

噪声污染也是交通运输带来的环境问题。噪声污染对人体健康、建筑材料等都会产生不同程度的危害。声音超过50分贝就会影响人的正常休息，超过70分贝则会干扰谈话，使人心烦意乱、精神不集中，甚至造成事故。飞机、火车、汽车、轮船等交通运输工具会在运行中产生噪声污染。据测算，当车速为50～100千米/时，在距离交通干线中心15米处，拖拉机噪声为85～95分贝，重型卡车为80～90分贝，中型或轻型卡车为70～85分贝，摩托车为75～85分贝，小客车为65～75分贝。车速加倍，交通噪声平均增加7～9分贝。交通噪声无所不在，不仅会降低人的听力，影响人的休息和情绪，干扰语言交谈和通信联络，还会影响人们的正常生活和工作，成为影响居民生活质量和环境和谐的一大突出问题，成为城市居民关注的环境问题。

（三）安全方面

随着交通流量快速增长、交通体系日益复杂，以及交通出行方式和出行目的日趋多样，交通运输面临着严峻的安全形势问题。2019年我国交通事故发生数总计247646起，交通事故死亡总人数达到62763人，交通事故受伤人数总计256101人，交通事故造成的直接财产损失总计134618万元。无论是引起人的伤亡还是物的损坏，都将对社会资源造成浪费。与此同时，交通警察赶赴事故现场处理事故、医院组织医务力量抢救伤者、消防参与救援等，都将增加社会成本，事故现场导致的交通受阻或中断也会对国民的生产和生活产生影响。

（四）城市空间形态方面

交通运输通过改变产业布局、推动经济发展、促进人口迁移等影响着城市格局，改变着城市发展的空间形态。在交通运输较为落后的阶段，较高的运输成本限制了城市间外部贸易的发展，工业活动在城市间难以形成专业化分工，落后的交通条件将生产生活活动限制在城市的有限范围内，形成以市中心为单一中心的城市空间形态。随着交通的发展，长距离的商品运输成为可能，围绕着中心城市的腹地市场开始发展，工业生产可在不同城市间实现专业化分工，这促进了聚集经济效应的充分发挥，推动了城市向外分散发展，呈现多中心发展格局。此外，便利的交通还能够促进沿线地区人口的快速流动，加快地区经济的对外联系，从而带动沿线周围的旅游、餐饮、房地产等第三产业的迅速发展，推动沿线经济的产业结构升级，提升城市形象。

第三节　交通运输的发展历史

纵观世界交通运输的发展历史，可以发现交通运输的发展总是伴随着能源的变革和科技的进步。按照不同时期不同的主导动力来源，可将交通运输的发展历史划分为四个阶段：自然力阶段、蒸汽机阶段、内燃机阶段、电力机阶段。

一、自然力阶段

这一阶段的显著特征是交通运输动力来自人力、畜力等自然力，因而被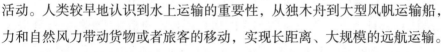
称为自然力阶段。在漫长的人类发展历史中，依靠自然力量开展运输活动，是蒸汽机时代以前运输的主要特征。随着武器和生产工具的改进，渔、猎、
农获得物逐渐增多，运送成了一大难题，人们开始制作运输工具如运送车
辆，驯服一些动物提供搬运动力，如牛、马、骆驼等，依靠畜力或人力完成移动运送等活动。人类较早地认识到水上运输的重要性，从独木舟到大型风帆运输船，借助水的浮力和自然风力带动货物或者旅客的移动，实现长距离、大规模的远航运输。

交通运输的
发展历程、
现状与趋势

二、蒸汽机阶段

蒸汽机是将蒸汽的能量转换为机械功的往复式动力机械。詹姆斯·瓦特改良的蒸汽机，使得社会发展进入以蒸汽为动力的崭新时代——蒸汽机时代，为轮船、火车等现代交通工具奠定了基础。1804年，英国人制造出了一个以蒸汽机为动力的火车头，世界上第一辆蒸汽火车就此诞生。1807年，美国人罗伯特·富尔顿成功制造出由蒸汽机提供船舶动力的轮船，从此机械力代替自然力进行运输。1852年，法国人制造出世界上第一艘蒸汽动力的软式飞艇，实现了人类第一次有动力载人的"可操纵飞行"。1863年，世界上首条采用蒸汽机车动力牵引的地铁——英国的"伦敦大都会铁路"（Metropolitan Railway）开通。随着蒸汽机陆续使用在各种交通运输工具上，交通的效率和交通量有

了质的飞跃，揭开了一个全新的机械运输时代的序幕。

三、内燃机阶段

内燃机是通过使燃料在机器内部燃烧，将其放出的热能直接转换为动力的动力机械。与蒸汽机相比，内燃机热效率高、轻便有力、操作简单，在公路、水路、铁路等交通运输领域和农业机械等方面逐渐获得了广泛应用。随着内燃机的出现和应用，交通运输历史又一次发生变革。1885年，德国工程师卡尔·本茨研制出世界上第一辆使用四冲程汽油机驱动的三轮汽车"奔驰一号"。德国工程师狄塞尔在1892年首次提出压缩点火式内燃机的原始设计，成功地制造出了世界上第一台试验柴油机。1903年，美国莱特兄弟以一台自制的内燃机为动力装置，首次成功试飞世界上第一架完全受控、依靠自身动力、机身比空气重、持续滞空不落地的飞机。此后以内燃机为动力的汽车和飞机相继出现，很快成为现代运输的主要运输工具。

四、电力机阶段

随着内燃机汽车的快速增加，其排放的尾气产生的环境问题日益突出，给全球气候带来了消极的影响。从节能环保的角度出发，人们急需一种交通通行效率高、环境污染少的交通工具，实现可持续发展。以电力为基本驱动力的电动汽车再次走进人们的视野，各种电动汽车和电动机车问世，成为时代的"新宠儿"。例如铁路上的动车，将电转化为驱动车体行进的核心动力，可以实现200 ～ 350千米/时的高速行驶。电力驱动机车在汽车和自行车等公路运输交通工具中的应用也越来越多。根据国际能源署（International Energy Agency，IEA）发布的《全球电动汽车展望2023》，2022年全球电动汽车销量突破1000万辆，保有量达到2500万辆。根据我国公安部交通管理局的统计数据，2022年我国电动自行车年销量超过5000万辆，社会保有量接近3.5亿辆。除了公路运输和铁路运输，电力机车和电力设备在水路运输与航空运输中的应用比重也快速增长。2020年长江流域首艘千吨级纯电动货船试航成功，以2019年巴黎航空展（Paris Air Show）上全电动飞机"爱丽丝"（Alice）为代表的全电飞机开始成批出现，表明航空界正在进行着一场动力变革。在全球环保的强力诉求下，当前交通运输业的发展正在朝全电动方向飞驰，并将在未来较长一段时间内继续保持优势。

第四节　交通运输的发展现状与趋势

一、交通运输发展现状

我国交通运输体系经过多年建设和发展，取得了长足的进步。交通运输设施和装备成倍增加，运输能力不断加强；技术水平明显提高，运输服务质量大大提升；客货运输量大幅度增长，运输效率和运输效益显著提高，现已形成全国性的结构合理、协调发展的现代化交通运输体系。

（一）公路运输

我国已建立一个具有相当规模的公路基础设施系统。2021年我国交通运输、仓储和邮政业的消费总量约为43935万吨标准煤，其中消耗煤炭、石油、电力、天然气分别为120万吨、21988万吨、1993亿千瓦时、366亿立方米。服务区、停车区、汽车停靠站等公路服务设施的数量和质量也在提升，其服务模式与功能设施不断完善。第一代公路服务区（1990—1999年）主要满足司机乘客加油、休息、如厕等需求；第二代公路服务区（2000—2009年）增加了简餐、超市及以泡面为主的自助餐服务；第三代公路服务区（2010—2019年）出现了中小型综合性商超，供人们选购商品；第四代公路服务区（2020年以后）推广文化元素、宣传和体验地方旅游。整个公路服务区的发展历程均以满足新时代旅客需求为目的，体现了我国公路运输服务设施功能的提升过程。

（二）铁路运输

铁路运输是我国中长距离大批量运输的主要运输方式。从新中国成立开始，我国一直加强铁路运输建设，形成了密集的铁路线路网。截至2022年末，全国铁路营业里程达15.5万千米，其中高铁营业里程达到4.2万千米，居世界首位。中国"八纵八横"高铁网主通道加快建设，为促进区域协调发展提供了有力支撑。铁路网越织越密，铁路供给侧结构性改革也稳步向前。深化站、车厕所革命，推出刷脸进站核验、站车Wi-Fi全覆盖、手机订餐送上车等一系列便民利民新举措，使百姓铁路出行的便捷度、舒适度大大提升，铁路旅客越来越多。2022年，我国铁路旅客发送量16.73亿人，旅客周转量6577.5亿人千米。货物总发送量49.84亿吨，货物总周转量35945.7亿吨千米。

（三）水路运输

我国有1.8万多千米海岸线和12.3万千米的内河航运线，为水路运输的发展奠定了良好的基础。截至2022年末，全国内河航道通航里程12.80万千米，等级航道里程6.75万千米，三级及以上航道里程1.48万千米。我国还拥有较多的港口，2022年生产用码头泊位21323个，万吨级及以上泊位2751个，其中沿海港口万吨级及以上泊位2300个，内河港口万吨级及以上泊位451个。全国万吨级及以上泊位中有专业化泊位1468个、通用散货泊位637个、通用件杂货泊位434个。水路运输是大宗货物的主要运输方式，2022年完成货运量85.54亿吨，货物周转量121003.14亿吨千米。其中，内河运输完成货运量44.02亿吨、货物周转量19025.73亿吨千米，沿海运输完成货运量32.33亿吨、货物周转量40535亿吨千米，远洋运输完成货运量9.18亿吨、货物周转量61442亿吨千米。海运是我国外贸出口的主要运输方式，其中95%的出口由海运完成。中国国际航运船舶占世界商船队总量的12.74%，集装箱占世界总量的16%，船队总运力世界排名第二，是世界航运大国。

（四）航空运输

航空运输是国家重要的战略性资源，具有承运货物附加值高、快捷高效等特点，在应急处突、抢险救灾、军事保障等方面具有重要作用。随着我国经济由高速增长阶段转向高质量发展阶段，电子商务和快递物流业持续快速增长，航空运输规模逐年上升。目前，我国民航每年新增全货机在10架左右。2022年内地运营的全货机达到了212架，其中，邮政航空的货机30余架，顺丰航空的货机97架。截至2022年末，我国已颁证的民用定期航班通航机场有253个，定期航班通航城市有234个。与机场和飞机数量增长相匹配的是航空的运输量快速增加，2012—2022年我国民航货邮运输量复合年增长率约1.09%。2022年全行业完成货邮运输量607.61万吨，同比下降17.0%，货邮周转量254.10亿吨千米，同比下降8.7%，完成旅客吞吐量5.20亿人。

（五）管道运输

早在2000多年前，用竹管输送煮盐的管道运输就出现在今四川一带，但是大规模长距离的管道运输还是随着中国石油工业的发展而得到相应发展的。从20世纪70年代初开始，中国展开了大规模的长距离输油管道的建设，逐步实现了原油运输由铁路为主转向以管输为主。截至2022年底，我国油气长输管道总里程约18万千米。我国已形成以西气东输一线和二线、陕京线、川气东送为骨架的横跨东西、纵贯南北、连通海外的全国性供气网络。"西气东输、海气登陆、就近外供"供气格局已经形成，构造了较完善的区域性天然气管网。中哈、中俄、西部、石兰、惠银等原油管道构筑起区域性输油管网。以兰成渝、兰郑长等为代表的成品油管道作为骨干输油管道，形成了"西油东送、北油南下"的格局。

二、交通运输发展趋势

世界科技、文化、政治、生活的各个方面都深深地影响着交通运输的演变，推动着交通运输不断实现阶段性突破。人们对运输以更短时间、更低费用、更少环境破坏而满足位移需求的探寻从未停止。如今全球正处于新一轮的科技革命和产业革命，第5代移动通信技术（5G）、大数据、云计算、区块链、物联网、人工智能等先进技术不断与交通运输行业融合发展，同时创新、协调、绿色、开放、共享的新发展理念也愈发深入人心，未来的交通运输总体呈现出高速化、综合化、集成化、智慧化、绿色化的发展趋势。

（一）高速化

一直以来，人类对快捷和高速的追求从未停止，运输速度的提高是各种交通运输方式的努力方向。高速化能显著提高运输工具的运行速度，缩短运输时间，增加通过能力，提高服务质量。随着时代发展和科技进步，交通高速化的趋势愈发显著。当今的高速公路、高速铁路和超声速飞机，充分体现了交通运输高速化的发展趋势。高速化不仅仅是速度的一般性提高，更是常速"极限"的突破。在地面高速和超高速交通方面，我国"复兴号"高速动车组达到350千米/时的最高商业运营时速。日本山梨高速磁悬浮试验线"L0系列车"则实现了603千米/时的最高载人运行速度。我国西南交通大学建成世界首个真空管道高温超导磁悬浮环形试验线，验证了创造更高速度的可行性。当下世界各国对速度的竞争愈加激烈，旨在抢占世界交通运输速度的制高点。

（二）综合化

随着城市进入网络化阶段，生产要素的流动、集聚、扩散效率大幅度提升，创新活动空间集聚度显著提高，只强调一种运输方式的格局已不适应现实需要，区域协同、运输一体化需求日益显著，即根据用户需求，提供从起始地到最终目的地的高水平位移服务是大势所趋。应根据土地利用、人口分布和产业布局等特点，以安全、高效、绿色、经济为价值取向，评估各种运输方式的综合成本效应，在注重交通运输整体优势和效率的同时，利用各种运输方式的特点，促进各种运输方式在更高层次、更广领域实现深度协同和融合发展，加快建设大容量、低成本的互联互通综合交通网络系统。以客运为例，应紧密对接不同运输方式的运力、班次和信息，促进空铁、公铁等联程运输发展。货运方面，应持续优化货运结构，加快发展多式联运、甩挂运输、冷链物流、江海直达运输等，解决"第一公里"和"最后一公里"等货运问题，有效降低物流成本。

（三）集成化

为满足人们对高质量运输服务的需求，更好地发挥综合交通运输的效率和效益，交通运输集成化已经成为必然趋势。未来需要通过集成化使得各种运输方式和谐发展、融为一体，成为高效集约的系统，实现运输产业结构最优化、更合理化。集成化与综合化相辅相成。因此，在推动区域协同、运输一体化的同时，也需要提升基础设施的通达性、衔接性、适应性、绿色性、先进性和均衡性，推动基础设施与交通运输装备的高质量协同。在此基础上，加快提升综合运输通道的服务效能，优化通道内各种运输方式的服务结构，推动各种运输方式运量的合理分担。在重点枢纽场站建设方面，形成一批汇集高速铁路、高速公路、城际列车、城市轨交、公路客运、常规公交、城市候机楼等多种运输方式场站的大型交通枢纽综合体，逐步形成立体互联的综合交通网络和交通场站枢纽等集成化格局。

（四）智慧化

综合交通运输与智能交通技术的深度融合正在加快交通运输业的升级换代。世界已进入 ABC 时代（AI+big data+cloud，人工智能+大数据+云计算），新技术的快速发展将对交通基础设施、运输装备，以及运输组织模式、商业模式、治理模式产生影响，交通运输的智慧化已是必然趋势。智慧化交通追求基础设施—交通运输—通信网络—公共资源的高效利用，通过大数据决策，使出行体验更好、货物流通更优、政府决策更准。展望未来，通过现代高科技的充分利用，交通运输将全面实现基础设施和运输工具的数字化网络化、运营的信息化智能化，以及运输系统整体的智慧化。比如在公路领域，人们出行将完全智能化，车路协同技术、汽车列车化技术将得到普遍应用。在航空领域，飞机将实现无人驾驶且能自我修复，出航将实现最优算法，并真正与轨道交通、公路交通等无缝衔接。

（五）绿色化

能源消耗快速增长和污染排放持续恶化的局面，对能源安全和生态安全构成了一个巨大挑战。交通运输绿色化是实现交通运输健康发展的内在要求，也是经济社会向循环经济、低碳经济、生态经济、知识经济发展的必然要求，更是交通运输与经济、社会和环境协调及可持续发展的关键所在。世界可持续发展工商理事会发布的《愿景2050：走向转型》报告称，低碳交通将有望于2050年之前普及。研发和推广替代燃料新技术、广泛利用风能和太阳能等清洁能源、发展低碳能源和可再生能源、优化能源结构是主要实现途径。提高燃油效率，增加氢能源、燃料电池等替代能源的使用比例，有望在未来降低交通行业对石油等传统化石能源的依赖，减少交通系统的碳排放。

复习讨论题

1. 物流搬运与交通运输的侧重点分别是什么？

2. 交通与运输的区别是什么？

复习题　　课件

3. 交通运输的发展历程按照交通工具的能源供给方式可以分为哪几个阶段？

第二章 公路运输

公路运输是一种重要的运输方式，也是应用最为广泛的交通方式之一。本章从公路运输的基本内涵出发，全面阐述公路运输的构成要素及特征、交通流、通行能力、规划与管理等。

第一节 公路运输概述

公路运输是指在公路上使用汽车和其他运输工具运送旅客或货物的一种运输方式。为了更好地阐述公路运输的概念，需要区分两对相关的概念。

首先是公路运输和汽车运输。公路运输的定义是以运输的基础设施为切入点，汽车运输的定义则是以运输的载运工具为切入点。从概念可以看出，汽车运输是以汽车为载运工具的运输；而公路运输是指在公路上进行的运输，其载运工具不仅仅是汽车，还有人力车、畜力车等。当代公路运输以汽车为主，因此公路运输与汽车运输在实际生活中一般可以互换。

其次是公路运输和道路运输。道路一般是指供各种车辆和行人通行的基础设施，有公路、城市道路、内部通道、羊肠小道等；道路运输是指在道路上所从事的运输。公路是指经公路主管部门验收认定的具有一定技术等级的城市间、城乡间、乡村间的公共道路；公路运输是指在公路上所从事的运输。由此可见，道路包含公路，其概念范围更大，公路运输属于道路运输。

一、公路运输的特点、功能、地位与作用

（一）公路运输的特点

公路运输是所有运输方式中影响面最为广泛的一种运输方式，具有以下特点。

公路运输的
定义、特点
及作用

1. 机动灵活

公路运输最显著的特点是技术上和经济上的灵活性。技术上的灵活性主要表现为以下几点：一是空间上具有灵活性，可以实现"门到门"运输。我国公路网密度比水路网、铁路网大十几倍，目前基本形成了分布广、密度大、技术高的公路运输网络，使得公路运输随处可达。公路运输既可以沿密度大、分布面广的路网运行，又可以延伸到工厂车间、农村田间、城市街道及居民住宅处，能够实现客货从始发地门口直接运送到目的地门口，做到直达运输，提供"门到门"运输服务。"门到门"也是其他运输方式难以企及的特点之一。二是时间上具有灵活性。公路通常可实现即时运输，车辆随时调度且装载，运输作业衔接时间短，可以根据运输的需求随时启动。三是批量上具有灵活性。公路运输的启运批量小，对客货运输的批量大小具有很强的适应性，既可以单车独立运输，也可以由多个车辆组成车队同时运输，这种特点使得公路运输可以很好地适应紧急运输工作。四是运行条件具有灵活性，其服务范围不仅在等级公路上，还可延伸到等级外的公路，甚至乡村便道。普通货物装卸对场地、设备要求较低，客运站点设置也比较灵活，有的只设置一个停靠点。五是服务上具有灵活性，能够根据托运方要求提供有针对性的服务，最大限度地满足不同性质、不同层次的运输需求。经济上的灵活性主要表现在以下两点：一是运输投资起点低，从业者完全可以根据运输需求和自身条件灵活选择；二是运输生产固定资产占有比重低，且选择空间大，经营者可根据市场环境和自身的风险承受能力选择合适的投资固定结构。

2. 中短途运输的运送速度快

公路路网密集，运载量较为灵活，犹如毛细血管一样遍布各个区域。路网发达赋予了公路运输机动灵活的特性。与其他运输方式相比，公路运输在中短途客货运输中不仅在路网上占据优势，而且具有装卸效率高和整体运输快的特点，因而公路运输中短途客货时间较短，运送速度较快，对于贵重物品、高档电子产品、鲜活易腐货物及需要紧急运输的客货等特别重要。

3. 原始投资少，资金周转快

公路运输固定设施简单，车辆购置费用一般较低。整体上时间和经济的综合成本低，更易投资兴办，投资回收期也较短。在正常经营情况下，公路运输的投资每年可周转 1～3 次，而铁路运输需要 3～4 年才能周转一次。由于公路运输资金周转快，其产业经营也容易扩大再生产。

4.驾驶员从业要求较低，培训时间短，技术掌握较易

汽车驾驶技术易学习，一般人半年左右就能掌握，而培养火车、轮船和飞机驾驶员则需要几年的时间。与火车司机或飞机驾驶员长达数年的专业培训相比，汽车驾驶员培训的时间较短，技术掌握较易，成本较低。

5.持续性差，长距离运输单位成本较高

在各种现代运输方式中，公路运输的平均运距是最短的，运行持续性较差。如我国2022年平均运距，公路客运为68千米，货运为186千米；铁路客运为393千米，货运为721千米；民用航空旅客运输为1555千米，货运为4182千米。除了持续性差，公路长距离运输单位成本也是较高的，仅次于航空运输。

6.安全性较差，环境污染较大

公路运输的安全性较差，特别是20世纪90年代开始，我国每年死于汽车交通事故的人数居高不下。2022年我国道路交通事故万车死亡人数为1.46人。公路运输既是能耗大户，也是碳排放大户，公路货运车辆特别是中重型柴油货车的尾气排放是主要的大气污染源之一。

（二）公路运输的功能

公路运输具备两大基本功能，即通过功能与送达集散功能。图2.1以货物运输为例，展示公路运输的功能。

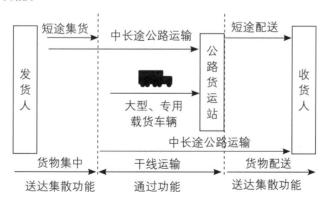

图 2.1　公路运输功能

通过功能是指在干线上完成大批量的运输，送达集散功能是指为通过性运输承担送达或集散客货任务的运输。通过功能和送达或集散功能的关系就像动脉和毛细血管一样，通过功能就像动脉将大量血液快速地输送到各个器官，送达集散功能就像毛细血管

进行物质交换，将血液分别送达确定的位置。生活中大宗货物在干线公路上快速输送，在两端进行集散配送，从众多发货人送到各类收货人手中。送达集散功能是公路运输的机动灵活和"门到门"直达运输的一种体现，是其他运输方式难以实现的功能。

（三）公路运输的地位和作用

公路运输作为最基本、最广泛的一种运输方式，对人们生活、经济发展、社会和谐、国防安全等具有重要作用，具体体现在以下几点。

公路运输是国民经济发展的基础产业，是连接生产、分配、交换和消费各环节的重要桥梁，实现人和物位移的主要运输途径，是经济发展的促进要素。随着公路运输的发展，各区域的空间、时间距离大大缩短，加快了区域间物资、信息、人才和资金等的流动速度，使得产业实现规模化、专业化，从而推动区域经济的全面发展。"要致富先修路"这句话便充分证明了公路运输在经济发展中的重要作用。对于农村城镇地区，公路运输是最主要的运输方式，通过自身运输能力与城市紧密联系在一起，形成销售网络和消费市场，使得原材料、产品、人员高效进出，为人们提供了便利的经济发展服务平台，增加就业机会，有力地拉动沿线相关产业的发展。公路运输为乡村振兴和共同富裕提供了有力保障，加快了农村经济的增长速度，为国民经济发展提供了重要战略资源。

公路运输不仅带动经济发展，也促进地区间的文化交流。公路就像一条纽带，连接着各地区的经济、文化，加快了地区间的交流，使得新的理念得以传播融合，促进整个社会的文化和谐。例如在提升公路服务品质，满足公众出行需求的同时，弘扬地区特色文化，打造地区特色形象品牌，充分地将地域文化、历史文化融入公路运输中，实现通达、游憩、文化、生态等多重功能。比如滇西公路文化走廊，将云南昆明至中缅边境瑞丽公路、迪庆至临沧两条国道主干线作为创建主体，在公路沿线重点隧道进出口、收费站等区域，设置文化墙、纪念碑和抗战遗迹参观点，竖立景观雕塑，建公路博物馆，突出从南方丝绸之路、茶马古道到滇缅公路和现代公路的历史缩影，形成一步一景、每景均有文化的公路长廊，不仅使得公路运输过程更加闲适美观，无形中也在宣传文化，增强文化自信。

公路运输在国防安全和国家应急救助体系中也有着不可替代的位置。国防公路便是代表之一，它是为国家防卫和战争服务的交通体系的组成部分，也是保障国家经济建设和国防任务的重要运输线路。比如呼伦贝尔草原上的904县道，也叫中俄边防公路，道路一边是俄罗斯，一边是中国，对于我国边防安全和中俄友好交往起着重要的作用。近年来，伴随我国综合运输体系建设的不断推进，货物运输的功能与作用也在不断优化。公路货物运输灵活性高、覆盖面广、末端渗透率高的优势，使其在重大突发公共事件中，发挥着重要的社会服务与保障职能。在新冠疫情防控过程中，公路货运在各类生活及医疗物资保障性运输过程中发挥了重要作用。

二、公路运输的发展历程与发展趋势

（一）发展历程

公路运输的
发展历程与
趋势

公路来源于人类或者兽类走出的羊肠小道，走的次数多了，小道慢慢变成了公共的大道。人类的生产活动起源于陆地，公路运输是人类最早从事的运输活动。原始社会初期，人类从事农业和打猎活动，运输基本靠人力实现，例如步行或者使用特定的设备辅助，在天然泥路上进行运输，运输量有限，运输距离也较短。后来随着生产规模的扩大，人类开始驯化动物实现畜力运输，同时改造路面，使用石板或者石料硬化路面，并加宽和加长道路，扩大了运输的规模。古罗马帝国为了使运输能够快速进行，避免雨天路面变得泥泞，修建了碎石道路以确保道路保持干燥，且连通多条道路，实现"条条大路通罗马"。后来三轮车、四轮车等多种车型的发明和应用，使公路运输效率进一步提高。尽管如此，这一时代的公路运输仍然是缓慢的，路面质量差、路基不稳定，难以实现长距离大规模快速运输，生产与消费空间受到限制，生产和消费的地方都尽可能接近。

随着马车数量的增加与马匹拉力的增大，单薄的路基与脆弱的单层泥石路面难以满足四轮马车的运输需求，公路运输进入飞速发展期。为了维持公路路基的稳定，工程师麦克亚当创建了多层路基修建法，即在压实土路基的基础上依次叠加多层大小不一的石头，以稳定路基。但是这种路面无法对抗高速汽车的碾压和暴雨的冲击，于是1834年霍利发明了一种焦油路面，即用黏性很强的柏油将路面和石块密封起来，稳定路面，同时防止雨水冲击。这种多层路基结构的柏油路面逐渐成为1900年后公路运输的主体。

19世纪的工业革命使公路运输发生了质的飞跃。首先，内燃机的发明和应用使得汽车迅速普及，大大提高了运输工具的速度和服务的可达性，增加了单次载运量。其次，高速、重载的交通工具使得公路的修建进入新的阶段，硬路基、耐磨损路面成为公路的主要特征。随着公路交通工具的不断涌现，公路等基础设施修建更加侧重于路基稳定和路面抗滑耐磨，各种新材料、新技术被广泛应用于公路修建中。目前柏油路面和混凝土铺路已经拓展到了各个乡村，公路运输网络不断密化，形成了一个全国性乃至全球性的公路运输网，有力地促进了经济全球化发展。

我国的公路运输业自改革开放以来快速发展，网络不断完善，结构不断优化，基本形成了以高速公路为骨架、国省干线公路为脉络、农村公路为基础的全国公路网。公路网规模持续扩大，2022年末我国公路总里程达到535.48万千米，是1978年的6倍。公路网结构不断优化，截至2022年底，全国高速公路通车里程达到17.73万千米；二级及以上公路里程达74.36万千米，是1979年的63.07倍，占全国公路总里程的比例由1979年的1.3%提高到13.9%。以汽车为主的交通工具也在不断增加，2022年全国新注册登记机动车3478万辆，机动车保有量达4.17亿辆，其中新注册登记汽车2323万辆，汽车保有量达3.19亿辆。机动车驾驶员数量达5.02亿人，其中汽车驾驶员4.64亿人。

（二）发展趋势

在当今数字化、智能化、信息化的社会背景下，公路运输迎来了新的发展。综合来看，公路运输将朝着网络化、多式衔接化、智能化、高效能化、绿色环保化方向发展。

1. 网络化

公路运输的网络化主要体现在公路线路的网络化和公路场站的网络化。公路线路的网络化指公路本身连接成网、四通八达，促进运输线路选择的优化和运输线路可达性的提高。目前在许多发展中国家，公路线路基本是基于地区独立发展的，线路连通的地区较少，还未形成区域间的大规模网络化结构，不利于地区间的运输与交流。因此，提升公路线路的规模与网络化是这些发展中国家公路运输的发展趋势之一。在发达国家，虽然公路路网基本形成，但场站的网络化程度较低。作为道路运输的网络节点，场站是旅客流、货物流和客货信息流的转换中心，是公路运输规模化发展的基础。随着公路运输线路的增长和运输规模的不断扩大，运输线路上涉及的场站也越来越多，对场站的联动服务能力提出了更高的要求。目前场站与场站之间孤立发展，场站网络化程度低，使得整体公路运输梗阻问题越来越突出。因此，推动场站之间联动发展，构建网络化、一体化的场站体系，是公路运输发展的必然要求和发展趋势。

2. 多式衔接化

随着运输规模的不断扩大，长距离、大规模、全球化运输成为时代潮流，多式联运是这种潮流下的必然产物。多式联运是指实现两种或以上运输方式的全程运输，以及提供运输物流辅助服务的活动。作为"门到门"运输的典型代表，公路运输是多式联运中不可或缺的一环。因此，如何实现公路运输与其他运输方式的合理衔接是公路运输发展的一大难题，实现多式衔接化也是公路运输积极融入未来运输活动的必然趋势。

3. 智能化

随着人工智能技术在交通领域的发展和应用，自动驾驶、云平台、智能公路等不断涌现，为公路运输智能化的发展提供了强劲动力。公路运输最大的特点就是移动的随机性和地域分布的广泛性，而新一代信息技术很好地契合了这种特点，尤其是移动互联网、大数据、云计算等技术的蓬勃发展，推动着公路运输与信息化的深度融合，促进公路运输智能化。当前，我国已拥有全球最大的物流市场，全国物流80%的货运量、50%的运输成本都来自公路运输，公路物流费用达1.2万亿美元，为美国市场的近两倍。与巨大的公路物流市场相对应的是，高度碎片化的公路运输体系使得公路货运多、小、散、乱、弱局面长期存在，货物信息不对称、运价体系不透明，严重制约了公路货运发展。大数据、人工智能等数字化手段，可以赋能公路货运，改变原有交易模式，优化业务流程，提高效率。

4. 高效能化

交通运输效能是指在既定交通条件下发挥运输能力和效率，从而达到快速有效的运输目标。运输效能是衡量运输系统运行状况及发展潜力的综合性指标，是促进现代交通运输发展的核心。随着公路建设的突飞猛进，越来越多的车辆参与公路运输，导致无序竞争和运输资源的浪费，给公路运输的效能带来了诸多负面影响。利用先进技术和管理手段，增加运输资源的合理利用和有效竞争，提高运输效能是公路运输发展的必然趋势。如2017年12月，我国正式成立综合交通大数据应用技术国家工程实验室贵阳研发中心，通过大数据、人工智能等技术，研发了智能运力调度和交易系统，使货车的空驶率下降了15%～20%，司机收入增加30%，配货时长从原有的2.27天缩短到0.38天。

5. 绿色环保化

面对日益严峻的能源和环境问题，各国政府在交通运输业积极倡导与推进节能减排。机动车作为公路运输的主要交通工具，是燃油（包括汽油和柴油）的主要消费者。2022年我国乘用车行业平均油耗为4.10升/百千米，机动车保有量达4.17亿辆，能源消耗量巨大。随着创新、协调、绿色、开放、共享的新发展理念深入人心，建设绿色循环低碳的公路交通运输体系、促进公路交通运输与自然和谐发展已成为大趋势。现在大量新能源运输车辆投入运营，大量充电站开始投入建设，未来很多节能减排的技术将被应用于公路建设。

第二节　公路运输系统

公路运输系统是由基础设施、运输工具和交通参与者组成的。公路运输基础设施主要包括公路、桥梁、涵洞和隧道结构物及其附属设施（如车站、服务设施、排水、防护工程、绿化照明、交通安全和管理设施）。公路运输工具包括以汽车为代表的运输工具。

一、公路

公路是指具有一定技术标准，连接城市、乡村，主要供汽车行驶的一种基础设施，按照技术标准、作用和使用的性质有不同的分类等级。

（一）公路等级

1. 按照技术标准分类

我国交通运输部发布的《公路工程技术标准》中对公路按照技术标准进行了等级划分。1998年的版本将公路划分为高速公路、一级公路、二级公路、三级公路、四级公路五个等级。2004年、2015年更新实施的标准仍然将公路分为这五个等级，但技术标准根据国情和建设实际在不断完善。目前实施的技术标准主要考虑汽车运行质量、控制出入、车道数与车道内是否有专供汽车行驶等几个方面，各个等级的技术标准如表2.1所示。其中标准车的年平均日交通量（AADT），设计年限的起算年为该项目可行性研究报告中的计划通车年。

公路等级

表2.1　按照技术标准划分的公路等级

等级	高速公路	一级公路	二级公路	三级公路	四级公路
设计速度/（千米·时$^{-1}$）	80～120	60～100	60～80	30～40	20～30
车道数/条	≥4	≥4	2	2	1～2
设计年限/年	20	20	15	15	视情况而定
出入口控制	完全控制出入	部分控制出入或接入控制	接入控制或控制横向干扰	视需要控制横向干扰	不控制
年平均日设计交通量/（辆·天$^{-1}$）	>15000	>15000	5000～15000	2000～6000	<2000

高速公路为专供汽车分方向、分车道行驶，出入口全部控制的多车道公路。其年平均日设计交通量宜在15000辆小客车以上。高速公路通过专用匝道供车辆进出，排除了其他道路车流的横向干扰，保证了单方向车流的稳定。同时高速公路禁止行人以及自行车等低速度交通工具的进入，保证了较小的行车速度差异，为车辆大容量、高速通行提供了条件，是大容量公路运输的主要形式。

一级公路为供汽车分方向、分车道行驶，可根据需要控制出入的多车道公路。其年平均日设计交通量宜在15000辆小客车以上。一级公路是一种路面等级较高的公路，主要功能是连接各大地区的经济政治中心，通往重要工业区域或交通枢纽。一级公路的主要特征是设有超长距离的标准中央隔离带，路面宽敞笔直，没有急弯陡坡，可以供汽车快速行驶，广泛运用在主干路网中。

二级公路分为汽车专用二级公路和一般二级公路两种。汽车专用二级公路能适应按各种汽车（包括摩托车）折合成中型载重汽车4500～7000辆的年平均昼夜交通量，一般二级公路能适应按各种车辆折合成中型载重汽车2000～5000辆的年平均昼夜交通量。二级公路的路基宽度对于汽车专用二级公路一般分别为13米和9米，对于一般二级公路分别为15米、10米。二级公路大多为双向两车道至六车道不等，行车限速40～80千米/时。

三级公路为供汽车、非汽车交通混合行驶的双车道公路，其年平均日设计交通量宜为2000～6000辆小客车。三级公路是一种路面等级较低的公路，主要功能是连接地方县镇乡村、偏远郊区或功能区域等地点。三级公路为供汽车和非汽车交通混合行驶、以服务县镇为主的干线公路。双向两车道的三级公路一般能适应按各种车辆折合成载货汽车的年平均昼夜交通量2000辆，四车道为4000～6000辆，行车限速30～60千米/时，正常使用年限为10年。我国三级公路总里程在等级公路中所占比例超过高速公路、一级公路和二级公路，属于最普遍的公路级别之一。

四级公路为供汽车、非汽车交通混合行驶的双车道或单车道公路。一般路段采用双车道，交通量较小且工程特别艰难的路段可采用单车道。四级公路是一种路面等级最低的公路，以服务县镇的郊区乡村为主，主要功能是连接县级行政区和乡级行政区，作为联络乡镇街村的地方支线公路。四级公路设施简陋、路面宽度和笔直程度有限、路面质量低、依山傍水而建、坡陡弯急，一般只铺设简易水泥混凝土。双车道四级公路年平均日设计交通量宜在2000辆小客车以下，单车道四级公路年平均日设计交通量宜在400辆小客车以下。

2. 按照作用和使用性质分类

公路按作用和使用性质可分为国家公路、省公路、县公路、乡公路和专用公路五个等级。此分类方法是根据公路的政治、经济意义人为规定的。

国家公路（简称国道），是指具有全国性政治、经济意义的主要干线公路，是国家综合交通网中的重要干线。我国的国道包括四种：一是首都北京通往各省、自治区、直辖市的政治、经济中心和30万人口以上城市的干线公路；二是通向各港口、铁路枢纽、重要工农业生产基地的干线公路；三是大中城市通向重要对外口岸、开放城市、历史名城、重要风景区的干线公路；四是具有重要意义的国防公路。

省公路（简称省道），是指具有全省（自治区、直辖市）政治、经济意义，并由省（自治区、直辖市）公路主管部门负责修建、养护和管理的公路干线。省道的编号根据省道的地理走向分为三类：S1××指省会放射线，S2××指南北纵线，S3××指东西横线。例如浙江省有22条省道。

县公路（简称县道），是指具有全县（县级市）政治、经济意义，连接县城和县内主要乡（镇）、主要商品生产和集散地的公路，以及不属于国道、省道的县际公路。县道由县、市公路主管部门负责修建、养护和管理。

乡公路（简称乡道），是指主要为乡（镇）村经济、文化、行政服务的公路，以及不属于县道以上公路的乡与乡之间及乡与外部联络的公路。乡道由乡人民政府负责修建、养护和管理。

专用公路是指专供或主要供厂矿、林区、农场、油田、旅游区、军事要地等与外部联系的公路。专用公路由专用单位负责修建、养护和管理，也可委托当地公路部门修建、养护和管理。

上述两种划分方式之间不存在必然对等关系，不能说国道就是高速公路。国道的某一段有可能是高速公路，也可能是一级公路、二级公路，根据途经之地的地形、建设难度等也可能存在三级公路。比如"十纵十横"综合运输通道中的第七条纵向综合运输大通道242国道，起点位于内蒙古巴彦淖尔市甘其毛都口岸，终点位于广西钦州市钦州港。甘其毛都至临河是一段长为183千米的一级公路，而南宁七塘至伶俐的公路为二级标准。在一些地区，省道可能是高速公路，比如从上海到常州的S26高速公路；也可能是一级公路、二级公路等，比如山东102省道，编号S102，除历城区境内有10.3千米一级公路、章丘区境内约有20千米一级公路、张店区境内约有6千米一级公路、青州市境内全段约有14千米一级公路外，其余路段均为二级以下公路。

（二）公路现状

2019年末我国公路总里程501.25万千米，公路密度52.21千米/百平方千米。公路养护里程495.31万千米，占公路总里程98.8%。图2.2展示了2015—2022年全国公路总里程和公路密度的变化。截至2022年底，全国公路总里程达到535万千米，其中高速公路17.7万千米。

图 2.2　2015—2022年全国公路总里程和公路密度

2022年末，全国四级及以上等级公路里程516.25万千米，占公路总里程96.4%。二级及以上等级公路里程74.36万千米，占公路总里程13.9%。高速公路里程17.73万千米，国家高速公路里程11.99万千米。国道里程37.95万千米，省道里程39.36万千米。农村公路里程453.14万千米，其中县道里程69.96万千米，乡道里程124.32万千米，村道里程258.86万千米。2022年全国公路里程等级构成如图2.3所示。

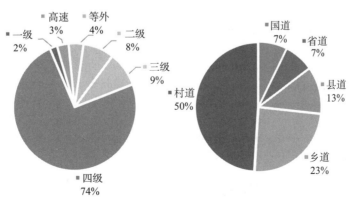

图 2.3　2022年全国公路里程等级构成

2019年全年完成公路建设投资21895亿元，其中高速公路建设完成投资11504亿元，普通国道、省道建设完成投资4924亿元，农村公路建设完成投资4663亿元。2022年公路完成固定资产投资2.9万亿元，同比增长9.7%。

（三）公路的基本结构

公路的基本结构主要包括路基、路面、桥梁和涵洞、隧道、路肩和路面排水等设施。

公路基本结构

1. 路基

路基是指按照路线位置和一定技术要求修筑的作为路面基础的带状构造物，通常由天然土石材料修筑而成，是路面的基础，是公路的重要组成部分。路基与路面共同承受车辆荷载，因此必须具有足够的强度、整体稳定性和水稳定性。其横断面形式可分为路堤、路堑和半填半挖三种基本类型。

路堤是高于原地面的填方路基，其断面由路基顶宽、边坡坡度、护坡道、取土坑或边沟、支挡结构、坡面防护等部分组成。路堑指全部由地面开挖出的路基，有全路堑、半路堑（又称台口式）和半山洞路堑三种形式，其断面由路基顶宽、边沟、排水沟、截水沟、弃土堆、边坡坡度坡面防护、碎落台、支挡结构等部分组成。半填半挖指横断面上部分为挖方，下部分为填方的路基，通常出现在地面横坡较陡处，兼有路堤和路堑的构造特点和要求。

2. 路面

路面是用筑路材料铺在路基上供车辆行驶的层状构造物，是与机动车车轮直接接触的结构层，需要具有一定的强度稳定性、平整度和粗糙度，方便车辆安全而舒适地行驶。

良好的路面应满足：①足够的强度，抵抗车辆对路面的破坏或产生过大的形变；②较高的稳定性，使路面强度在使用期内不因水文、温度等自然因素的影响而产生幅度过大的变化；③一定的平整度，以减小车轮对路面的冲击力，保证车辆安全舒适地行驶；④适当的抗滑能力，避免车辆在路面上行驶、启动和制动时发生滑溜危险；⑤行车时不致产生过大的扬尘现象，以减少路面和车辆机件的损坏，减少环境污染。

（1）路面组成

路面是直接承受车轮荷载反复作用和自然因素影响的结构层，它应具有足够的强度、良好的温度稳定性、耐磨、抗滑和平整。路面结构一般由面层、基层与垫层组成。

面层可由一层或数层组成。基层是设置在面层之下，并与面层一起将车轮荷载的反复作用传播到基层、垫层、土基，起主要承重作用的层次，应具有足够的强度和刚度。基层有时设两层，分别称为上基层、下基层。垫层是设置在下基层与土基之间的结构层，起扩散荷载应力、排水、隔水、防冻、防污等作用。

（2）柔性路面与刚性路面

路面按照其力学特性分为柔性路面和刚性路面。柔性路面是由各种基层（水泥混凝土除外）和各种沥青面层、碎（砾）石面层、石块面层组成的路面。柔性路面行车舒适性好，噪声小，对路基变形或不均匀沉降的适应性强，修复速度快，碾压后即可通车。但压实的混合材料空隙大，耐水性差，容易产生水损坏。柔性路面夏天易软化，冬天易脆裂，在行车荷载作用下产生的弯沉变形较大。

刚性路面是水泥混凝土路面。这种路面水稳定性和温度稳定性高，耐老化。由于其刚度大，板体性强，行车荷载作用时产生的弯沉变形较小，扩散荷载能力好。但相同平整度下，行车舒适度不及柔性路面，噪声较大，同时对路基稳定性要求高，发生断裂时修复难度大。

目前我国公路路面结构设计基准年限如表2.2所示。

表2.2　公路路面结构基准年限

单位：年

路面结构	高速公路	一级公路	二级公路	三级公路	四级公路
沥青混凝土路面	15	15	12	10	8
水泥混凝土路面	30	30	20	15	10

3. 桥梁和涵洞

公路路线常常需要跨越大小不同的障碍物（如河流、山谷、铁路、公路等），故需要修筑桥梁和涵洞。桥梁指架设在江、河、湖、海之上，使车辆行人等能顺利通行的构筑物。桥梁亦引申为跨越山涧、不良地质或满足其他交通需要而架设的使通行更加便捷的构筑物。涵洞是指为保证地面水流能够横穿公路而设置的小型构造物，一般由基础、洞身、洞口组成。《公路工程技术标准》（JTG B01—2014）对桥涵按照跨径进行的分类，如表2.3所示。

表2.3　桥涵类别

单位：米

桥涵分类	多孔跨径总长（L）	单孔跨径（L_K）
特大桥	$L > 1000$	$L_K > 150$
大桥	$100 \leq L \leq 1000$	$40 \leq L_K \leq 150$
中桥	$30 < L < 100$	$20 \leq L_K < 40$
小桥	$8 \leq L \leq 30$	$5 \leq L_K < 20$
涵洞	—	$L_K < 5$

4. 隧道

隧道是指在岩土体中开挖形成的用作地下通道的地下工程结构物。按地质情况不同，隧道可以分为石质隧道和土质隧道。按其长度可分为短隧道（长度≤500米）、中长隧道（500米＜长度≤1000米）、长隧道（1000米＜长度≤3000米）和特长隧道（长度＞3000米）。

5. 路肩和路面排水

路肩是位于车行道外缘至路基边缘，有着一定宽度的带状部分，可保持车行道的功能和临时停车使用，并为设置安全护栏提供侧向净空，提供行车安全感。各级公路的路肩宽度可查阅《公路工程技术标准》（JTG B01—2014）。路面和路肩表面需修建成直线形或抛物线形路拱，以迅速排除降落在路表面的水，减少降水沿路面裂缝或接缝下渗，路拱的横坡度随路面透水性的增大而加大。沥青混凝土和水泥混凝土的路拱横坡度为1%～2%，其他沥青类面层为1.5%～2.5%，碎石、砾石等粒料面层为2.5%、3.5%，土路肩横坡要比路面横坡大1%～2%。

（四）公路发展历程

根据路基路面采用材料的不同，可以将公路发展历程分为五个阶段：土路基土路面、土路基石路面、石路基石路面、石路基柏油路面、多层路基刚（柔）性路面。

最早的道路运输是直接在土路上进行的，这个阶段的路基与路面一体，均是泥土，下雨下雪时道路会变得泥泞不堪。随着罗马帝国的出现，军队需要快速行进，为了解决道路的泥泞对行动速度的限制问题，罗马人用碎石来修建道路，使水从碎石中流出，不会变成泥浆，从而保持干燥。在使用频繁的路线上，还会铺设其他层面，比如六个侧面顶石，以减少灰尘和减少车轮的阻力，这个时期公路以土路基石路面为主。工业革命时期梅特卡夫提出一条良好的道路应该有良好的地基、良好的排水和光滑的凸面，道路建设有了新的进展。英国人麦克亚当提出将土路尽可能压平，分层铺设不同大小的石头，底层采用较大的碎石作为路基，上层采用较小的碎石铺设路面，同时将道路从边缘中间略微垫高，方便雨水流入两边的沟渠，由此进入了石路基石路面的碎石路时期。碎石路虽然足以供马车使用，但依旧容易尘土飞扬，易受大雨的侵蚀。因此有人想到在碎石上铺上焦油，重新压实。焦油灌浆碎石早在1900年之前就开始使用，这个阶段可以称为石路基柏油路面阶段。今天已经进入多层路基刚（柔）性路面阶段，路基根据技术要求采用不同的层数，路面主要铺设沥青或水泥混凝土，一般来说，主要道路采用沥青，当地道路使用水泥混凝土。同时路面技术仍在不断发展，比如添加化学试剂以提高路面的载荷能力和耐风雨性等。

二、车站

车站是指组织公路客货运输业务的基层单位，是交通运输生产的基地。虽然在庞大的公路网中车站只是一个很小的节点，但其集中了与行车有关的技术设备检测，能提供客货的承运和换乘检查等多项任务。依据办理业务是否在公路范围内进行，可以将汽车站分为公路客运站、公路货运站、客货兼营站和公路服务区。

车站、汽车及其他运输工具

（一）公路客运站

公路客运站是为公众出行和运输经营者提供站务服务的场所，是公路旅客运输网络的节点，是公益性交通运输基础设施，具有集散换乘、运输组织、信息服务、辅助服务等功能。按照规模可分为等级车站、便捷车站、招呼站。

等级车站是指具有一定规模、可按规定分级的车站。根据设施与设备配置、日发量不同，可以分为一级、二级、三级车站。各级车站设施与设备除了应满足《汽车客运站级别划分和建设要求》（JT/T 200—2020）中的相应规定，还应满足日发量的要求。

一级车站是指日发量在5000人次及以上，或日发量在2000人次及以上的旅游车站、国际车站、综合客运枢纽内的车站。比如浙江的杭州汽车客运中心、杭州汽车北站、湖州汽车客运总站均为一级车站，其中杭州汽车客运中心是浙江省最大的汽车站，也是华东地区最大的国家一级客运中心站，是交通运输部确定的全国45个主枢纽场站之一。整个中心站占地面积约11.34万平方米，总建筑面积10.27万平方米，设计能力单日最大发送量4.8万人次。

二级车站是指日发量在2000人次及以上、不足5000人次，或日发量在1000人次及以上、不足2000人次的旅游车站、国际车站、综合客运枢纽内的车站。比如浙江湖州的德清汽车总站、温州新城客运站、宁波象山的石浦客运站便是二级客运站。

三级车站是指日发量在300人次及以上、不足2000人次的车站。例如乌镇新车站日发班次约180班，日发送旅客量2000人左右，是按三级汽车站标准建造的。图2.4所示为二级车站和三级车站外观的对比。

（a）温州新城客运站　　　　　　　　　（b）乌镇新车站

图2.4　二级车站和三级车站外观对比

便捷车站是指依托停车场，具有集散旅客、停发客运车辆功能的车站。站内配备便捷车站所需的设施设备，比如站前广场、候车厅、进出站检查室等。与等级车站相比，便捷车站设施设备配置较简单。图2.5（a）所示为内江黄家湾客运便捷车站。

招呼站是为了解决人员多、出行需求大，但没有正规客运站的难题，设置在公路与城市道路沿线，作为客运车辆的旅客上落点。设施设备不符合便捷车站配置要求，但具有等候标志和候车设施的车站，是等级车站的"简约版"。招呼站选址灵活，可以覆盖传统意义上客运站辐射不到的范围。为乘客解决"最后一公里"的难题，目前在农村招呼站建设较多。图2.5（b）所示为招呼站。

（二）公路货运站

公路货运站是指在公路货运网络中具有一定规模的组织货物集散、中转、运输及相关服务的场所。公路货运站具备以下特征：①以公路运输为主要运输手段，可提供集疏

（a）便捷车站　　　（b）招呼站

图 2.5　便捷车站与招呼站

运、仓储、信息等服务；②具有一定规模和数量的装卸作业场所，以及仓储或信息服务的设施、设备；③具有一定规模的停车场所。

公路货运站的主要功能包括基本服务功能和增值服务功能。基本服务功能包括货物运输组织与管理、集散中转与储运、运输代理、配送与信息服务，以及车辆停放服务等功能。增值服务功能包括流通加工、包装、结算、报关报检，以及与运输生产有关的辅助服务等功能。根据承担的主要功能的不同，公路货运站可分为综合型公路货运站、运输型公路货运站、仓储型公路货运站、信息型公路货运站。

综合型公路货运站的主要功能体现在运输和仓储等物流多环节服务，有一定规模，能为客户提供运输、货运代理、仓储、配送、流通加工、包装、信息等多种服务。按照业务要求，综合型货运站自有或租用必要的装卸设备、仓储设施及设备。同时配备专门的机构和人员，建立完备的客户服务体系，能及时有效地提供服务。它具备网络化信息服务功能，其应用信息系统可对服务全过程进行状态查询和监控。

运输型公路货运站的主要功能体现在以运输服务为主的中转服务功能，主要从事道路货物运输业务，包括公路干线运输和城市配送。它具备一定的规模，具有一定数量的装卸设备和一定规模的场站设施，能够提供门到站、站到门、站到站的运输服务。

仓储型公路货运站的主要功能体现在以道路运输为主的仓储服务功能，主要从事货物仓储业务，可以为客户提供货物储存、保管等服务，并具备一定规模，且有一定规模和数量的仓储设施及设备。

信息型公路货运站的主要功能是以道路运输为主的信息服务功能，主要从事货物信息

服务业务，为客户提供货源信息、车辆运力信息、货流信息、配载信息等服务。它具有网络化的信息平台，为客户提供虚拟交易的信息平台，有必要的货运信息交易场所和一定规模的停车场所，也具有网络化信息服务功能，以便对交易过程进行状态查询、监控。

按照占地面积和处理能力进行站级划分，各类型的公路货运站应满足表2.4的要求。其中综合型和运输型货运站的货物处理能力指的是设计年限内货运站发出与到达的货物数量（包括中转、收发量）的总和。仓储型货运站的处理能力指的是货运站仓储设施的拥有能力，即仓储面积。信息型货运站以日均交易次数为处理能力。

表2.4　各类型公路货运站分级标准

货运站类型	划分依据	一级	二级	三级
综合型	占地面积/亩	≥600	≥300	≥150
	处理能力/(万吨·年$^{-1}$)	≥600	≥300	≥100
运输型	占地面积/亩	≥400	≥200	≥100
	处理能力/(万吨·年$^{-1}$)	≥400	≥200	≥100
仓储型	占地面积/亩	≥500	≥300	≥100
	处理能力/万平方米	≥20	≥10	≥3
信息型	占地面积/亩	≥200	≥100	≥50
	处理能力/(次·日$^{-1}$)	≥500	≥300	≥100

注：1亩约为666.67平方米。

（三）客货兼营站

客货兼营站是指兼办客货运输业务的汽车站，一般设在客运业务和货运业务都不太多的城镇。

（四）公路服务区

公路服务区又称服务站和休息站等，能够为出行者提供停车、如厕、餐饮和加油修车等服务，保障群众安全便捷的出行，是公路基础设施的重要组成部分。

公路服务区包括高速公路服务区、普通公路服务区以及其他公路休息设施。由于高速公路具有全封闭的特点，车辆进入高速公路后，除了指定的出入口外，要一直在高速公路上行驶，为了解决驾乘人员尤其是长途旅行的旅客的需求，缓解疲劳，高速公路服务区应运而生。高速公路服务区是与高速公路一起规划建设和投入使用的。随着全国高速公路建设的加快推进，很多新建服务区也越来越人性化，不单单提供必需的服务，而且融入零售、餐饮、旅游等业态，发展为集公共设施、品牌广告、休闲娱乐、汽车服务等多个属性于一体的商业综合体式服务区。如江苏省的阳澄湖服务区，建筑面积达到4万平方米，拥有11万平方米的停车场，设置了559个停车位，还有科技娱乐体验、非遗文化展示、当代艺术展览等，开创了中国高速公路服务区开办艺术展的先河，并引入智能公厕、机器人餐厅等。

普通公路服务区又名普通公路服务站和公路驿站，是在普通公路旁建设的配套服务设施。由于普通公路的开放性，普通公路服务区不仅服务于普通公路用户，而且服务于当地群众，可为过往民众提供休息、如厕、停车和购物等服务。图2.6展示的是浙江宁波余姚市和鄞州区普通公路服务区。普通公路服务区的设立，补上了普通公路服务的"短板"，有利于驾驶员更加集中精力，减少疲劳驾驶，更好地保障普通公路安全畅通，减少交通事故的发生。普通公路服务区按照"以人为本、因地制宜、经济实用、适度超前"的原则，优先利用沿线现有的服务设施如公路场站（如已取消收费的场站、养护站、路政中队等）、客车停靠站和加油站等场所进行改建，拓展交通服务功能；其次，综合考虑地形、资源和交通量等因素，合理规划建设新的普通公路服务区。随着我国陆续发布《2016年全国公路服务区工作要点》《普通国省干线公路服务设施建设实施暂行技术要求》《全国普通国省干线公路服务设施"十三五"建设专项规划》，全国普通国省干线公路服务设施建设全面铺开。

（a）余姚市服务区　　　　　　　　　　（b）鄞州区服务区

图2.6　浙江宁波余姚市和鄞州区普通公路服务区

三、汽车

汽车是由动力驱动、具有四个或以上车轮的非轨道承载的车辆，主要用于载运人员或货物、牵引载运人员或货物。汽车是公路运输的主要运输工具，这里将对汽车基本结构、汽车分类、汽车产品型号、汽车发展趋势四个方面进行介绍。

（一）汽车基本结构

汽车基本结构有发动机、底盘、车身及电气设备，如图2.7所示。

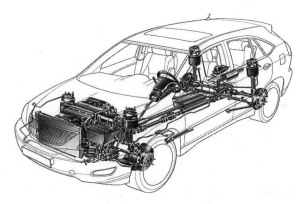

图 2.7　汽车基本结构示意

1. 发动机

发动机是汽车的动力装置，通过燃料燃烧或者电池供电产生动力，动力通过底盘的传动系输出，驱动车轮从而使汽车行驶。发动机的质量和性能决定着汽车的动力性、经济性、稳定性和环保性。现代汽车发动机按照其动力来源不同，可以分为三类。第一类是以燃油或者天然气为动力的内燃机，例如汽油机与柴油机。第二类是以电力为驱动的电力发动机。第三类是内燃机和电力发动机的混合动力发动机。

（1）内燃机

以燃料为动力的内燃机是目前汽车发动机中的主要类型，常见的汽油机和柴油机都属于往复活塞式内燃机，将燃料的化学能转化为活塞运动的机械能并对外输出动力。汽油发动机和柴油发动机都是典型的四冲程内燃机。例如，汽油发动机由进气冲程、压缩冲程、做功冲程和排气冲程完成一个工作循环，如图2.8（a）～（d）所示。

四冲程
内燃机

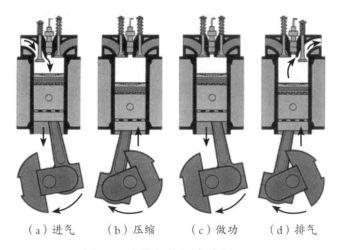

（a）进气　　（b）压缩　　（c）做功　　（d）排气

图 2.8　内燃机的四个冲程

　　内燃机发动机经过多年的发展，已经形成了多个种类，具体如表 2.5 所示。按动力来源可分为汽油机、柴油机、电动机和混动机。按冷却方式可以分为风冷发动机和水冷发动机。水冷发动机冷却均匀，工作可靠，冷却效果好，广泛应用于现代车用发动机。按气缸数可以分为单缸发动机和多缸发动机。现代汽车多采用三缸、四缸、六缸、八缸发动机。按气缸排列形式分直列发动机、"V"形发动机、"W"形发动机和水平对置发动机等。按进气系统工作方式可分为自然吸气、涡轮增压、机械增压和双增压四个类型。按活塞运动方式可分为往复活塞式内燃机和旋转活塞式发动机两种。按燃油供应方式可分为化油器发动机、电喷发动机和缸内直喷发动机。气体燃料发动机按其使用燃料的特点分为单一气体燃料发动机和两用燃料发动机。单一气体燃料发动机是专门针对一种气体燃料的特性而设计制造的专用发动机，可以最大限度地发挥气体燃料的优势，多用于气源供应充足的固定场所，如油田电站、气源供应稳定的城市公交车辆、中大型生物质发电站等。两用燃料发动机同时兼顾液体燃料与气体燃料的特点，既可单独使用液体燃料也可单独使用气体燃料，可由现有的火花点火汽油发动机再造而实现，例如汽油—液化石油气（LPG）或汽油—压缩天然气（CNG）等。两用燃料发动机在气体燃料供气系统未形成网络的地区尤为重要。

气体燃料
发动机

表 2.5　内燃发动机分类

分类方式	发动机类别
按动力来源	汽油机、柴油机、电动机、混动机
按冷却方式	风冷发动机、水冷发动机

续表

分类方式	发动机类别
按气缸数	单缸发动机、多缸发动机
按气缸排列形式	直列发动机、"V"形发动机、"W"形发动机、水平对置发动机
按进气系统工作方式	自然吸气、涡轮增压、机械增压、双增压
按活塞运动方式	往复活塞式内燃机、旋转活塞式发动机
按燃油供应方式	化油器发动机、电喷发动机、缸内直喷发动机
按使用燃料的特点	单一气体燃料发动机、两用燃料发动机

（2）电力发动机

电力发动机是以电力为驱动力，将电能转化为机械能的发动机。以电力发动机为动力基础的汽车称为电动汽车，通过存储在电池中的电来发动，使用12块或24块电池或者更多电池。电动机的工作原理是利用通电线圈（也就是定子绕组）产生旋转磁场并作用于转子形成磁电动旋转扭矩。电动汽车使用的电动发动机主要有直流电动机、交流异步电动机、永磁式电动机三种。与内燃机不同的是，由于电力发动机不发生燃烧，电动汽车不会产生尾气，对环境没有污染，因此是一种绿色交通工具。

随着时代的发展，永磁电动机又以低重量、高效率这一特别的优势而在电动车领域广泛应用。它根据定子绕组的电流波形的不同可分为两种类型：一种是无刷直流电机，具有矩形脉冲波电流；另一种是永磁同步电机，具有正弦波电流。这两种电机在结构和工作原理上大体相同，转子都是永磁体，减少了励磁所带来的损耗，定子上安装的绕组通过交流电来产生转矩，所以冷却相对容易。由于这类电机无须安装电刷和机械换向结构，工作时不会产生换向火花，运行安全可靠，维修方便，能量利用率较高。我国电动汽车品牌大多使用永磁同步电机，代表车型有极氪001。

电力发动机

（3）混合动力发动机

除了内燃机和电动机两种动力源，还有一种同时利用这两种作为动力源的混合动力系统，由这种动力系统驱动的车辆被称作油电混合动力汽车，也就是我们常说的混动车，如图2.9所示。混合动力就是指汽车使用汽油驱动和电力驱动两种驱动方式，优点在于车辆启动、停止时，只靠电机带动，不达到一定速度，发动机就不工作，因此能使发动机一直保持在最佳工况，动力性好，排放量很低，而且电能的来源都是发动机，只需加油即可。混合动力系统的性能好坏直接决定了混动车的性能好坏。混合动力系统可按照动力传输路线分为串联式、并联式、混联式三种。

除了以上三种动力系统，也有的发动机经过改造使用其他替代燃料，例如压缩天然气、丙烷和乙醇燃料等。

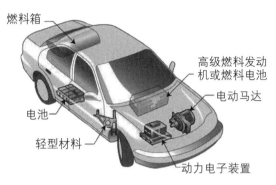

图 2.9　混合动力汽车

2. 底盘

底盘的作用是接受发动机的动力，使车轮转动，并保证汽车按驾驶员的操纵正常行驶。底盘包括传动系统、行驶系统、转向系统和制动系统这四大部分，也可简称为传动系、行驶系、转向系和制动系，如图 2.10 所示。

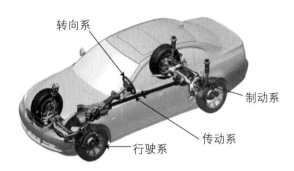

图 2.10　汽车底盘系统组成

（1）传动系

传动系由离合器、变速器、主减速器、差速器等构成，它将发动机输出的动力传递给车轮，驱动汽车正常行驶。传动系按照能量传递方式不同，有机械传动、液力传动、液压传动、电传动等类型，可实现减速和变速、汽车倒驶、必要时中断传送、差速等。

（2）行驶系

行驶系由悬架、车架、车轮、车桥等部件构成，它将全车各总成、部件连成一整体。它的功用包括接受扭矩、传递力矩、缓和震动，保证操作稳定性。

（3）转向系

转向系由转向操纵机构（方向盘）、转向器和转向传动机构构成，保证汽车能够按照驾驶员选择的方向行驶。按照转向能源的不同，可分为机械转向系和动力转向系两大类。机械转向系以驾驶员的体力为转向能源，所有传动部件都是机械的，由转向操纵机构（方向盘）、转向器和转向传动机构三大部分组成。动力转向系是在机械转向系的基础上加设一套转向助力装置。为了充分减轻驾驶员的负担，现代轿车一般都有动力转向系统。

（4）制动系

制动系由制动踏板、制动主缸、制动轮缸、制动鼓等构成。它使汽车减速或停车，并保证驾驶员离去后汽车能可靠地停住。每一辆汽车的制动系至少应该具备两套系统，即行车制动系和驻车制动系。

3. 电气系统

电气系统按功能可以分电源、启动、点火、照明与信号、仪表与报警、电子控制装置、辅助装置等部分。

汽车电气系统

4. 车身

车身安装在底盘的车架上，用于驾驶员、乘客乘坐或装载货物。轿车车身一般由车身主体、前门、后门、背门、前后保险组成。货车车身一般由驾驶室和货箱两部分组成。车身主体主要由车前钣金、前围零件、地板总成、左/右侧围总成、背门口下部、顶盖总成等零件焊接而成。

（二）汽车分类

汽车常见的分类标准有《机动车辆及挂车分类》（GB/T 15089—2001）、轴距和发动机排量分级法等。

根据《机动车辆及挂车分类》，机动车辆和挂车分为L类、M类、N类、O类和G类。L类是指两轮或三轮机动车辆，M类是指至少有4个车轮并且用于载客的机动车辆，N类是指至少有4个车轮并且用于载货的机动车辆，O类是指挂车（包括半挂车），G类是指越野车。其中M类和N类的分类见表2.6。厢式汽车、罐式汽车、仓栅式汽车等专用汽车以及由多节车辆组成的汽车列队都属于载货车辆的范畴。载客车辆包括轿车、微型客车、轻型客车、中型客车、大型客车和特大型客车（如铰接客车、双层客车等）。

表2.6　按照《机动车辆及挂车分类》的汽车分类

	M类（客车）		N类（货车）
M1	座位数（包括驾驶员座位在内）≤9	N1	最大设计总质量≤3.5吨
M2	座位数（包括驾驶员座位在内）>9 厂定最大总质量≤5吨	N2	3.5吨<最大设计总质量≤12吨
M3	座位数（包括驾驶员座位在内）>9 厂定最大总质量>5吨	N3	最大设计总质量>12吨

汽车还可以根据轴距和发动机排量进行分类，见表2.7，可以分为微型车、小型车、紧凑型车、中型车、中大型车和豪华车等类别。

表2.7　按轴距和发动机排量的汽车分类

类型	轴距/米	排量/升	代表车型
A00级（微型车）	2≤轴距<2.2	排量=1.0	比亚迪F0、奇瑞QQ
A0级（小型车）	2.2≤轴距<2.3	1.0<排量≤1.3	福特嘉年华、本田飞度
A级（紧凑型车）	2.3≤轴距<2.45	1.3<排量≤1.6	本田思域、丰田卡罗拉、雪佛兰科鲁兹
B级（中型车）	2.45≤轴距<2.6	1.6<排量≤2.4	大众迈腾、本田雅阁、奥迪A4L
C级（中大型车）	2.6≤轴距<2.8	2.4<排量≤3.0	奥迪A6L、丰田皇冠
D级（豪华车）	轴距≥2.8	排量>3.0	奔驰S级、奥迪A8L

（三）汽车产品型号

每辆汽车从出厂的那一刻开始，就拥有独一无二的"身份证"，而这个"身份证"就是它的汽车型号。我国汽车产品型号表示如图2.11所示。

企业名称代号一般由企业名称头两个汉字的第一个拼音字母表示。比如EQ—第二汽车集团公司（二汽），DF—东风汽车有限公司。

车辆类别代号：1—载货汽车，2—越野汽车，3—自卸汽车，4—牵引汽车，5—专用汽车，6—客车，7—轿车，8—暂空，9—半挂车及专用半挂车。主参数代号：载货汽车、越野汽车、自卸汽车、牵引汽车及半挂车均用车辆总质量（吨）表示。牵引汽车的总质量包括牵引座上的最大质量，当总质量在100吨以上时，允许用三位数字表示。客车主参数代号为车辆长度（米），小于10米时应精确到小数点后1位，并以其值的10倍数表示。轿车主参数代号为发动机排量（升），精确到小数点后一位，并以其值的10倍数表示。专用汽车及专用半挂车的主参数代号，当采用定型汽车底盘或定型半挂车底盘改装时，若其主参数与定型底盘原车的主参数之差不大于10%，则沿用原车的主参数代号。主参数不足规定位数时，在参数前补0占位。专用汽车分类代号反映车辆的使用种类。比如XXY表示厢式车、XF表示消防车、GJB表示混凝土搅拌车、ZZX表示自卸半挂车、XYZ表示邮政车。专用汽车分类代号：X表示厢式汽车；G表示罐式汽车；T表示特种结构汽车等。第二、三格为表示其用途的两个汉字的第一个拼音字母。

企业自定代号表示不同的驾驶室型式、轴距和发动机，位数由企业自定。

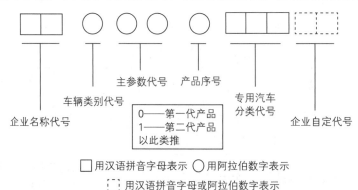

图 2.11　汽车产品型号表示方法

以JL6360E1为例说明汽车产品型号的表示方法：JL是企业名称代号，代表汽车生产厂家吉利；6是车辆类别代号即客车；36为汽车的主参数代号，表示客车车辆长约3.6米（3650厘米）；0为产品序号；E1为企业自定代号。

（四）汽车发展趋势

在倡导智能环保的当今社会，智能化、安全化、节能环保化已成为汽车的发展潮流和趋势。

1. 智能化

智能化是未来汽车的发展核心，智能车辆的构建和应用将是这一发展核心的具体体现。目前智能车辆主要致力于提高汽车的安全性、舒适性，以及提供优良的人车交互界面，智能车辆通过计算机、现代传感、信息融合、通信、人工智能、自动控制等技术，实现车辆的环境感知、规划决策，实现汽车自动驾驶；通过先进的传感器（雷达、摄像）、控制器、执行器等装置，利用车载传感系统和信息终端实现与人、车、路等的智能信息交换；具备智能的环境感知能力，能够自动分析车辆行驶的安全及危险状态，并按照人的意愿到达目的地，最终实现替代人驾驶。

根据能够执行动态驾驶任务的程度、执行动态驾驶任务中的角色分配以及有无设计运行条件限制，我国于2021年1月1日起正式实施的《汽车驾驶自动化分级》（GB/T 40429—2021），将驾驶自动化分为0～5共6个等级，如表2.8所示。0级为应急辅助，车辆横向和纵向运动控制均由驾驶员完成。1级为部分驾驶辅助，驾驶自动化系统在其设计运行条件下能够持续地执行车辆横向或纵向运动控制任务。2级为组合驾驶辅助，除横向和纵向控制功能外，还具备部分目标和事件探测与响应的能力。在0～2级自动驾驶中，监测路况并做出反应的任务都由驾驶员和系统共同完成，并需要驾驶员接管动态驾驶任务。3级为有条件自动驾驶，驾驶自动化系统在其设计运行条件下持续地执行全部动态驾驶任务，动态驾驶任务接管用户能够以适当的方式执行动态驾驶任务接管。4级高度自动驾驶和5级完全自动驾驶的驾驶自动化系统在其设计运行条件下，能够持续地执行全部动态驾驶任务和执行动态驾驶任务接管。当系统发出接管请求时，若乘客无响应，系统具备自动达到最小风险状态的能力。在4级和5级自动驾驶中，驾驶员完全转变为乘客的角色，车辆甚至可以不再装备驾驶座位。此外，0～4级自动驾驶的设计运行条件均有限制，5级驾驶自动化除了受商业和法规因素等限制外，在车辆可行驶环境下没有设计运行条件的限制。

表2.8 我国驾驶自动化等级与划分要素的关系

分级	名称	车辆横向、纵向运动控制	目标和事件探测与响应	动态驾驶任务接管	设计运行条件
0级	应急辅助	驾驶员	驾驶员及系统	驾驶员	有限制
1级	部分驾驶辅助	驾驶员和系统	驾驶员及系统	驾驶员	有限制
2级	组合驾驶辅助	系统	驾驶员及系统	驾驶员	有限制
3级	有条件自动驾驶	系统	系统	动态驾驶任务接管用户（接管后成为驾驶员）	有限制
4级	高度自动驾驶	系统	系统	系统	有限制
5级	完全自动驾驶	系统	系统	系统	无限制

自动驾驶技术对于整个汽车产业的影响巨大，各大主流车企都在该领域有所布局。例如通用汽车在1956年推出的Firebird Ⅱ，就是世界上第一辆安装自动导航系统的概念车。

除了自动驾驶，车联网也是汽车智能化发展的一大方向。类似电脑、手机联网后共享网络信息资源，汽车联网后可与其他汽车、道路等交通设施交互信息，实现资源共享。车联网是指以车内网、车际网和车载移动互联网为基础，按照约定的通信协议和数据交互标准，在车、路、行人及互联网间进行无线通信和信息交换的系统网络，可对每辆联网汽车进行交通全程控制，对每条道路进行交通的全时空控制，实现道路的零堵塞、零伤亡、极限通行能力，可以大大提高交通网络运输的效率和交通资源利用效率。车联网的发展可以分为三大阶段：第一阶段为具备基本网联能力的车载信息阶段；第二阶段为智能网联汽车阶段，通过车对外界的信息交换/车联网（vehicle to X，V2X）技术，车路开始协同；第三阶段为未来的智慧出行阶段，车路协同在智能交通和高级自动驾驶中广泛应用。车联网的发展见图2.12。

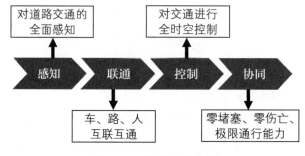

图 2.12　车联网的发展

2. 安全化

安全性是汽车一个重要的性能指标，汽车安全措施主要从主动安全和被动安全两方面展开。主动安全是传统的汽车安全措施，侧重于防患于未然。例如安装制动防抱死装置（ABS）、驱动防滑装置（ASR）、车辆稳定性控制系统（VSA），以及采用转向动力辅助等设施，使车辆悬架、制动和转向的性能达到最好的程度，减少行车时所产生的偏差，从而主动提高汽车行驶的稳定性和安全性。

被动安全又称为"消极安全性"，指一旦事故发生，为保护人员生命安全，尽量减少物品伤害的安全技术。很多事故的发生是突然和不可预见的，在意外事故发生后，车辆基本失控的状况之下，通过固定装置或者缓冲压力设施，例如爆胎应急安全装置、安全玻璃、安全带、保护系统、安全座椅、安全气囊等，使车内人员固定在安全的位置，并利用结构上的导引与收缩，尽量吸收撞击的力量，确保车内乘员的安全。

3. 节能环保化

面对日趋严峻的能源形势和巨大的碳减排压力，作为能源消耗和碳排放的主力军，汽车的发展必然要求做到节能环保。确保合适的胎压、减少负重和选择合适的机油能使汽车耗油量降低，良好的行驶习惯也能节能环保。此外，研发具有更高能耗效率和低排放的发动机，例如涡轮增压发动机，能有效提高轿车发动机的燃烧效率，提升减排效果。目前以节能环保的新能源开发代替传统燃油是汽车节能环保发展的主流方向。

新能源汽车是指采用非常规的车用燃料（汽油、柴油之外的燃料）作为动力来源，综合车辆的动力控制和驱动方面的先进技术，形成的技术原理先进、具有新技术和新结构、节能环保的汽车。新能源汽车包括混合动力电动汽车（HEV）、纯电动汽车（BEV，包括太阳能汽车）、燃料电池电动汽车（FCEV）、其他新能源（如甲醇、乙醇、天然气、氢气等）汽车。新能源汽车是汽车节能环保的主要动力，预计到2030年，新能源汽车的发展将节约和替代石油共16406万吨，相当于将汽车石油需求削减41%。

四、其他交通工具

公路运输的交通工具除了常见的汽车，还有自行车、摩托车等代步工具。

（一）自行车

自行车又称脚踏车或单车，是依靠人力运行的一种陆上交通工具。人骑上车后，以脚踩踏板为动力向前骑行。一般人骑普通自行车，在体力正常、道路平坦等条件下，速度可保持在15千米/时左右，体力好的人可加快到20千米/时。自行车由于骑行技术简单，占地面积小，运行速度较步行快、环保健身，成为一种重要的现代绿色交通工具，非常适合5千米内的短距离交通。自1790年法国人西弗拉克制作出世界上第一辆自行车起，自行车的发展已经走过300多年的历史。日本自行车专业杂志 *Cyclepress* 的数据统计显示，如今全世界自行车需求量巨大，年需求规模保持在1.06亿台的水平，年交易额为50亿美元。

电动自行车也进入人们的视野，由于其驾驶简单、快速、灵活的特点，迅速成为公路交通的一种交通工具。电动自行车整体结构与自行车类似，是由电池作为能量来源，通过控制器、电机等部件，将电能转化为机械能运动的陆上交通工具。驾驶者启动电动车仅仅需要转动把手，通过旋转把手控制电动车的行驶速度。在我国电动车设计速度规定不得超过25千米/时。电动车的出现大大方便了短途交通，其对能源和环境的节省与保护具有重要的作用。

（二）摩托车

摩托车是由发动机驱动，靠手把操纵前轮转向的两轮或三轮，以内燃机供能的陆上交通工具，它有一个或两个乘用的鞍形座。摩托车的启动以脚蹬为主，通过油门控制行驶速度，最高时速达到90千米。摩托车速度快、灵活机动、停靠方便，是常见的公路运输工具，广泛用于巡逻、乘客运输等。但摩托车和汽车一样需要燃料燃烧驱动，排放的尾气会产生环境污染问题，而且由于其速度较快，安全问题也比较突出。

第三节　公路交通流

交通流

一、交通流

交通流狭义上是指汽车在道路上连续行驶形成的车流，广义上还包括其他车辆的车流、行人流、客流、物流等。按照交通设施对交通流的影响，交通流可以分为非间断交通流和间断交通流。按交通流的交会形式，可以分为交叉流、合流、分流、交织流。按交通流的参与者成分，可以分为机动车流、非机动车流、混合交通流。按交通流内部的运行条件及驾驶员和乘客的感受，可以分为自由流、稳定流、不稳定流、强制流。

（一）交通流参数

交通流参数是表示交通流特性的主要指标。交通流特性是指交通流定量与定性的特征及随时间与空间的变化而变化的一般规律，一般用交通量（简称流量）、速度、交通密度三个参数来表示。

1. 交通量

交通量是指在选定时间段内通过道路某一地点、某一断面或某一条车道的交通实体数，可用式（2.1）表示。按交通类型可以分为机动车交通量、非机动车交通量和行人交通量，一般不加说明则指机动车交通量，且指来往两个方向的车辆数。

交通量的
指标与计算

$$Q = \frac{N}{T} \tag{2.1}$$

式中：Q——交通量（单位：辆/时）；

　　　T——时段（单位：时）；

　　　N——车辆数。

交通量和流率之间有一定的区别。流率是指观测时间小于1小时，通过道路某一地点、某一断面或某一条车道的交通实体数，再换算成每小时的交通量。两者都用每小时车辆数表示，但测量时间长短不同，交通量的观测时间通常是小时或天，流率的观测时间一般为15分钟、5分钟、30秒。例如在15分钟内观测到的交通量为100辆，则流率为100辆/0.25时或400辆/时。

影响交通量特性的因素有很多，与通过管道的水流类似，来源水流的多少、管道的粗细、通过管道时的控制方式等都影响着水流的大小。交通量特性首先和道路所处地理位置的经济、人口特征有关，影响着交通量发生的来源。一般越是发达的地区，贸易往来频繁，人员流动大，交通量越大。沿海和内地、城市和乡村、工业区与生活区等不同地域，交通量存在很大的差异。其次，和道路的类型或等级相关，它表示能够承载的最大交通量。同时交通控制和管理方法等也影响着交通量的大小，比如单向交通管理、禁行交通管理等。

2.速度

速度是指单位时间内车辆通过的距离，是车辆在路段上运行效率的简单度量指标。现实中的应用主要有以下几类。地点车速（点速度）是车辆通过某一地点时的瞬时速度，可用雷达仪检测，实际上常在很短的距离和时间内求得。实际生活中，常用来确定道路限制速度并作为设置交通标志的依据。运行车速或营运车速是指在一定条件下（中等驾驶水平、道路水平、环境条件）的最大车速，作为估计道路通行能力的依据。设计车速是在道路交通与气候条件良好的情况下仅受道路物理条件限制时所能保持的最大安全车速，是由道路条件决定的最高车速。中位车速（50%位车速）是指该路段上在该速度以下行驶的车辆数与在该速度以上行驶的车辆数相等时的车速。85%位车速是指该路段行驶的所有车速由低到高排序，有85%的车辆速度在此速度之下，只有15%的车辆速度高于此值，一般作为道路上车辆最高行驶速度的限制值。

影响速度的因素有很多，例如驾驶经验、驾驶水平、性别、年龄等。车辆的技术状况、载重，道路的类型、道路的平面线形和纵断面线形、车道数及车道位置、视距、侧向净空等道路情况，以及环境、气候、时间的变化都会影响速度的大小。

速度的计算

3.交通密度

交通密度是指在一条车道上车辆的密集程度，即某一瞬时单位长度（通常为1千米）单车道上的车辆数，又称车流密度。如果是多车道，则应除以车道数换算成单车道的车辆数后再计算。可表示为式（2.2）、式（2.3）：

$$K = \frac{N}{L} \tag{2.2}$$

$$K = \frac{Q}{V_s} \tag{2.3}$$

式中：K——交通密度（单位：辆/千米）；

N——单车道路段内的车辆数（单位：辆）；

L——路段长度（单位：千米）；

Q——单车道上交通量（单位：辆/时）；

$\overline{V_s}$——区间平均车速（单位：千米/时）。

连续行驶的两辆车的车头间的距离称为车头间距（或间隔）。路段中所有车头间距的平均值称为平均车头间距。道路上车流的车头间距也能反映交通密度，车头间距和交通密度之间的关系为 $h_s = 1000/K$，其中 h_s 表示车头间距（米/辆）。

同一车道相邻两辆车的车头驶过同一点的时间差（秒）称为车头时距。平均车头时距和交通量之间的关系为 $h_t = 3600/Q$，其中 Q 表示道路的交通容量（辆/时），h_t 表示平均车头时距（秒/辆）。

车头间距、车头时距与速度三者之间关系如式（2.4）所示：

$$h_s = \frac{v}{3.6} h_t \tag{2.4}$$

式中：h_s——车头间距（单位：米/辆）；

v——汽车行驶速度（单位：千米/时）；

h_t——平均车头时距（单位：秒/辆）。

交通密度是一个描述交通运行的重要参数，它表示车辆之间相互接近的程度。现场直接测定比较困难，因此这一指标应用得不太普遍。

（二）流量、速度和密度的关系

流量、速度与密度是表征交通流特性的三个基本参数，三个参数之间的基本关系为式（2.5），关系如图2.13所示。

流量、速度、密度的关系

$$Q = KV \tag{2.5}$$

式中：Q——平均流量（单位：辆/时）；

　　　V——区间速度（单位：千米/时）；

　　　K——平均密度（单位：辆/千米）。

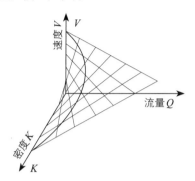

图 2.13　$Q = KV$ 关系曲线

图 2.14 反映了交通流的一些特征变量：

① 极大流量 Q_m，就是 Q—V 曲线上的峰值。

② 临界速度 V_m，即流量达到极大时的速度。

③ 最佳密度 K_m，即流量达到极大时的密度。

④ 阻塞密度 K_j，车流密集到车辆无法移动（$V = 0$）时的密度。

⑤ 畅行速度 V_f，车流密度趋于 0，车辆可以畅行无阻时的平均速度。

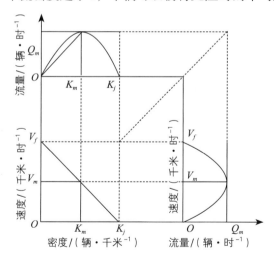

图 2.14　速度—密度、流量—密度、流量—速度关系

二、公路通行能力

公路通行能力
及服务水平

公路通行能力又称公路容量，是指在通常的道路条件、交通条件和人为度量的标准下，在一定的时段内（双车道公路取 1 小时）道路某断面可以通过的最大车辆数。道路条件是指公路的几何特征，包括每个方向的车道数、车道宽度和路肩宽度、侧向净空、设计速度，以及平面和纵面线形。交通条件涉及使用该道路的交通流特性，指交通流中车辆组成、车道分布、交通量变化、交通管理和交通控制方式等。度量标准是计算通行能力的前提条件。

公路通行能力是公路的一种性能和一项重要指标，反映了公路设施疏导交通流的能力，是公路规划、设计和运营管理的重要参数。通过公路通行能力可以估算公路设施在规定的运行质量条件下所能适应的最大交通量，以便在规划设计时确定满足预期交通需求和服务水平要求所需的公路等级、性质和设计道路的几何尺寸，同时可以评价现有公路设施满足交通运输需求的程度，以判断是否需要改善，并评价各项改善措施的效果。

研究公路通行能力时，要根据公路设施情况分别处理。一般可将设施分为非间断交通流设施和间断交通流设施两大类。非间断交通流设施不会在交通流外部引起交通流量中断。交通流状况是交通中车辆之间以及车辆与道路线形、道路环境之间相互影响的结果，其设施包括高速公路（含高速公路基本路段、交织区、匝道与匝道连接点）、多车道公路（一级公路）、双车道公路（二、三、四级公路）等。间断交通流设施有引起交通流周期性中断的固定因素，这些因素包括交通信号停车标志和其他类型的管制设备。不管有多少交通量存在，这些设备都有引起交通周期性停滞（或显著减慢）的功能。这类设施包括设与不设交通信号的交叉口、市区与郊区干道等。针对上述设施情况，对公路通行能力可分为四种情况进行概述：路段的通行能力（非间断流），交叉口的通行能力（间断流），匝道的通行能力（分流、合流），交织路段的通行能力。这里仅介绍第一种情况。

公路路段通行能力指在汽车以正常速度行驶、车流不间断的条件下，单位时间内通过道路某一断面的最大车辆数，以辆/时或辆/天表示。它是正常条件下道路交通的极限值。根据使用性质和要求，按照实用、合理、简便和可操作性强的原则，将通行能力分为三种：基本通行能力、实际通行能力和设计通行能力。

（一）基本通行能力

基本通行能力也称为理想通行能力，是指在道路、交通、控制和环境理想条件下，均匀路段的一条车道或特定横断面上，不论服务水平如何，单位时间内通过标准小客车的最大辆数。通常以pcu/（h·ln）[辆/（时·车道）]或pcu/h [辆/时]为单位。

理想的道路条件主要是指车道宽度不小于3.65米（我国公路则定为3.75米），路旁的侧向余宽不小于1.75米，纵坡平缓，并有开阔的视野、良好的平面线形和路面状况。

理想的交通条件主要是指车辆组成为单一的标准型汽车，在一条车道上以相同的速度，连续不断地行驶，各车辆之间保持与车速相适应的最小车头间隔，且无任何方向的干扰。

在这样的理想条件下，建立车流计算模式，所得出的最大交通量，即基本通行能力，通行能力的计算可采用车头间距或车头时距推求，表示为式（2.6）：

$$C_0 = N_{最大} = \frac{3600}{h_t} = \frac{1000v}{h_s} \tag{2.6}$$

式中：C_0——基本通行能力；

$N_{最大}$——理论最大通行车辆数；

h_t——最小安全车头时距（单位：秒/辆）；

v——行车速度（单位：米/秒）；

h_s——最小安全车头间距（米/辆）。

车头间距是指交通流中连续两车之间的距离，它要考虑汽车长度、制动距离、车速与驾驶员反应时间及汽车间距，一般可用式（2.7）计算：

$$h_s = l_{车} + l_{安} + l_{反} + l_{制} = l_{车} + l_{安} + v \cdot t + \frac{K_2 - K_1}{2g(\varphi + f)}v^2 \tag{2.7}$$

式中：h_s——最小安全车头间距（米/辆）；

$l_{车}$——汽车长度（单位：米），小汽车5米，普通汽车12米；

$l_{安}$——汽车安全间距（单位：米），可取3～5米；

$l_{反}$——刹车时反应时间内的行驶距离（单位：米）；

$l_{制}$——刹车时的制动距离（单位：米）；

v——行车速度（单位：米/秒）；

t——驾驶员反应时间，取1.2～1.8秒，一般可取1.2秒；

g——重力加速度（单位：米/秒^2）

φ——附着系数，通常取0.5～0.2；

f——滚动阻力系数，可取0.02；

K_1、K_2——制动使用系数，后车$K_2 \approx 1.7$，前车$K_1 \approx 1.0$。

基本通行能力可以认为是五级服务水平条件下对应的最大服务交通量，设计速度为120、100和80千米/时的高速公路基本路段的基本通行能力分别是2200、2100、2000辆/（时·车道）。

（二）实际通行能力

实际通行能力是指在实际的道路、交通、控制和环境条件下，均匀路段的一条车道或特定横断面上，不论服务水平如何，单位时间内通过车辆（在混合交通公路上为标准汽车）的最大辆数，通常以veh/（h·ln）[辆/（时·车道）]或veh/h[辆/时]为单位。它是公路所能承担的最大交通量，是经与理想条件不符的各种道路条件和交通条件修正后得到的可能通行能力，它是在理想条件下人们所允许的最低质量要求下（高速公路对应二级服务水平、双车道公路对应三级服务水平）所能通行的小时交通量。

关于基本通行能力，各国所定的指标比较接近，而实际通行能力，因国情不同、认识不同，修正的因素相差较大。各国根据本国国情和交通实况，对不同等级的道路选用不同的修正项目。如：一般公路通行能力的修正，主要考虑行车道宽度、方向分布、横向干扰、交通组成等；高速公路只考虑行车道宽度、左侧路肩宽度与交通组成。美国2000年版《道路交通能力手册》中修正因素为车道宽度、侧向净空、重车混入率、驾驶员素质等，计算见式（2.8）：

$$C_A = C_0 \times f_1 \times f_2 \qquad (2.8)$$

式中：C_0——基本通行能力；

C_A——实际（可能）通行能力；

f_1、f_2分别是道路条件和交通条件修正系数。

交通条件的修正主要是指车辆的组成，特别是在混合交通情况下，车辆类型众多，大小不一，占用道路面积不同，性能不同，速度不同，相互干扰大，严重影响了道路的通行能力。为了使不同类型的车辆换算为同一车型，一般根据所占道路面积和行车速度的比值进行换算，亦有用平均车头时距的比值进行换算的。我国《公路工程技术标准》（JTG B01—2014）车辆换算系数见表2.9，公路上行驶的拖拉机每辆折算为4辆小客车。

表2.9　各汽车代表车型及车辆折算系数

汽车代表车型	车辆折算系数	说明
小客车	1.0	座位≤19座的客车和载重量≤2吨的货车
中型车	1.5	座位＞19座的客车和2吨＜载重量≤7吨的货车
大型车	2.0	7吨＜载重量≤20吨的货车
汽车列车	4.0	载重量＞20吨的货车

（三）设计通行能力

设计通行能力是指在预测的道路、交通、控制和环境条件下，均匀路段的一条车道或特定横断面上，选定的设计服务水平，单位时间内通过车辆（在混合交通公路上为标准汽车）的最大辆数。设计通行能力与选取的服务水平级别有关，常以辆/（时·车道）或辆/时为单位。

$$C_D = C_A(v/C)_i \qquad (2.9)$$

式中：C_D——设计通行能力；

C_A——实际（可能）通行能力；

$(v/C)_i$——第i级服务水平下的饱和度，即与i级服务水平对应的交通量和通行能力之比的最大值。

在进行高速公路规划设计时，要保证一定的交通服务水平和车辆运行质量，也要考虑国家的经济水平和建设投资力量，避免高速公路建好不久出现堵塞等状况。因此一般选取二级服务水平下的v/C值作为我国高速公路的设计参数。

三、公路服务水平

公路服务水平是公路使用者在不同的交通流状况下所能得到的速度、舒适性、经济性等方面的服务程度，也就是公路在某种交通条件下为驾驶者和乘客所能提供的运行服务质量。公路服务水平通常用速度、交通密度、行驶自由度、交通中断情况、舒适性和便利程度等来描述和衡量。

由于实际确定服务等级时，难以全面考虑和综合上述因素，往往仅以其中的某几项指标为代表。如以行车速度及服务交通量与通行能力之比，作为路段评定服务等级的主要影响因素。同时，由于这几项指标比较易于观测，而且车速和服务交通量也同其他因素有关，因此取此二者作为评价服务水平的主要指标是有一定根据的。

同时，用来衡量服务水平的主要参数随公路设施类型的不同而有所差异，如评价信号交叉口时采用每辆车的平均延误时间（秒/辆）。美国2000年版《道路交通能力手册》中高速公路采用最大密度、最小速度、最大服务流率和v/C值作为服务水平的指标。

根据道路交通的具体条件，一般划分为3～6个服务等级。日本分3个等级，美国定6个等级。在过去很长一段时间里我国的服务水平是4个等级，但在实践中发现存在诸多不便。为了说明公路交通负荷状况，我国以交通流状态为划分条件，定性地描述交通流从自由流、稳定流到饱和流和强制流的变化阶段，在《公路路线设计规范》（JTG D20—2017）和《公路工程技术标准》（JTG B01—2014）中对服务水平进行了细化，分为6个等级。我国高速公路各级服务水平对应的v/C值和服务交通量见表2.10。其中v/C值是在基准条件下最大服务交通量与基准通行能力之比。基准通行能力是五级服务水平条件下对应的最大服务交通量，单位为pcu/（h·ln）[辆/（时·车道）]。

表2.10　高速公路路段服务水平分级

服务水平	v/C	设计速度/（千米·时$^{-1}$）		
		120	100	80
		最大服务交通量/[辆/（时·车道）]	最大服务交通量/[辆/（时·车道）]	最大服务交通量/[辆/（时·车道）]
一级	$v/C \leqslant 0.35$	750	730	700
二级	$0.35 < v/C \leqslant 0.55$	1200	1150	1100
三级	$0.55 < v/C \leqslant 0.75$	1650	1600	1500
四级	$0.75 < v/C \leqslant 0.90$	1980	1850	1800
五级	$0.90 < v/C \leqslant 1.00$	2200	2100	2000
六级	$v/C > 1.00$	0～2200	0～2100	0～2000

根据交通流状态，各级服务水平定性描述如下。

一级服务水平，交通流处于完全自由流状态。交通量小，速度高，行车密度小，驾驶员能自由地按照自己的意愿选择所需速度，行驶车辆不受或基本不受交通流中其他车辆的影响。在交通流内驾驶的自由度很大，为驾驶员、乘客或行人提供的舒适度和方便性非常优越。

二级服务水平，交通流处于相对自由流状态。驾驶员基本上可按照自己的意愿选择行驶速度，但是开始要注意到交通流内有其他使用者，驾驶人员身心舒适水平很高。

三级服务水平，交通流状态处于稳定流的上半段。车辆间的相互影响变大，选择速度受到其他车辆的影响，变换车道时驾驶员要格外小心，较小交通事故仍能消除，但事故发生路段的服务质量大大降低，严重的阻塞后面形成排队车流，驾驶员心情紧张。

四级服务水平，交通流处于稳定流范围下限，但是车辆运行明显地受到交通流内其他车辆的相互影响，速度和驾驶的自由度受到明显限制。交通量稍有增加就会导致服务水平的显著降低，驾驶人员身心舒适水平降低，即使较小的交通事故也难以消除，会形成很长的排队车流。

五级服务水平，交通流处于拥堵流的上半段，其下是达到最大通行能力时的运行状态。对于交通流的任何干扰，例如车流从匝道驶入或车辆变换车道，都会在交通流中产生一个干扰波，交通流不能消除它，任何交通事故都会形成长长的排队车流，车流行驶灵活性极端受限，驾驶人员身心舒适水平很差。

六级服务水平，交通流处于拥堵流的下半段，是通常意义上的强制流或阻塞流。这一服务水平下，交通设施的交通需求超过其允许的通过量，车流排队行驶，队列中的车辆出现停停走走现象，运行状态极不稳定，可能在不同交通流状态间发生突变，驾驶人员身心舒适水平极差。

以上六级服务水平状态在现实生活中如图2.15（a）～（f）中的右侧车道所示。

第四节　公路运输规划与管理

一、公路规划

（一）公路规划的内涵

公路规划主要是指对公路网的规划。公路规划的第一层含义是指对一个国家或地区公路建设发展所作出的全面、长远的安排，即该国家或该地区的路网规划方案或文件。第二层含义则是指拟定公路网规划方案或文件的过

公路规划

（a）一级服务水平状态

（b）二级服务水平状态

（c）三级服务水平状态

（d）四级服务水平状态

（e）五级服务水平状态

（f）六级服务水平状态

图 2.15　各级服务水平状态

程，包括其步骤、内容、方法和模型等。公路网规划的目的是确保公路建设的合理布局，使公路建设和公路经济有秩序地协调发展，防止公路建设决策、建设布局出现随意性和盲目性。

公路规划的任务是通过深入的调查、必要的勘测和科学的定量分析，在剖析、评价现有公路状况，揭示其内在矛盾的基础上，根据客货流分布特点、发展态势及交通量、运输量的生成变化特征，提出规划期内公路发展的总目标和总布局。公路规划通过划分不同路线的性质、功能及技术等级，拟定主要路线的走向和主要控制点，列出分期实施的建设序列，提出确保实施规划目标的政策与措施，科学地预测发展需求，细致地研究合理布局。公路规划的意义主要体现在节省车辆行驶时间、降低运输成本、提高公路运输效益、促进区域经济平衡协调发展等方面。

（二）公路网规划的步骤

公路网规划的步骤包括调查、预测、设计、评价、优化。

1. 调查

调查包括社会经济调查与交通调查两方面。社会经济调查主要是调查与规划区域社会经济相关的数据，例如规划区域的人口、面积、社会总产值、国内生产总值，以及各分区的经济结构、产业结构、城镇布局等。交通调查主要是调查与交通出行有关的数据量，具体如下。

（1）机动车出行O-D调查[①]

机动车出行O-D调查内容包括出行分布、平均载客（货）量、出行时间与距离等。出行分布包括统计各交通区之间机动车所载旅客、各种货物以及各种机动车的出行O-D量等。平均载客（货）量，即各种机动车平均载客（货）量。出行时间与出行距离，包括机动车在各交通区之间的平均出行时间及出行距离。

（2）交通枢纽客流O-D调查

交通枢纽客流O-D调查内容主要包括各种运输方式、旅客出行O-D量、使用各种运输方式的旅客在各交通区之间的平均时间及距离等。

（3）交通枢纽货流O-D调查

交通枢纽货流O-D调查内容主要包括各种运输方式、各类货物的出行O-D量、各种运输方式的货物出行在各交通区之间的平均时间及距离等。

（4）公路网基本数据调查

公路网基本数据调查内容主要包括区域公路网各道路路段的交通量、车速、延误，各交叉口的交通量、延误，公路网各主要停车场的停车情况，以及公路网的交通事故发生情况。

---

① O-D 为 origin-destination（起点—终点）的缩写。

（5）公路网交通设施调查

公路网交通设施调查内容主要包括停车场、加油站、休息场所的位置及规模，各路段状况，各交叉口形式等。

2. 预测

预测主要指公路网发展预测，是对规划期内的公路运输发展作出的科学估计。公路网预测涉及道路网络规划，影响公路运输发展预测和公路交通需求发展预测。公路运输发展预测反过来影响公路网发展预测，而公路交通需求发展预测则直接指导公路运输发展预测。公路运输发展预测应以社会经济发展规划和综合交通运输发展规划为基本依据。一般来说，公路交通需求发展预测分为社会经济发展预测和交通需求发展预测两部分。

（1）社会经济发展预测

近远期社会经济发展指标必须在已有区域社会经济发展计划、综合国土规划、产业发展规划中提出的近远期社会经济发展指标的基础上重新进行分析、预测。区域社会经济是一个十分复杂的系统，影响因素主要包括国民经济的发展规模和速度、经济结构的变动、人口因素和生活水平，以及基础建设的规模，能源、冶金等工业的规模、发展速度与布局等。在进行区域社会经济发展指标定量预测前，首先必须对该区域经济发展的背景、资源、条件、优势、劣势及现有基础进行全面分析，概括起来有以下几点：资源因素分析、区位条件分析、区域人口分析、政策方针分析、现有基础经济分析等。

（2）交通需求发展预测

交通需求发展预测的步骤是先对客货运交通生成、分布方式进行预测，然后将客货运交通方式预测的结果汇总进行交通分配预测。

3. 设计

在上述前置调查与预测工作结束后，进行公路网方案设计。公路网方案设计是公路规划的核心。公路网方案设计包括根据规划期内公路交通需求量和公路建设资金，制定公路网建设布局方案与实施方案，以有关资料调查和公路网发展预测为基础，以预测公路交通O-D量为依据，不断调整公路网方案和预测未来交通需求在路网上的分布状况，协调路网供给与未来交通需求之间平衡的一个复杂过程，按以下步骤进行。

（1）基年O-D矩阵的确定

首先通过公路交通需求预测，根据得到的O-D量可得出各特征年的相应数据，例如日客/货运车辆O-D矩阵（辆/日当量车）、高峰小时客/货运车辆O-D矩阵。结合以上数据分析，可得到各特征年的客货运车辆O–D矩阵。在进行公路网建设实施方案设计时，为了对建设项目进行优先排序，除了需要各特征年的O–D矩阵，还需规划期间基年O–D矩阵，这些O–D矩阵可利用特征年O–D矩阵以内插法确定。

（2）公路网合理建设规模的确定

一个区域的公路网在不同的社会发展阶段应有相应的发展规模，这个规模主要与区域内的经济发展状况、重要节点分布状况、交通发展状况有关。对一个区域的公路网合理建设规模的研究就是要确定该区域不同发展阶段的公路网的理论长度及公路网的等级配置。

公路网合理
建设规模
确定

（3）公路网布局设计

公路网设计主要体现在公路网的布局设计，它是指在对公路网现状进行调查分析、对公路网所在区域的社会经济和交通需求进行预测后，以一定的目标和条件为依据，采用适当的方法选择规划线路将选定的控制节点连接起来，形成未来公路网平面布局方案的过程。

公路网布局设计应根据区域交通源的分布、交通流量流向，并结合地形、地质、河流、综合运输布局、区域周围地区的公路网以及原有公路网状况，因地制宜地进行。区域公路网布局设计首先应确定相应的运输控制点，即公路网必须连接的地点。各级公路网的控制点应为该级区域中主要的交通源。

公路网布局图式是以运输点为节点，节点间的公路为边线，由节点和表示边线基本走向的线条组成的图形。根据区域的不同与地形的差异，公路网布局也会有相应的区别和各自的特点。例如平原与微丘地区的公路网布局图式多为三角形（星形）、棋盘形（方格形）和放射形（射线形）。其他类型具体可参考公路网设计手册。

4.评价

公路网方案评价包括三方面，即技术评价、经济评价和环境评价。技术评价是从网络技术性能方面分析公路网方案的技术结构和功能，从而揭示路网的使用质量，为编制路网规划方案并验证方案合理性提供技术方面的支持。经济评价是指对整个路网进行经济效益分析，通过比较方案的建设费用、营运费用和运输效益，并结合未来规划期的资金预测，对方案的经济合理性进行评估。环境评价是指基于可持续发展理念对公路网方案进行环境影响分析，包括公路网对国土及自然资源的开发利用、水土保持、环境保护的影响等。结合上述三方面评价，可最终确定公路网设计方案。

5. 优化

公路网布局方案优化，主要是指在原有路网的基础上，以公路网的整体最优为目标，根据可能的投资条件，决策新建和改建路段。

一般的公路网优化，是指根据资金的许可，以路网整体优化为目标，对原有路网进行改善和扩展，即公路网布局方案设计的内容。

广义的公路网优化，是指公路网规划建设全过程的投资优化，除了上述的布局优化，还包括将在公路网布局规划方案中确定的各个建设项目按不同的五年（或十年）规划期安排实施顺序，使得规划期内的总建设效益最大化，即通过建设项目排序进行公路网建设实施方案设计的过程。

公路网布局规划的实际实施是一个长期过程。在此期间，经济发展速度、生产力布局、投资结构或国家有关政策的变化，可能导致运输结构和公路交通量与预测的情况不完全相符，致使公路网结构、规模和路线等级对运输需求的适用性发生变化。这时就需要根据具体情况，参考公路网建设投资方向进行调整，以充分利用有限的投资，尽最大可能满足运输需求的变化。

二、公路运输管理

（一）公路运输管理的内涵

公路运输管理指对从事公路运输经营的企业和个人的经营资格、行为、运输质量、运价，以及运输法规的制定与实施进行统筹、协调、服务、监督管理。简单来说，公路运输管理是通过对技术、人力资源的管控，来提高公路运输质量的一种科学化手段。公路运输管理的目的是保证公路运输的合理性和高效率，因此完善公路运输管理制度建设并加强公路运输管理能力十分重要，高水平的公路运输管理能促进公路运输的发展，提高行业经济效益。

公路管理

（二）公路运输管理机构

公路运输管理机构根据不同的管辖范围和基本职能，包括公路管理机构和运输管理机构两部分，它们都属于国务院部属的行政机构，且由中华人民共和国交通运输部管辖。其中主管公路相关事务的部门为交通运输部公路局（简称公路局），主管运输相关事务的部门为交通运输部运输服务司（简称运输服务司），具体结构如图2.16所示。

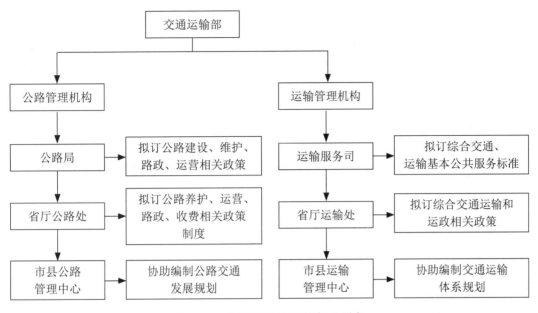

图 2.16　公路运输管理机构的结构

公路管理机构系统从上至下可分为交通运输部公路局、省厅公路处及市县公路管理中心等。公路管理机构的总负责单位为公路局，公路局属于交通运输部司局子站，受交通运输部监管，是厅级单位。它的主要职能是负责公路建设市场监管工作，拟订公路建设、维护、路政、运营相关的政策、制度和技术标准，并负责国家公路网运行监测和应急处置协调工作及重点公路工程的设计审批和施工许可等。省厅公路处一般为省交通厅下属机构，受省交通厅监管，直接为该省公路相关事务服务，属于处级机构。省厅公路处的主要职能是拟订公路养护、运营、路政、收费等的相关政策制度，并负责编定公路专项规划，提出年度计划和项目立项审核建议等。市县公路管理中心一般为市县交通局的下属机构，受市县交通局监管，直接负责该市县公路相关事宜，属于科级机构。市县公路管理中心的职能是协助编制公路交通发展规划，协助做好公路资金年度预算、内部审计、统计工作等。

运输管理机构系统从上至下可分为交通运输部运输服务司、省厅运输处及市县运输管理中心等。运输管理机构的总负责单位为运输服务司，运输服务司属于交通运输部司局子站，受交通运输部监管，与公路局一样，是厅级单位。它的主要职能是负责拟订综合交通、运输基本公共服务标准并监督实施，承担协调与衔接工作，并负责指导综合交通运输枢纽管理及运输线路、营运车辆、枢纽、运输场站等管理工作。省厅运输处一般为省交通厅下属机构，受省交通厅监管，直接为该省运输相关事务服务，属于处级机构。省厅运输处的主要职能是负责拟订综合交通运输和运政相关政策，承担道路运输行业管理，指导运输安全生产工作，并指导综合交通枢纽管理，协调物资运输有关工作等。市县运输管理中心一般为市县交通局的下属机构，受市县交通局监管，直接负责该市县公路运输相关事宜，属于科级机构。市县运输管理中心的职能是协助编制交通运输体系规划，承担全市公路运输行业安全管理和应急处置（含防火、防灾、防事故"三防"）中的技术支撑和辅助工作等。

📍课程思政资料

开山凿崖通公路　脱贫致富在眼前

思政资料

湖北恩施店子坪村位于武陵山腹地，海拔1200多米，绝壁连片，交通闭塞。店子坪村地处深山，交通不便，所有的货物都要靠肩挑背扛，运输成本很高，建造同样的房子也要比邻村多花四倍的价钱。悬挂在陡崖上的"鬼见愁"古盐道，成了村民唯一的出山路。这条古盐道位于悬崖峭壁上，一边是陡峭的山崖，一边是高高的陡坡，下面还有奔腾的河水，道路狭窄，特别容易出事，是一条典型的"夺命路"。曾有数十位村民在此路上葬身悬崖，无数牲口跌进河底，还有学生在半岩悬崖上走路，不小心摔死了。

目睹过死亡的王光国，对深山无路的绝望体会得更真切。2002年王光国在当选为店子坪村党支部书记的那天夜晚，他默默在心中发誓一定要打通这条"绝命路"，打造一条"脱贫致富路"。2005年开始，在王光国的带领下，店子坪人在悬崖峭壁上，开启了用炸药、锄头和簸箕这些原始的修路材料与工具的绝壁凿路之旅。一天一双手套，一月一双胶鞋。八年来，"愚公支书"王光国带领600多名村民，一锄一锄、一钎一钎地砸向绝壁顽石。他说："我们虽然只有几百个村民的双手，但是只要埋头苦干，一米一米地凿，坚持到底，总有打通的一天。即便我们这辈打不通，还有下一辈人！"滴水终能穿石，八年后，"愚公支书"王光国带领村民，终于在绝壁上打通了一条"天路"。湖北店子坪村从此涅槃重生，实现了从武陵山区最高寒、最偏远、最贫穷的穷山村到脱贫攻坚"标杆"的华丽转身。

📖 任务布置与要求

1. 观看了发展公路运输助力乡村脱贫致富、带领乡村振兴的典型时代人物王光国的先进事迹，你有何感想和体会？

2. 搜索并整理最近十年中国乡村公路建设里程和公路运输数据，对比这十年我国乡村公路运输的发展变化，谈谈公路建设对于乡村振兴的时代意义（要求不少于2000字，图文并茂）。

📍 复习讨论题

1. 什么是公路运输？

2. 公路与道路的区别是什么？

3. 如何提高公路规划预测的准确性？

复习题

课件

第三章 水路运输

水路运输是长距离运输的一种重要运输方式，也是国际贸易运输中应用最为广泛的交通方式之一。本章从水路运输的基本内涵出发，全面阐述水路运输的构成要素与特征、现状与发展、规划与管理等。

第一节 水路运输概述

水路运输是历史悠久的一种运输方式，是利用船舶及其他航运工具，以港口或港站为运输基地，在江、河、湖、海及人工水道等水域范围内，运送旅客和货物的一种运输方式。水路运输系统一般是由船舶、港口、各种基础设施和服务机构等构成。

水路运输的分类方式众多，按照航行区域可以分为内河运输和海洋运输。内河运输简称河运，是用船舶和其他水运工具，在江、河、湖泊、水库等天然或人工水道范围内运送货物和旅客的一种运输方式。海洋运输简称海运，是使用船舶等水运工具经海上航道运送货物和旅客的一种运输方式。海洋运输根据航行海域的不同，分为沿海运输和远洋运输。其中沿海运输是指国内沿海区域港口间的运输，远洋运输是沿海运输以外的所有海洋运输，主要指国际各港口间的运输。

除了以上分类，水路运输按照运输对象分为旅客运输和货物运输。旅客运输是以旅客为主要载运对象的运输。货物运输是指以货物为载运对象的运输，根据货物包装情况分为散货运输、杂货运输、集装箱运输等，其中集装箱运输和散货运输是我国水路运输的主要形式。水路运输还有其他分类方法，例如按货物运输组织形式分为直达运输和多式联运，按船舶营运组织形式分为定期船运输（即班轮运输）、不定期船运输和专用船运输。

一、水路运输的特点、功能、地位与作用

（一）水路运输的特点

水路运输需要利用江、河、湖、海等天然水运资源完成运输，与其他几种运输方式相比，主要具有以下特点。

1. 运输能力大，适合大宗货物的运输

水路运输具有较大的运输能力，一方面是因为航道的承载能力大，在水上航行只要水深水宽满足船舶进出的条件即可，对基础设施承载能力限制小。例如，一条密西西比河运输能力相当于10条铁路，一条莱茵河运输能力相当于20条铁路。另一方面是因为运输船舶大，运输能力强。例如第六代集装箱船舶载箱量约为8000标准箱，"现代阿尔赫西拉斯"轮单船载箱量达到2.4万标准箱。与之相比，火车重载单列载重量约为1万吨，双层单元集装箱列车载箱量约为550标准箱，船舶运量是火车的15～50倍。我国常用的25000吨级运煤船，一艘船就相当于12列运煤火车或上万辆运煤汽车的载货量。

水路运输的
定义、特点、
作用

2. 分布广泛、续航能力强、运距长

水运资源分布广泛，只要有航道就可以采用水路运输，因此水路运输具有分布广泛的特点。2022年我国内河航道里程约12.8万千米，定期航班航线里程约699.89万千米，国际航线线路长度153.74万千米。船舶的续航能力也较强，比如我国自主研制的新一代节能环保型超大型油船"远福洋"轮续航里程超过26000海里，可在全球范围航行。基于分布广泛的航道与较强续航能力的运输工具，水路运输具有运距长的特点。2022年我国的货物运输平均运距为450千米，水运货物运输平均运距达到1415千米。

3. 单位运输成本低

水路运输单位运输成本低。一方面，水路运输工具主要在自然水道上航行，航道是天然的，只需花少量资金对其进行整治和管理，就可供船舶行驶。另一方面，水路运输多是长距离大宗货物运输，分摊到每货运吨的运输成本会减少。美国内河运输成本为铁路运输成本的1/4，德国内河运输成本为铁路运输成本的1/3。在我国长江三角洲、珠江三角洲等水网经济发达地区，内河运输有着良好的经济优势。

4. 运输速度慢

水路运输的速度较慢，一方面是因为船舶体积和重量较大，再加上运输量大，在水中受到的阻力较大。如果受到天气影响还可能停航等待，这样运输速度就更低了。另一

方面是因为水路运输多是大批量运输，货物需要在港口码头花费大量的时间进行装卸、集疏运等作业。现代集装箱船一般设计最高时速25节，约46.3千米/时，远低于其他运输方式，如高速公路的最低限速就已经是60千米/时。

5. 受自然条件的限制和影响大

船舶在水路运输航行中会经过不同的地理区域和气候地带，受地质、地貌、水文、气象等条件的影响较大。比如季节性变化的水位、水流、暗礁险滩、大风大浪等恶劣环境，都会直接导致船舶无法开航或者中途停航避险，影响水路运输的正常进行。

6. 能源消耗低，环境污染较小

与其他运输方式比较，水路运输具有能源消耗低、环境污染较小的特点。船舶发动机的功率、热效率在各种内燃机中都是最高的，运输1吨货物行进同样的距离，水运所消耗的能源最少，普通载货汽车的油耗量是水路运输的8倍。除了能耗低，水路运输对环境的影响也小。根据德国的研究分析，公路运输所造成的污染是水运的15倍，铁路运输所造成的污染是内河运输的3.3倍。从全球温室气体排放总量占比来看，水路运输的碳排放量只占总排放量的3%左右。近年来岸电技术、"油改气"技术、照明节能技术的发展和广泛应用，进一步降低了水路运输的环境污染。

7. 国际性强

海运在水路运输中占有重要的位置，其货物运输量大，单位运输成本低，是国际贸易最常用的运输方式之一，具有国际运输的特点。一方面是因为全球商船有权和平航行于公海，有权进入各国对外开放的、可供安全系泊的港口，使得海运在国际交通中非常便利。另一方面是因为与海运有关的国际惯例和法律法规健全，海运已成为世界性的商务活动。据统计，国际贸易总运量的2/3以上是由海运承担的，我国90%以上的外贸货物运输量由海运完成。

（二）水路运输的功能

水路运输主要发挥通过功能。水路运输量大，航道通行能力强，运距长，主要承担长距离、大宗货物的运输，尤其是国际集装箱运输，是长距离大容量货物运输的主要运输方式，也是国际贸易的主要运输形式。与公路运输方式相比，水路运输的送达功能非常有限。水路运输受到自然条件的限制，航线在运输两端的港口进行货物集散和换装作业，很难实现"门到门"运输，需要与其他运输方式有效衔接，完成整个运输过程。

（三）水路运输的地位和作用

水路运输是贸易的重要基础，其越洋通海，将世界各地联系在一起，是增进全球经济联系和文化交流的运输纽带，促进经济发展和文化繁荣。不仅如此，水路运输在国防安全和紧急救援中也发挥着不可替代的作用。

水路运输业不仅是服务部门，还是国民经济的基础产业，为国民经济发展作出了巨大贡献。量大价廉和便捷的水路运输仍是联系全球性经济贸易的主要方式，承担着全球性、区域间的货物运输，是世界经济全球一体化和区域化的主要运输纽带。同时，水路运输运作过程与造船业、建筑业、制造业及其他产业部门密切相关，更与金融业、保险业密切相关。它的发展为其他相关行业创造了就业机会，为腹地经济的发展提供动力，拉动内陆腹地经济的快速发展，为国民经济积累作出重要的贡献。水路运输还促进对外贸易，我国运费支出一般占外贸进出口总额的10%，大宗货物的运费占比更大。积极开展第三国运输，能够赚取更多外汇资金，提高国家的综合实力，有效地促进国内经济发展。一些航运发达国家的外汇运费收入成为各国国民经济的重要支柱。不仅如此，水路运输通过国际航运，对发展国家外向型经济发挥了基础性作用。水路运输系统中良好的港口基础设施和航运服务质量是吸引国际资本的重要条件，对国家经济的发展具有重要的门户作用。

水路运输不仅促进了本国和全球经济的发展，更是文化交流的纽带。从古挪威人埃克劳德克服风浪发现格陵兰岛，到达·伽马开辟的连接大西洋和印度洋的新航线，航海活动在引起地理大发现的同时，也在加深人们对各地风土人情的了解和对世界的认识。我国的"海上丝绸之路"就是一个典型的例子，它为中外贸易和科学文化交流提供了一个友好的渠道。通过"海上丝绸之路"，我国四大发明、茶叶、瓷器等传播到世界各地，外国的香料、宝石、各种动植物和经济作物传入我国。各国的物质技术和思想制度相互碰撞融合，不断改变着人们的生活方式和思维方式。随着水路运输国际性的加强，从船员到分公司管理者，常常需要不同国籍、不同语言、不同文化背景的人一起生活以更好地开展业务。为了工作的方便高效，他们会不断地了解、吸纳对方文化。内河运输为内陆与沿海的经济交流活动提供了条件，也是国际贸易运输中最常用的手段之一。京杭大运河作为我国最长的人工河流，曾为我国南北经济的发展和文化的融合作出了巨大贡献。

水路运输也是军事运输所采取的主要运输方式，在国防、救援、战备等方面起着重要作用。回望历史发现很多战争需要依托水路运输，比如渡海作战、中越西沙之战、英阿马岛之战等。同时，水路运输常常被作为运送人员、物资的后勤保障运输方式，保障国家安全利益。我国交通运输部门和企业海外保障体系曾完成了赴索马里、亚丁湾海域执行护航任务海军编队的运输补给；利用民航运力，在实施对印度洋海啸、海地与智利地震灾害等的国际救援行动中，保障了救援人员和救灾物资在第一时间快速投送到位。除此之外，发生地震、洪涝、雪灾等自然灾害时，公路、铁路等设施会受到比较大的破坏，无法使用，这时水路运输就发挥着其他运输方式无法替代的作用。随着我国水运行业的发展，港口装卸设备趋向大型化、自动化、专业化，装卸效率大大提高，能够满足紧急状态下的军事运输。

二、水路运输的发展历程、现状和趋势

（一）水路运输发展历程

水路运输有着悠久的历史，人类很早就开始利用天然水道从事运输。在旧石器时代，人类为了渡河、捕鱼，便以木做舟在河里和临海处航行，后来逐渐学会使用独木舟和排筏。大约在4万至4.5万年前，人们为了到达更远的陆地，制造出了适合海上航行的船只。由于贸易和战争的发生，为了满足大量货物和人员运送的需求，船越造越大。公元前4000年出现了帆船，15—19世纪帆船达到了鼎盛时期。随着工业革命催生了第一艘蒸汽船和柴油动力船，水路运输速度发生了质的飞跃。现代科学理论的革新和信息技术的应用，使得水路运输系统越来越发达。目前世界上许多国家已经拥有自己的商船队，商船队中有着各式各样的现代化运输船舶。未来水路运输仍有很大的发展潜力，很多国家在不断开辟修整航线，以快速高效地运输货物和旅客。

水路运输的发展历程与趋势

（二）水路运输发展现状

水路运输的发展经历了一个繁荣、萎缩、复兴的周期，国际航运市场的发展也一波三折，呈现周期性变化。

近年来我国的水路运输呈现良好的发展态势。2020年我国形成长江航运干线、西江航运干线、京杭运河、长江三角洲高等级航道网、珠江三角洲高等级航道网、18条主要干支流高等级航道，即"两横一纵两网十八线"的内河水运布局，同时还有28个

主要港口，遍及全国20个省、自治区、直辖市。全国沿海港口在区域上形成了环渤海、长江三角洲、东南沿海、珠江三角洲和西南沿海五个规模化、集约化、现代化的港口群体，以及煤炭、石油、铁矿石、集装箱、粮食、商品汽车、陆岛滚装和旅客运输等八个运输系统的局面。截至2022年末，全国内河航道通航里程12.80万千米，沿海港口生产用码头泊位5441个，内河港口生产用码头泊位15882个。2022年水路固定资产投资1679亿元，其中内河867亿元，沿海794亿元。

与稳定增长的货运相比，水路客运的发展呈现下滑趋势。从2017年起全国水路客运量逐年降低，2019年全年完成客运量2.73亿人，而2020年受到疫情影响，全国水路客运量仅有1.50亿人，2023年为1.28亿人。

由于物流运输需求的不断增长，以及港口设施的完善，水运在我国区域物流中的地位逐渐凸显，货运量保持稳定增长，见图3.1。2022年我国水运共完成货运量85.54亿吨，同比增长3.8%。其中，内河运输完成货运量44.02亿吨，沿海运输完成货运量32.33亿吨，远洋运输完成货运量9.18亿吨。2022年受到疫情影响，水路货运量上半年呈现下跌趋势，下半年逐渐回升，全年共完成货运量85.54亿吨。我国的水路货物周转量，2011—2022年整体保持较为稳定的增长。2022年完成货物周转量121003.1亿吨千米。其中内河货物周转量19025.73亿吨千米，海洋货物周转量101977.41亿吨千米。

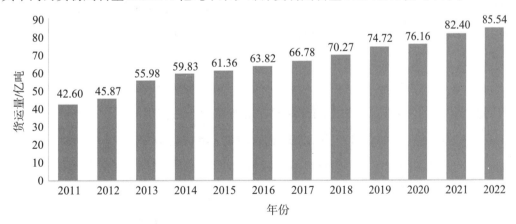

图 3.1　2011—2022 年中国水路货运量情况

我国港口货物吞吐量2011—2020年整体保持稳定增长，其中内河港口、沿海港口的货物吞吐量也大致稳定增长。2020年全国港口完成货物吞吐量145.50亿吨，其中，内河港口完成50.70亿吨，增长6.4%，沿海港口完成94.80亿吨，增长3.2%。2020年完成集装箱铁水联运量687万标准箱。

（三）水路运输发展趋势

水路运输总体朝着智能化、绿色化和专业化的方向发展。

1. 智能化

随着物联网、云计算、大数据、移动互联网、地理信息系统（geographic information system，GIS）等技术的应用，船舶、港口的智能化水平大大提高。比如无人船的研发，将大大提高运力，节省成本。随着船联网技术应用到相应数据中心的建设，港航企业、货主、口岸监管部门之间将更好地实现信息共享，推进以港航电子数据交换中心为核心的信息服务平台建设，从而提高水路运输经济运行信息的及时性和准确性。除了对基础信息建设的完善，服务上也将更加智能。"互联网+行动计划"的开展，推进了水运业与电子商务等融合，提高了运输商务谈判、信息管理和服务的效率，使得网上办单、业务受理、电子订舱、电子支付等功能的一站式对外服务近在眼前，为客户提供增值服务。新技术的应用也促进了管理上的智能化，未来随着岸船通信系统的布局和深远海通信监控系统的建设，综合指挥系统会更加集约化、智能化。

2. 绿色化

国际海事组织（International Maritime Organization，IMO）确立了到2050年年度温室气体排放量比2008年的水平减少50%以上的目标，水路运输的绿色化发展已势在必行。在国内外节能减排的大环境和政策背景下，实现低碳化、可持续航运，控制船舶污染是水路运输发展的重中之重。IMO在推动减少船舶温室气体排放方面取得进展，包括提高船舶能源效率，促进使用替代燃料，以及制定有关减少国际航运温室气体排放的国家行动计划。根据IMO规定，自2020年1月起，所有商用船舶使用的燃油含硫量上限将从3.5%调整为不超过0.5%。对于违反该规定的船舶，港口当局有权扣留。另外，自2020年3月起，船舶不能使用且不能装载不达标的燃油，同时安装脱硫装置。IMO致力于改革发动机和燃料技术，开展相关领域的监管行动，实施压载水管理，减少生物、塑料和微塑料的污染，统筹考虑新燃料混合物和替代性海洋燃料的安全性，以及养护和可持续利用国家管辖范围以外的区域海洋生物多样性。推进施工扬尘监管，原油、成品油码头油气回收治理，港口与航道油污水、洗舱水、生活污水和垃圾接收、转运及处置设施建设和稳定运行等。

3. 专业化

随着世界经济高速发展和经济一体化的进展，海上物流形态和品种不断变化，船舶专业化程度越来越高。如在大宗散货运输船舶方面，出现了超级油船、油船、液化天然气船、液化石油气船、水泥船、浆化船、化学品专用船等。与船舶运输的专业化相适应，港口也建起了专业化码头，从而提高装卸效率和码头的通过能力，大幅度缩短船舶在港停泊时间。

第二节　水路运输基础设施与设备

水路运输基础设施及设备主要是指航道、船舶、港口及其附属设施。

一、航道

航道

航道是指在江、河、湖、海、水库等水域中，为船舶行驶方便，在一定水域内所规定或设置的船舶安全通道。它是水路运输的三大要素之一，是水路运输发展的基础。广义上，航道指水道或河道整体，包括常遇洪水位线以下的基本河槽或者是中高潮位以下的沿海水域。狭义上，航道可以理解为"航槽"，是用航标标示出的可供船舶航行利用的这一部分水域，受水位、水流条件的影响。在某些特定的航段内，还会受过河建筑物如桥梁、过江管道、缆线的限制。简而言之，狭义的航道是一个在三维空间尺度上有要求和限制的通道。

与航道密切相关的概念还有航路与航线。航路是指世界各地水域，在港湾、潮流、风向、水深和地球球面距离等自然条件限制下可供船舶航行的路线。航线则是指为达到最大的经济效益，海运承运人在众多不同的航路中，根据一定的主客观条件，在两个或以上的港口间选定的运营线路。一条航道可以有多条航路或航线。航道强调的是符合一定条件的水域，而航路和航线是人为规定的路径，航线则更注重经济效益。

（一）航道分类

航道有着不同的分类方法，我国常用的划分方法有以下两种。

1. 按航道所处地域划分

根据航道所处地域可以划分为内河航道和沿海航道。根据《内河通航标准》（GB 50139—2014）的规定，内河航道按照可通航船舶的吨级，由高到低分为Ⅰ、Ⅱ、Ⅲ、

Ⅳ、Ⅴ、Ⅵ、Ⅶ级航道，这七级航道均可称为等级航道，如表3.1所示，其中船舶吨级是指船舶的设计载重吨。水深是天然和渠化河流（不包含黑龙江水系和珠江三角洲至港澳线）航道水深的最小值。一般航道水深会根据航道条件和运输要求，通过技术经济论证进行确定。对于枯水期较长或者运输繁忙的航道，采用航道水深幅度的上限，对于整治困难的航道，则采用航道水深幅度的下限，不过当水位接近设计最低通航水位时船舶应该减载航行。当航道底部为石质河床时，水深要增加0.1～0.2米。关于其他水系及更多的航道尺度规定，可查阅《内河通航标准》（GB 50139—2014）的具体内容。通航标准低于Ⅶ级的航道可称为等外级航道。

表3.1　航道等级划分

航道等级	Ⅰ	Ⅱ	Ⅲ	Ⅳ	Ⅴ	Ⅵ	Ⅶ
船舶吨级/吨	3000	2000	1000	500	300	100	50
航道水深/米	3.5～4.0	2.6～3.0	2.0～2.4	1.6～1.9	1.3～1.6	1.0～1.2	0.7～0.9

沿海航道是位于海岸线附近，具有一定边界可供海船航行的航道。我国沿海航道主要分布在渤海、东部沿海、东南沿海、南部沿海和西南沿海，部分航道可通航30万吨级及以上船舶。

2. 按航道的管理机构的行政级别划分

根据航道的管理机构行政级别不同，《中华人民共和国航道管理条例》将我国航道分为国家航道、地方航道和专用航道。国家航道主要包括四类：①构成国家航道网、可以通航500吨级以上船舶的内河干线航道；②跨省、自治区、直辖市，可以常年通航300吨级以上船舶的内河干线航道；③沿海干线航道和主要海港航道；④国家指定的重要航道。西江航道是国家航道，长2214千米，全线按Ⅲ级航道标准建设而成，航道尺度为（2.3～2.5）米×（60～80）米×480米（水深×航道宽度×弯曲半径）。其中的南线通道——右江位于郁江上游，从百色市至南宁市长358千米，为Ⅵ级航道。

专用航道是由军事、水利电力、林业、水产等部门以及其他企业事业单位自行建设和使用的航道。地方航道是指国家航道和专用航道以外的航道。比如可以常年通航300吨级以下（含不跨省可通航300吨级）船舶的内河航道；可以通航3000吨级以下海船的沿海航道、地方沿海中小港口间的短程航道；非对外开放的海港航道；其他属于地方航道主管部门管理的航道。

世界知名
航道

（二）航道现状

航道是一个国家、一个地方的重要资源，是保证贸易顺畅的重要设施。世界上重要的航道众多，比如苏伊士运河、巴拿马运河、马六甲海峡、直布罗陀海峡、霍尔木兹海峡和白令海峡等。

中国水资源丰富。我国流域面积在1500平方千米以上的河流数量有1500多条，流域面积在100平方千米以上的河流数量超过5万条，所有河流的流程加起来超过43万千米。我国湖泊众多，面积在1平方千米以上的天然湖泊就有2800多个，主要集中在长江中下游地区。我国内河航运主要分布在水运资源较为丰富的"两横一纵两网十八线"，构成我国各主要水系以通航千吨级以上船舶的航道为骨干的航道网络。高等级航道有长江干线、西江航运干线、京杭运河、长江三角洲高等级航道网、珠江三角洲高等级航道网、松花江等。除京杭人工运河外，长江、珠江、淮河和黑龙江等各主要内河航道干线均呈纬向分布。可通航百吨以上船舶的航道将近3万千米，约占全国此类航道总里程的80%，其中长江水系航道里程就占全国总里程数的42%左右。截至2021年底，西江航运干线提升至Ⅱ级标准，京杭运河江苏段、湘江、江汉运河、合裕线、珠三角高等级航道网等基本建成，全国内河高等级航道达标里程约1.65万千米。

近年来我国内河航道总里程数保持稳定上升，图3.2是我国2015—2022年内河航道通航里程数对比。2022年末，我国内河航道通航里程约为12.80万千米，比2021年末增加了326千米。等级航道里程6.75万千米，占总里程的52.7%。其中Ⅲ级及以上航道里程1.48万千米，等外航道里程有6.05万千米。

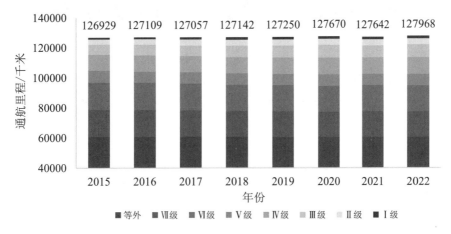

图 3.2　2015—2022 年全国内河航道通航里程

港口

二、港口

港口是位于江、河、湖、海及水库沿岸，具有一定设施设备供船舶安全进出、靠泊的运输枢纽，也是客货集散、生活物料供应等作业的场所，是水路运输工作的关键所在，对国家经济建设和国际贸易起着基础性支撑作用。

（一）港口的组成

港口是由水域和陆域两部分组成的，如图3.3所示。港口作为水路运输的一个重要环节，最基本的功能是为船舶完成装卸搬运工作。因此港口一方面需要有良好的水域使得船舶能够进出港，另一方面要有一定面积的陆域用来设置陆上设施设备，以及健全的管理机构，从而保证客货安全高效地集散。

图 3.3　港口的功能区域

水域通常包括进出港口航道、锚地、泊位和港池。进出港口航道是保证船舶安全进出港口的水道。为了避免船舶搁浅等造成的生命财产损失和环境污染，进出口航道必须具有足够的宽度、水深和适当的弯道曲率半径、方向等，并配有航标。航道的宽度需要考虑船迹带宽度、船间效应、岸壁效应，以及通航船舶载货的危险程度等因素。一般典型的双向航道为通航船舶宽度的8倍，单向航道为通航船舶宽度的5倍。我国宁波舟山港进港航道水深在18.2米以上，25万吨、30万吨船舶可候潮进出港。青岛港有着天然的深水航道，水深都在12米以上，最深航道水深达21米，是中国少有的天然良港。当天然水深在低潮或低水位无法满足船舶航行时，则需要开挖人工航道。天津港是世界级人工深水大港，主航道水深达22米。

锚地是指具有天然掩护或人工掩护条件，能抵御强风浪的水域，可供船舶抛锚以便安全停泊、避风防台、等待检验引航、从事水上过驳、编解船队及其他作业。锚地可分为外锚地、内锚地及其他特殊用途锚地（如检验锚地、驳船锚地等）。锚地一般采用锚泊或设置系船浮筒、系船镞桩等设施。锚地要有足够的水深，使船舶遇到较大风浪时出现升沉与摇摆时仍有富余水深，一般远离礁石、浅滩等危险区，底质为平坦的沙土或亚泥土，使锚能有较大抓力来固定船舶。锚地的位置应选择在船舶作业和船舶往来区域以外的水域，和进出口航道的距离要合适，不影响船舶进出的同时便于进出港操作。

泊位是一艘设计标准船型停靠码头所占用的岸线长度或占用的囤船数目。泊位长度一般包括船舶的长度和船与船之间的必要安全间距。安全间距值的大小根据船舶大小而变化，一个万吨级泊位长度一般为15～20米。泊位的数量与大小是衡量一个港口或码头规模的重要标志。一个码头可能由一个或几个泊位组成，视其布置形式和位置而定。泊位可供船舶安全停靠并进行货物装卸，也可供内河驳船船队进行编解队和换拖（轮）作业等。

港池直接与港口陆域毗连，是有足够的面积和水深，供船舶停泊、作业、驶离和转头操作用的水域。狭义的港池仅指码头前沿水域或突堤式码头间的水域。港池有的是天然地势形成的，有的是由人工建筑物构成的，有的是人工开挖海岸或河岸形成的。港池按构造形式分为开敞式港池、封闭式港池和挖入式港池。开敞式港池内不设闸门或船闸，水面随水位变化而升降，比如青岛、大连等。封闭式港池内设有闸门或船闸，用以控制水位，适用于潮差较大的地区。挖入式港池多用于岸线长度不足、地形条件适宜的地方，在欧洲广泛应用，因其占地面积大，中国较少采用。按照布置形式，主要有顺岸式、突堤式和挖入式三种，如图3.4（a）～（c）所示。顺岸式的码头前沿线与自然岸线大致平行，在河港及部分中小型海港较常见，其陆域开阔、集疏交通布置方便，工程量小。突堤式的码头前沿线与自然岸线有着较大角度，如大连、天津等港口的码头形式。这种类型可以在一定水域内建立较多的泊位，但由于宽度受限，每个泊位的作业面

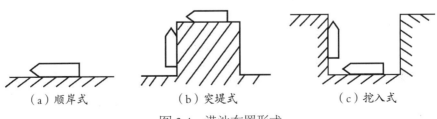

(a) 顺岸式　　　　　(b) 突堤式　　　　　(c) 挖入式

图3.4　港池布置形式

积较小，操作不便。挖入式是人工开挖形成的，在大型河港及河口港较为常见，比如德国的汉堡港、荷兰的鹿特丹港。挖入式港池布置，也适合于沿岸低洼地，可以利用挖方填筑陆域，条件允许的码头可以采用陆上施工，比如我国唐山港。

陆域是港口供货物装卸、堆存、转运和旅客集散的陆地区域。港口陆域设施主要包括集疏运通道、库场、港区作业调度室、港口给排水系统及其他辅助生产设施。

集疏运通道由铁路、公路、城市道路及相应的交接场站组成，是港口与广大腹地相互联系的通道。港口道路是供港内各种流动机械、运输车辆和人通行的道路，如图3.5所示，它连接着码头、仓库、货场、前后方及港内外的交通。为行车顺畅和消防安全，港区道路一般布置成环形，设置在主要装卸区和车辆、机械行驶较多的地区，路面结构多用混凝土和沥青混凝土铺面。港内铁路是指在港口范围内专为港口货物装卸、转运的铁路运输线与设备。完善的港口铁路通常设有港口车站、分区车站、码头和库场装卸线，以及将这些部分连成整体的港口铁路区间正线、联络线和连接线等。一般情况下港口铁路的运输能力与港口各装卸环节相适应，并留有一定的发展余地。比如南京港龙潭港区的铁路专用线便是专门修建的服务于龙潭港区的集疏运系统，如图3.6所示。它实现了港口与铁路的无缝对接，有效提高了龙潭港的国际运输服务能力，推动了港口物流服务的转型升级。

图 3.5　港口道路　　　　　　　图 3.6　南京港龙潭港区铁路专用线

库场是用于堆存和保管待运货物的仓库、堆场、货棚的总称。港口库场是水运货物的主要集散场所，在货物的装卸转运过程中有着堆存、保管、理货和缓冲的作用。港口库场主要由仓库和堆场两部分组成。仓库是供进出港口的货物临时或短期存放保管的建筑物，主要用于货物储存、集疏运，从而加快货物周转，提高港口的通过能力，保证货运质量，常用于存放不宜日晒雨淋的货物和易于散失的贵重货物。堆场和仓库作用类似，是港口用来堆存货物的露天场地，主要存放不怕日晒雨淋和不受气温变化影响的大宗散货，比如煤炭、矿石等材料，也用于储存桶装、箱装货物。在仓库不够使用时，堆场也可堆存有包装的货物如粮食、化肥等，但要采取一定的防晒防湿措施，如垫高并加盖苫布等。

港区作业调度室是港口日常装卸作业、生产的指挥中心，一般设在港口装卸作业最中心的位置，并装有有线电话、无线电话和各种先进的电子装置。其任务主要是安排编制港口生产作业计划，组织和指挥船舶与港口的生产活动，协调船港作业，加强水运与其他交通运输和物资部门的紧密配合，及时处理在生产过程中出现的各种问题，从而充分发挥港口的生产潜力，完成国家运输计划。

港口给水系统是为船舶和港口的生产、生活、环境保护与消防提供用水。根据不同的用途提供相应的水量、水压和水质。港口排水系统用于及时排除港区的生产水、生活污水和地面雨水，以及净化处理有害的污水，达到环保要求后排放，避免造成环境水域污染。

港界是港口水域、陆域的边界线，是根据地理环境、航道情况、港口设备、港内企业等的需要和未来发展需求设定的。一般利用海岛、岬角、海岸突出部分、岸上显著建筑物或设置篱墙、灯标、灯桩、浮筒等作为标志。港界划定后由港务部门统一管理，以保证船舶在港内安全停泊和行驶，保证港口建设有计划、有步骤地合理进行。

除了以上设施，港口还有各种辅助船舶，比如拖轮、供水船、燃料供应船、起重船、垃圾船等。为了保证港口与船舶高效、安全生产的港口通信系统，目前比较常用的有各种有线通信、无线通信与计算机网络通信，用于港口的生产、调度、安全保障等方面。

（二）港口的分类

港口按照船公司的挂靠频率一般分为基本港和非基本港。基本港是指运价表中写明的班轮定期或经常挂靠的港口，类似于铁路运输中的全国性或地区性枢纽大站。基本港大多位于航线上较大的口岸，港口设备条件比较好，货载多且稳定。运往基本港口的货物一般均为直达运输，如果因为货量少，船方决定中途转运的，船方需要自行安排并承担转船费用。在计算运费时，基本港只按基本运费率和有关附加费计收，不论是否转船，不收转船附加费或直航附加费。比如中国的天津港、广州港，日本的横滨港、名古屋港，新加坡港等都属于基本港。相应地，基本港以外的港口都为非基本港。一般非基本港除了按基本港收费，还会另外加收转船附加费。如果达到规定货量，改为加收直航附加费。

港口按照规模分为特大型港口（年吞吐量3000万吨以上）、大型港口（年吞吐量1000万～3000万吨）、中型港口（年吞吐量100万～1000万吨）及小型港口（年吞吐量100万吨以下）。

港口按照用途分为商港、渔港、军港、工业港、避风港等，它们的主要特点和停靠船舶特性如表3.2所示。

表3.2　不同用途的港口类别划分

种类	特点	主要停靠船舶	实例
商港	最常见的一类，以国际贸易、国内贸易等货物运输为主	商船（杂货船、集装箱船、干散货船等）	宁波舟山港、盐田港
渔港	主要运输水产	渔船	阳江东平渔港、沈家门渔港
军港	供海军使用，用于军事活动	军舰、航空母舰等	旅顺港
工业港	为临水大型工业区运输原材料和工业制品	工业船舶（油轮、原材料输送船）	武钢工业港
避风港	供各种船舶暂时避风停靠，尤其是小型船舶	小型船舶	南沙美济岛

（三）港口通过能力

1. 港口通过能力的概念

港口通过能力是指港口在一定时期（年、月、日）内（通常记作1年），在既定的设备、劳动力和管理条件下，所能装卸货物的最大数量。单位是装卸自然吨，集装箱码头则是标准箱（twenty-feet equivalent unit，TEU）。其中装卸自然吨是指1吨货物从进港到出港，无论进出港是船—船、船—车、车—船，经过几次操作，都记作1装卸自然吨。理论通过能力也称为港口饱和通过能力或最大通过能力，它是港口本身固有的生产能力，不考虑港口生产经营经济效益时，是最大限度地利用港口各生产要素所能装卸的货物自然吨数。理论通过能力由营运通过能力和后备能力两部分组成。营运通过能力是港口的实际通过能力，在既定的条件下，合理利用港口各生产要素时能够装卸的货物自然吨数。这里的"合理利用"是指在经济效益最好时的利用程度。营运通过能力是港口编制生产计划和进行综合平衡的依据。营运通过能力与理论通过能力的区别在于生产要素的利用程度不同。后备能力是指港口在应对意外情况或突发事件时，超出营运通过能力的一种应对能力。后备能力可以包括未使用的备用设施或备用设备、临时增加的人力资源、应急计划和操作流程等。这些措施旨在确保即使出现意外情况，港口也能够维持其基本运作和服务水平。

2. 港口通过能力的限制因素

港口通过能力受到多方面因素的限制，与港口大小与布局、设施设备情况、管理水平、劳动组织、船型、车型、机型等有关，也受货物种类及其比重变化情况、生产的季节性等因素的影响。港口通过能力的具体影响因素如下。

（1）港口总体布局和码头专业化程度

除了港口地理位置、自然条件、港口性质与功能，港口总体布局情况对通过能力有重大影响。港口的总体布置对通过能力的影响主要体现在码头的布置上面，码头前沿、堆场和仓库的相对位置，水域、陆域面积是否满足需要，以及港内外交通的方便程度。此外，有无水水中转的港区，船舶之间的换装是否方便等，也会影响通过能力。

（2）港口的设施与设备

港口的设施与设备是港口企业进行各种生产活动、维持日常运营的物质基础，其数量规模、性能、技术状态与持续可用性，是确定港口通过能力的基本依据。港口设施设备包括港口水域和陆域设施。影响港口通过能力的水域设施主要有进港航道、港池和锚地。进港航道的水深、宽度、曲率半径及其可利用的潮位、港池的水深与面积都会限制进港船舶的最大尺度、吨位和到港船舶的数量，是制约港口通过能力的重要因素。港池是指码头附近的水域，是供船舶靠离的场所。它需要有足够的深度与宽广度，对于面向海洋的海岸港口，还需要修筑防浪堤坝和防波堤。港池是根据当地的自然条件、船舶安全进出、铁路进线、码头岸线的利用和连接水域挖泥数量等因素综合分析而确定的。港池的宽度是根据船舶安全进出港池、靠离码头作业要求、岸线合理利用和疏浚土方量等因素而确定的。港池的水深与航道的水深一致。港池与航道间的连接水域要满足船舶进出港池的操作要求，其宽度可根据港池与航道间的夹角和船舶转弯半径确定，当船舶不能在港池内转头时，连接水域的尺度应满足船舶转头的要求。锚地是用来供给船舶抛锚候潮、等泊、避风、过驳、办理手续、接受船舶检查等的地方。锚地要有足够的面积与水深，容纳大吨位船舶和众多的船舶。另外，锚地距港池或装卸泊位的距离决定着船舶进出港的时间、港口水上过驳能力和港口对船队的接纳能力。影响港口通过能力的陆域设施主要有泊位、装卸机械、仓库和堆场、港口铁路、港口道路，以及供电供水等。泊位的规模、数量，以及泊位上配备的装卸机械的数量、技术性能等，都决定着泊位通过能力的大小，而泊位的规模、数量是衡量一个港口规模的重要标志。一般港口都设有仓库与堆场，以此保证港口的吞吐能力。仓库和堆场的面积、结构、与码头的距离等布置情况，仓库的净高等库场特征，以及车辆、装卸机械进出库场的方便程度等，决定着库场的能力和装卸效率，影响泊位的通过能力。港口铁路、道路的数量与布局决定着货物装卸、换装、集散的数量和速度。因此，合理配置港口铁路与道路，对扩大港口的通过能力具有重大意义。

（3）港口企业管理水平

港口通过能力的大小取决于港口各环节能力的大小，以及港口各作业环节的协调程度。在港口各环节作业设施一定的前提下，港口企业的管理水平直接决定港口各环节作业的协调程度。此外，港口与外部环境的协调水平对港口的通过能力也有重大影响。

（4）货物情况

港口通过能力通常是指所有货类的通过能力。在港口生产要素既定时，装卸货物对港口通过能力的影响是非常明显的。港口装卸货物种类和特性不同，货物批量大小各异、包装形式多样、单件重量差异，以及运输的形式选择差异（如散装、包装等），货物在流向和时间上的分布都会对港口通过能力产生影响。比如不同货类在装卸时要根据其特性选择合适的装卸方式和装卸顺序，以免造成港口堵塞，导致港口通行能力低下。不同属性的货物对港口库场的堆放要求不同，要根据其体积、包装形式和强度等来确定库场单位面积内所能堆存的货物数量。根据货物批量大小设置通道数量与宽度，尤其是易燃易爆货类要保持安全距离，这些都将影响库场的堆存能力，从而影响港口的通行能力。除了以上，货物到港的平衡程度也会影响港口的通过能力，在吞吐量一定时，货物到港越均衡，船舶排队时间就越短，设备的合理利用率也就可能更高一些。

（5）装卸工人和机械司机的效率

港口大型化、自动化、专业化的发展，对装卸工人和机械司机的技术操作效率提出了更高的要求。装卸工人和机械司机的技术水平、劳动积极性以及作业组织形式对装卸效率有着巨大的影响。

港口装卸
工艺

（6）港口自然条件

港口的自然条件，比如波浪、潮汐、冰霜、风、雾、气温、降水等条件对港口的正常生产运作产生直接影响，制约着港口通过能力的发挥。比如冬天结冰会导致港口封港，大雾大风会致使船舶无法出港，大雨会导致一些货物无法装卸堆存。

除了上面所述，港口的外部环境、协调水平等，比如与船公司、船务代理公司、保险公司、海关、检验检疫等各环节的沟通联系对港口的通过能力也有着重大的影响。

（四）港口的现状

全球主要港口可分为亚洲港口、欧洲港口、北美港口、非洲港口、大洋洲港口五大片区。我国港口属于亚洲港口，随着港口建设的加快和完善，我国港口规模不断扩大。根据国际知名航运媒体《劳氏日报》，2022年全球百大集装箱港口榜单前10名中有7个来自中国。截至2022年底，我国沿海港口共有万吨级以上泊位2300个。2022年全国港口完成货物吞吐量为156.85亿吨，以矿建材料、煤炭、金属矿石为主要货类，占比60%以上。表3.3展示的是2022年我国沿海港口货运吞吐量排名情况。

表3.3 2022年全国沿海港口货运吞吐量排名情况

单位：百万吨

排名	港口	货运吞吐量
1	宁波舟山	1261.34
2	唐山	768.87
3	上海	727.77
4	青岛	657.54
5	广州	655.92
6	苏州	572.76
7	日照	570.57
8	天津	549.02
9	烟台	462.57
10	北部湾	371.34

注：数据来自交通运输部。

我国港口的大型化、专业化、现代化水平进一步提升，煤炭、铁矿石、原油、集装箱等大型专业化码头和深水航道建设持续推进，一批30万吨级原油码头和铁矿石码头、

10万吨级以上煤炭码头和集装箱码头、30万吨级航道工程建成，主要货类运输系统港口布局进一步完善，专业化码头和航道条件适应船舶的发展。表3.4显示的是2022年中国港口万吨级以上泊位数量。

表3.4　2022年中国港口万吨级以上泊位数量

单位：个

泊位吨级	全国港口	沿海港口	内河港口
1～3万吨级	891	706	185
3～5万吨级	452	327	125
5～10万吨级	930	798	132
10万吨级以上	478	469	9
合计	2751	2300	451

港口资源整合持续推进。我国根据不同地区的经济发展状况及特点、区域内港口现状及港口间运输关系和主要货类运输的经济合理性，将沿海港口分为主要港口、地区性重要港口和一般港口的三层次港口类；形成了环渤海、长江三角洲、东南沿海、珠江三角洲和西南沿海五个港口群。环渤海港口群由辽宁、津冀和山东的沿海港口群组成，服务于我国北方沿海和内陆地区的社会经济发展。长江三角洲港口群依托上海国际航运中心，以上海、宁波、连云港为主，充分发挥舟山、温州、南京、镇江、南通、苏州等沿海和长江下游港口的作用，促进长江三角洲及长江沿线地区的经济社会发展。东南沿海港口群以厦门、福州港为主，包括泉州、莆田、漳州等港口，为福建省和江西等内陆省份部分地区的经济社会发展和对台通邮、通商、通航（"三通"）等作出了重要贡献。珠江三角洲港口群由粤东和珠江三角洲地区港口组成，借助香港经济金融、信息和国际航运中心的优势，在巩固香港国际航运中心地位的同时，加强了广东省和内陆地区与港澳地区的交流。西南沿海港口群主要服务于西部地区开发，它是由粤西、广西沿海和海南省的港口组成，为海南省扩大与岛外的物资交流提供运输保障。

三、船舶

船舶是航行或停泊于水域进行运输作业的交通工具，是一种水中行进的交通工具。民用船一般称为船，军用船称为舰，小型船称为艇或舟。船与驳

船舶

是现代水路运输工具的核心，船装有原动机，有动力驱动装置，而驳一般没有动力驱动装置。船舶的航速表达方式有别于其他运输方式，用"节"（kn）表示，1节=1海里/时=1.852千米/时。下面简单介绍船舶结构、船舶吨位、船级、船籍和船旗、船舶种类、船舶现状、船舶发展趋势等船舶基础知识。

（一）船舶结构

船舶是水上运输的工具。船舶虽有大小之分，但船体结构的主要部分大同小异，一般由船壳、船体、甲板、船舱和上层建筑五个部分构成。船壳即船的外壳，用多块钢板铆钉或电焊结合而成，包括龙骨翼板、弯曲外板和上舷外板三部分。主船体是指上甲板及以下由船底、舷侧、甲板、首尾与舱壁等结构所组成的水密空心结构，是船舶的主体部分。船舱主要有机舱、货舱、压载舱。机舱是指装有主机、辅机、发电机及其他辅助设备的船舱。货舱，顾名思义，是用来装载货物的船舱，每个货舱之间由横舱壁隔开，分隔成两个货舱的同时也能增加船舶的稳定性，使得其中一个船舱进水不会导致所有船舱进水，发生沉没。压载舱是装压载水的舱室，用于调整船舶的重心位置、浮态和稳性，在散货船和集装箱船中非常常见。当船上的货物、燃料、食品、饮用水等在航行中发生增减，为维持船舶的航行性能，便会通过注入或排出压载水进行调节。比如当左舷货舱卸货过多，船舶可能发生右倾，这时只要向左舷侧边舱注水，就可恢复原来的压载，使船舶保持平稳。集装箱船装载集装箱时会堆积很高，此时重心便很高，为了使船舶具有较好的稳性，便往压载舱注水从而降低船舶的重心位置。除此以外，还有燃油舱、滑油舱、淡水舱、污油水舱、隔离空舱等。甲板是船体的重要构件，是船舶结构中位于内底板以上的平面结构，用于封盖船内空间，并将其水平分隔成层。甲板是船梁上的钢板，将船体分隔成上、中、下层。上层建筑指上层连续甲板上由一舷伸至另一舷的或其侧壁板离船壳向内不大于4%船宽的围蔽建筑，分别位于船舶首部的首楼、船舶中间的桥楼和船舶尾部的尾楼，但并不是所有的船舶都有桥楼。个别船还会设置较小的房间，比如距离上层建筑较远时为方便船员作业休息会设置甲板室。图3.7为集装箱船结构示意。

船舶的主要标志

（二）船舶吨位

船舶吨位是船舶大小和运输能力的计量单位，可分为重量吨位和容积吨位。船舶重量吨位是指水中船舶排开的水的重量，一般有排水量吨位和载重吨位两种。其中排水量

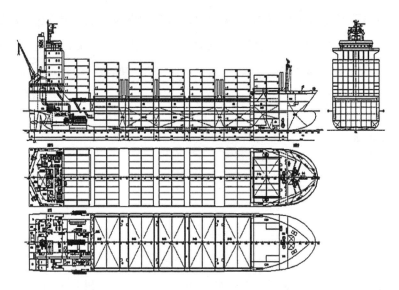

图 3.7 集装箱船结构示意

吨位是船舶在水中所排开水的吨数，即船舶自身重量的吨数，常用于表示军舰的大小。排水量吨位根据装载情况又可分为空船排水量、满载排水量和实际排水量。空船排水量是船舶本身加上船员和必要的给养品三者重量的总和，是船舶最小限度的重量。满载排水量是船舶载客、载货后吃水达到最高载重线时的重量，是船舶最大限度的重量。实际排水量，顾名思义就是船舶载货后的实际排水量。

载重吨位是指船舶在营运中能够使用的载重能力，用于表示货船的大小，分为总载重吨和净载重吨。总载重吨是指船舶根据载重线标记规定所能装载的最大重量，它包括船舶所载运的货物、船上所需的燃料、淡水和其他储备物料重量的总和。净载重吨是指具体航次中船舶所装货物的最大重量，又称载货重吨，即船舶的总载重量中减去船舶航行期间需要储备的燃料、淡水及其他储备物品的重量所得。船舶载重吨位反映了船舶的载运能力，常用作货物统计和期租船月租金计算的依据，也可用作新船造价及旧船售价的计算单位。

船舶的容积吨位又称注册吨，是表示船舶容积的单位，它是为船舶注册而规定的一种以吨为计算和丈量的单位，每吨相当于2.83立方米的容积。容积吨可分为总吨和净吨两种。总吨是船舱内及甲板上所有关闭的场所的内部空间（或体积）的总容积，可以用来表示船舶的大小。总吨常用于表明建造规模大小和航运界统计船舶吨位，是船舶登记、检验及丈量等收费标准，同时也是政府对航运业的补贴或造船津贴的依据，可用于保险费用、造船费用、船舶赔偿等的计算。净吨是船舶实际用作载货、载客的有效容积，是从总吨中扣除不供营业使用的空间后剩余的吨位。净吨主要用于船舶的报关、结关，计算船舶各种港口使费或税金的基准，如港务费、引航费等。

（三）船级

船级是表示船舶技术状态的一种指标。在国际航运界，凡注册总吨在100吨以上的海运船舶，必须在某船级社或船舶检验机构监督之下进行监造。在船舶开始建造之前，船舶各部分的规格须经船级社或船舶检验机构批准。每艘船建造完毕，由船级社或船舶检验局对船体、船上机器设备、吃水标志等项目和性能进行鉴定，发给船级证书。证书有效期一般为4年，期满后需重新鉴定。世界上著名的船级社有英国劳埃德船级社（LR）、德国劳埃德船级社（GL）、挪威船级社（DNV）、法国船级局（BV）、日本海事协会（NK）、美国航运局（ABS）、中国船级社（中华人民共和国交通运输部所属的船舶检验局，CCS）。

（四）船籍和船旗

船籍指船舶的国籍。商船的所有人向本国或外国有关管理船舶的行政部门办理所有权登记，取得本国或登记国国籍后才能取得船舶的国籍。按照各国法律对船舶登记条件的不同规定，目前船舶登记制度可以分为开放式、半开放式和封闭式三种。其中，采用船舶开放登记制度的国家，对前往登记的船舶限制较少，则这些船舶取得的国籍就是"方便旗籍"，所悬挂的国旗为"方便旗"，这些船舶被叫作"方便旗船"。通常采用开放登记制度的国家是一些经济不发达的小国，它们以船舶登记费和年吨税为主要外汇收入，例如巴拿马、利比里亚、塞浦路斯、巴哈马、缅甸、马绍尔群岛等。方便旗船对于船舶所有者而言，可以规避本国的高额税收和其他制约；对于授出方便旗的国家，可通过允许和鼓励外国船舶去本国廉价注册以及课税较低的手段，以从中获取收入。

船旗是指商船在航行中悬挂其所属国的国旗，是船舶国籍的标志。按国际法规定，商船是船籍国浮动的领土，无论在公海或在他国海域航行，均须悬挂船籍国国旗。

（五）船舶种类

运输领域使用的客货运输船舶的种类繁多。如按船体材料分为木船、钢船、水泥船和玻璃钢船等，按航行区域分为远洋船、近洋船、沿海船和内河船等，按动力装置有蒸汽机船、内燃机船、汽轮机船、电动船和核动力船等，按航行方式有自航船和非自航船，按航行状态分为排水型船和非排水型船。最常见的是按照船舶的用途分，有客船和客货船、杂货船、散货船、集装箱船、液货船、滚装船、木材船、冷藏船、打捞船、海难救助船、破冰船、科学考察船和渔船等，以下选择其中几种进行介绍。

1. 客船和客货船

客船是运送旅客的船舶，兼运货物的客船也称客货船，兼运汽车及其所载货物的客船称为客滚船，往返于海峡两岸的短途客船称为渡船。《国际海上人命安全公约》（International Convention for Safety of Life at Sea，SOLAS）规定载客超过 12 人的船为客船，同时也对客船的结构、设备、稳性等很多方面都作了明确规定。

2. 杂货船

杂货船是指专门运输包装成捆、成包、成箱的杂货的船，又称为普通货船。一般来说，杂货船会设有 2～3 层甲板，便于理货和避免挤压。杂货船载重量不会很大，其中远洋的杂货船总载重量为 10000～14000 吨，近洋杂货船总载重量在 5000 吨左右。杂货船一般都装设有起货设备，以吊杆为主，也有的装有液压旋转吊。

3. 散货船

散货船是指专门用来运输不加包扎货物（煤炭、矿石、木材、牲畜、谷物等）的船舶，对于干散货船，其货种比较单一，不需要成捆、成包、成箱地装载运输，不怕挤压，便于装卸，所以基本采用单甲板船。总载重量在 5 万吨以上的，一般不装起货设备。由于谷物、煤和矿砂等的积载因数（每吨货物所占的体积）相差很大，所要求的货舱容积的大小以及船体的结构、布置和设备等许多方面都有所不同，因此一般习惯上仅把装载粮食、煤等货物积载因数相近的船舶称为散装货船，而把装载积载因数较小的矿砂等货物的船舶称为矿砂船。

散货船种类

4. 集装箱船

集装箱船也叫货柜船，广义上是指所有可用于装载国际标准集装箱的船舶，狭义上是指全部舱室及甲板专用于装载集装箱的全集装箱船舶。根据国际标准化组织公布的统一规格，集装箱一般使用 20 ft（英尺）和 40 ft（英尺）两种，它们的长 × 宽 × 高分别为（8 ft×8 ft×20 ft）和（8 ft×8 ft×40 ft），20 ft 的集装箱被定为标准箱（TEU），集装箱船运货能力通常以装载 20 英尺换算标准箱的箱位表示。其结构和形状跟常规货船有明显不同，多采用单甲板，上甲板平直，货舱口大，宽度可达船宽的 70%～80%，甲板和货舱口盖上有系固绑缚设备，以固定甲板上装载的集装箱，货舱内部装有便于集装箱装卸和防止船舶摇摆时箱子移动的格栅

集装箱运输

导架。通常集装箱船上无装卸设备，由码头装卸，以提高装卸效率。其多采用高航速，通常为20～23海里/时。近年来为了节能，国际航运中多采用18海里/时的经济航速，沿海短途的航速仅10海里/时左右。现在很多国家进出口的杂货一半以上使用集装箱运输。目前"东方德国"号集装箱船可载21415标准箱。

5. 液货船

液货船是指载运散装液态货物的运输船舶，比如油船、液化气船、液体化学品船等。由于液体散货的理化性质差别很大，因此不同液货船的构造和特性差别也很大。

油船是指运载石油及石油产品（如柴油、汽油和重油等）的船舶，其采用油泵通过管路进行装卸，所以甲板上没有起货设备和大的货舱口，但设有入孔舱口。由于石油易挥发、燃烧和爆炸，故对防火安全要求严格，IMO 1978年议定书规定，载重量2万吨以上的新造油船，须有惰性气体防爆设施，机舱须设在尾部。货油舱用多道纵舱壁和多道横舱壁分隔，以减小自由液面对稳性的影响。一般油船运输是单方向的，回程时为保持一定的吃水，须装载大量压载水，故现代大型油船须设有专用压载水舱，或用油舱装压载水。由于压载以前须将油舱洗净，因此油船必须设有原油洗舱设备。随着石油产量和运输量的迅速增长，油船向大型化发展，例如日本的"海上巨人"号，总长458.54米，船宽68.8米，型深29.8米，吃水24.6米，载重量56万吨。

液化气船是指专门装运液化气的液货船，主要包括液化天然气船和液化石油气船。液化天然气船简称LNG船，是指将液化天然气（liquefied natural gas，LNG）从液化厂运往接收站的专用船舶。液化天然气的主要成分是甲烷，为便于运输，需要在常压极低温（−165 ℃）下以冷冻的方法将其液化。因此需要LNG船货舱的结构、采用的材料和隔热装置满足极低温运输的要求，常使用昂贵的镍合金钢或铝合金制造船舱，液货舱和船体构件之间设有优良的绝热层，既可防止船体构件过冷，又可使液货的蒸发量维持在最低值。同时，液货舱和船体外壳保持一定的距离，以防在船舶碰撞、搁浅等情况下受到破坏。LNG船建造要求高，目前只有美国、中国、日本、韩国和欧洲少数几个国家的船厂能够建造。液化石油气（liquefied petroleum gas，简称LPG）船是专门设计用于运输液化石油气的海上船舶。液化石油气主要包括丙烷（C_3H_8）和丁烷（C_4H_{10}），它们在常温下是气体，但可以通过压缩或冷却转化为液态，便于储存和运输。

液体化学品船是指专用于装运液体化学品的船舶。由于液体化学品大多具有剧毒、易燃、易挥发和腐蚀性强等特点，因而液体化学品船有许多较小的水密货舱，舱壁采用防腐性强的不锈钢等金属体，为防止化学液体外漏，会设置成双层底等。根据《国际散装运输危险化学品船舶构造和设备规则》，液体化学品船按所装货物危险程度分为三类。
Ⅰ型用于运输危险性最大的货物，要求有双层底和双重舷侧，翼舱宽度不小于船宽的
1/5，以确保液体化学品在船舶发生碰撞或搁浅时不致泄出。Ⅱ型用于运输危险性较小
的货物，要求有双层底和双重舷侧，但翼舱宽度可以小些。Ⅲ型用于运输危险性更低的
货物，其构造特点与一般油船相似。

6.滚装船

滚装船是指通过跳板采用滚装方式装卸载货车辆的船舶，又称开上开下船。滚装船
为了便于货运单元放置，设有多层甲板，上甲板为平整板面。各甲板间设有斜坡道或升
降平台互相连通，用于车辆通行。上层建筑布置在船头或船尾，便于货物摆放。机舱布
设在尾部，烟囱置于两舷。滚装船的出入口通常设于尾部，设有铰接跳板与岸搭接，用
于货物上下船。滚装船上没有货舱口，也没有吊杆和起重设备。滚装船一般用柴油机作
动力，航速在20节左右，快的可超过25节。现在滚装船正朝着速度更高、装载量更大、
性能更完善的方向发展。未来的滚装船采用新动力装置，速度更快，除了装载集装箱还
可装载石油、矿砂等多种货物，用途将更广泛。

7.木材船

木材船是专门用于装载木材或原木的大型船舶。这种船舱口大，舱内无梁柱及其他
妨碍装卸的设备。船舱及甲板上均可装载木材。为防甲板上的木材被海浪冲出舷外，一
般较大的木材船会在船舷两侧设置不低于10米的舷墙。图3.8（a）～（c）依次为散货船、
集装箱船、滚装船。

（a）散货船　　　　　　　（b）集装箱船　　　　　　　（c）滚装船

图3.8　散货船、集装箱船、滚装船

（六）船舶现状

从刳木为舟开始，船舶经历了独木舟和木板船的木质船舶时代。1879年世界上第
一艘钢船问世，开始了以钢为主的时代，同时船舶推进也逐步由人力、风力发展到机器

驱动。为了适应贸易的需求，更好地满足客货运输，船舶的数量、功能、载货运客的能力也在不断提高。

联合国《全球海运发展评述报告》数据显示，2012—2023年，全球除了油船和杂货船数量出现上下浮动，其他类型的船舶以及世界船队总量基本稳定增长，具体见表3.5。2023年初全球共达到105493艘船（100总吨以上有推动船舶），总计运力22.7亿载重吨，干散货船舶和油轮占据了最大的比重，分别占43.7%和33.6%。对于新造船，2023年中国、日本、韩国三大造船国几乎担当了全球93%的新造船份额，其中中国占比66.6%、日本11.9%、韩国18.5%。

表3.5 2012—2023年世界主要船舶类型情况

单位：千载重吨

年份	油轮	散货船	集装箱船
2012	469516	623006	196853
2013	490743	684673	206577
2014	482447	728322	215880
2015	489388	760468	227741
2016	505736	779289	244339
2017	534855	796581	245609
2018	562035	818921	253275
2019	567533	842438	265668
2020	601672	879826	275041
2021	619309	913976	282256
2022	629890	947121	293790
2023	651348	913743	305313

我国水上运输船舶根据航行区域分为内河运输船舶、沿海运输船舶和远洋运输船舶。如表3.6所示，不论是哪一种类型，集装箱箱位总体呈上升趋势，尤其是远洋运输船舶的集装箱箱位。虽然从2016年到2022年各类船舶数量一定程度上都在减少，但净载重量基本保持稳定增长，船舶大型化已是大势所趋。船舶净载重量在2016—2022年进入了缓慢增长的阶段，2020年回升到27060万吨，基本和2016年持平。其中2022年

我国水上运输船舶的拥有量为12.19万艘,净载重量29775.81万吨,集装箱箱位298.72万标准箱。

表3.6 中国水上运输船舶构成(按照航行区域划分)

类型	2016年	2017年	2018年	2019年	2020年	2021年	2022年
内河运输船舶							
运输船舶数量/万艘	14.72	13.23	12.43	11.95	11.50	11.36	10.95
净载重量/万吨	13360.81	13149.73	12915.50	13080.08	13673.02	14676.92	15249.73
载客量/万客位	77.44	72.30	71.59	62.72	60.07	59.45	57.27
集装箱箱位/万标准箱	29.72	32.48	33.81	39.17	51.31	48.37	55.16
沿海运输船舶							
运输船舶数量/艘	10513.00	10318.00	10379.00	10364.00	10352.00	10891.00	10997.00
净载重量/万吨	6739.15	7044.41	6885.06	7079.98	7929.83	8885.61	9370.31
载客量/万客位	20.36	22.36	22.68	23.49	23.63	23.91	26.84
集装箱箱位/万标准箱	41.91	50.17	56.62	63.26	60.91	64.45	59.88
远洋运输船舶							
运输船舶数量/艘	2409.00	2306.00	2251.00	1664.00	1499.00	1402.00	1387.00
净载重量/万吨	6522.76	5457.50	5314.73	5524.91	5457.30	4870.09	5155.77
载客量/万客位	2.42	2.08	2.06	2.37	2.29	2.42	2.06
集装箱箱位/万标准箱	119.42	133.66	106.34	121.41	180.80	177.62	183.67

（七）船舶发展趋势

船舶作为水上运输的主要运输工具，根据运输对象的不同，在性能和结构上各有特色。随着船舶技术的进步和航运业的快速发展以及对低碳政策的落实，船舶正朝着大型化、绿色化、智能化等方向发展。

1. 大型化

船舶大型化是20世纪下半叶，尤其是90年代在国际航运市场显露出的一个显著特征。船舶大型化是世界经济和贸易发展的必然结果，是航运行业在激烈的市场竞争中求生存、谋发展以及船队结构调整的必要手段。发挥大型船舶的规模效益、降低运输成本、提高竞争实力是实现船舶大型化的主要驱动力。具体来说，一是经济全球化需要对全球范围内的物资、原材料、零部件和整体商品进行运输与配置，而船舶大型化能快速地满足这个需求。二是航运企业间竞争激烈，需要实现规模运输以降低生产成本。三是大型船舶在节能减排方面效果显著。比如与普通的10000标准箱集装箱船相比，19100标准箱的"中海环球"号的油耗降低了约20%。四是港口间竞争加剧，在货源的配置上超大型船舶的运营成为可能。船舶大型化趋势在油轮及集装箱船的发展中尤为显著。以集装箱船舶为例，截至2023年9月，超巴拿马型集装箱船舶已增加到195艘、406万标准箱，占世界集装箱船舶总运力的15%，且其中大部分是17000标准箱以上的第六代集装箱船舶。

2. 绿色化

全球贸易约有90%是通过海运完成的。进入21世纪以来，船舶航运带来的环境污染问题受到国际社会的高度关注。在此背景下，船舶绿色化逐渐成为共识。船舶营运对海洋环境、大气环境有很大的影响。消耗世界总能量3%的船舶所造成的污染占全球污染的7%，而且这种污染流动性强、扩散性大、持续时间长。其中船舶柴油机成为港口及通航区域最主要的大气污染物排放源，比如NO_x、HC、CO_x、SO_x和烟尘等，排放的有毒有害污染物会对人类健康和环境造成严重的危害。NO_x和HC在阳光照射下会发生光化学反应生成臭氧，同时产生烟雾，而且HC对人的口鼻和神经系统都有危害。CO_2、CO和HC均会引起温室效应，其中CO_2为最主要的温室气体。船舶在港口密集航行、停靠作业排放的大量废气废液和固体垃圾都会对港口环境造成危害。烟尘的主要组成物为一氧化碳、碳氢化合物和颗粒物，其中颗粒物带有较多的多环芳烃等致癌物，对港区人员及周边居民的健康影响突出。在一些陆海风条件不好的地方，海上污染将殃及内陆，居民深受其害。

为了保护海洋、保护环境，船舶绿色化成为世界重要课题。IMO不断制定和出台各项防止船舶污染环境的强制性规定，计划到2050年年度温室气体排放量比2008年的水平减少50%以上。在国际组织一系列严格的环保公约和标准的"倒逼"之下，欧洲国家、日本等纷纷制定国家级绿色船舶发展规划和措施，以期本国船舶尽快满足国际环保公约规定，赢得新一轮船舶及航运市场的竞争优势。比如挪威，作为航运领域绿色转型的全球领导者，采取立法规划、财政支持、政企合作、配额制度、公共采购减排化、注册激励机制等手段持续推进各类型船舶的低碳减排工作。《船舶安全与监管法》涵盖了环境安全及与船舶建造、设备、运营方面有关的环境要求，《国际防止船舶造成污染公约》已在挪威国内法律体系中得到适用，主要调整船舶航行造成的空气污染，以及有毒有害物质排放等引起的法律问题。

3. 智能化

云计算、人工智能、5G技术和大数据等科学技术的不断突破，使得船舶从不智能逐渐发展到弱智能，最终实现无人化，船舶智能化是航运业发展的必然趋势。

自从智能船舶的概念被提出后，各国均展开了相关研究与探索，各主要研究机构也相继发布智能船舶发展路线图。比如IMO的路线图侧重技术，英国劳埃德船级社的路线图重在分析人与船舶的关系；中国船级社则是从船舶自主化角度出发，在智能船舶的定义和规范方面，走在了世界前列。2017年，中国船舶工业集团公司研制的iDolphin 38800吨智能散货船"大智"轮获得中国船级社和英国劳埃德船级社授予的智能船符号，成为首艘通过船级社认证的智能船舶，也成为我国智能船舶发展的里程碑事件。在智能船舶技术发展方面，我国一直以来都格外注重船舶智能化进程，2018年发布的《智能船舶发展行动计划（2019—2021年）》对我国智能船舶未来数年的发展作出规划，2019年交通运输部等部门发布的《智能航运发展指导意见》对智能船舶的定义、分级标准、系统架构、技术体系和发展路线图等基础性、宏观战略性问题进行分析。

船舶智能化可以实现动力推进系统、导航系统和部件进行数据收集、船岸信息交互和综合管理，使得船上航行相关装置的操作变得更容易，提高了船舶管理效率。航运公司可以在岸上实时管理、监控船舶的运行状态，对一般性问题和故障进行远程维护修理等。智能船舶仍处于快速发展阶段，还未完全成熟，未来还有很长一段路要走。

第三节 水路运输规划与管理

一、水路运输规划

水路运输规划的目标是建立适应区域社会经济发展要求，满足区域水路客货运输量的增长需要，各子系统既独立高效运转又协调配合，经济、安全、高效地完成运输任务的现代化水路运输。规划任务一方面是整合现有的港口、航道、船舶等设施资源，发现、分析现有问题与不足，通过各种设施，尽可能发挥软硬件的效能；另一方面是通过预测未来城市及区域社会经济的增长趋势，合理预测未来水路运输系统的运输量，确立有效的水路运输发展战略，合理解决航道、港口、船舶运行等子系统的规模、等级、实施序列等问题，为未来区域社会经济发展提供高效、合理、优质的水路运输服务。

水路运输规划

水路运输规划有水运系统现状调查分析、水运系统交通需求预测、航道配流预测、水运系统规划、水运系统综合评价和确定方案等一系列的基本流程，如图3.9所示。水路运输规划着重研究水路运输的港口、航道网、船舶的运营组织系统，从而优化现有的水资源，发挥航线的通航能力，加强水运在现代运输中的重要作用。

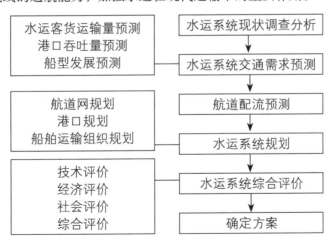

图 3.9 水路运输规划流程与框架设计

水运系统现状调查分析是开展研究水路运输规划的起点。为了提高规划的合理性和可信性，在规划之前需要进行水运系统设施调查、水运系统运量调查分析、水运系统适应性评价，以及社会经济、资源、政策等调查。水运系统设施调查包括航道调查、港口调查和船舶交通调查三个方面，其中航道调查主要包括航道的等级、分布情况、通航里程等内容的调查，港口调查主要针对港口的布局、规模、配套设施与管理技术水平等，船舶交通调查主要是研究一定区域的船舶拥有量、船型划分和船舶对现有运输状态与未来发展的适应性问题等。水运系统运量调查分析主要包括货运量、客运量、客货运周转量、客货平均运输距离等。水运系统适应性评价是指对水运系统在面对外部环境变化或内部需求变化时，其调整、变革和应对能力的评估和分析。这种评价关注水运系统在应对各种挑战与变化时的灵活性、适应性和可持续性。调查分析之后，找出现有交通设施供需之间的矛盾，对水路运输系统的运量发展趋势进行拟合、预测。

水运系统交通需求预测可分为水运客货运输量预测、港口吞吐量预测和船型发展预测。水路客货运输量预测是指利用历史数据、经济指标、交通流量等相关信息，通过数学建模和统计分析等方法，预测未来一定时期内某个区域或特定水路上的客运量和货运量。这种预测通常用于规划和管理水路运输系统，帮助决策者合理安排资源和调度，以应对未来可能的运输需求变化。港口吞吐量预测前一般要分航线、分货种、分季节调查货流、货种、货量情况，同时要调查清楚港口腹地的经济发展情况，比如工农业生产总值、外贸额等。预测时采用定性定量相结合的方法，常用的定量预测方法有时间序列法、平均增长率法、函数法等，定性分析方法有弹性系数法、德尔菲法。船型发展预测是根据港口吞吐量预测水平，结合规划确定的港口功能和布局、航道的发展规划、国家内河通行设计标准，考虑近年国际国内船型的特点和发展趋势，预测主要货种的运输船型。

航道配流预测主要是航运动态配流，即航运网配流，将货物运输量分配到航道网上，或者把货运O-D转化为网络流。在分配过程中需要将规划网络的状态、船舶的交通流特性，以及船型的配备、相关管理政策等考虑在内，从而在航运网上形成货物的流向、流量。

水运系统规划主要包括航道网规划、港口规划和船舶运输组织规划。航道网规划要根据地区社会经济发展的需要、区域的地理特征和水运现状，以水运主通道为基础，连接邻近区域的重要通道，构建一个适应且促进区域产业经济发展和完善区域综合运输网的航道网布局，尽可能地满足发电、防洪、灌溉、渔业、旅游等的需求，以满足可持续发展的要求。例如，广东省航道总体布局为构建"八通、两横、一网、三连、四线"主骨架，形成内外联通、干支衔接的全省航道"一张网"，与其他交通运输方式共同形成高效、协调、绿色的综合运输体系。

港口规划是对港口不同时期客货吞吐量的预测及相应拟定的建设规模、设施布置、分期建设安排等，包括港口布局规划和港口总体规划。港口布局规划是港口的分布规划，包括全国港口布局规划和省、自治区、直辖市港口布局规划。港口布局规划主要是确定港口的总体发展方向，明确各港口的地位、作用、主要功能与布局等，合理规划港口岸线资源，促进区域内港口健康、有序、协调发展，并指导区域内各港口总体规划的编制，如《江苏省内河港口布局规划（2017—2035年）》。港口总体规划是指一个港口在一定时期的具体规划，主要确定港口性质、功能和港区划分。根据港口定位、腹地经济社会发展和船舶发展趋势，进行吞吐量预测和到港船型分析，结合港口资源条件，重点对港口岸线利用、水陆域布置、港界港口建设用地配置等进行布置规划。例如，江苏省扬州内河港明确其由扬城港区、宝应港区、高邮港区、江都港区和仪征港区构成"一港五区"总体发展格局。

船舶运输组织规划是指针对船舶运输活动的规划和管理过程，旨在有效组织和安排船舶的运输活动，以使运输效率最大化并满足特定的运输需求。这种规划涉及船舶的调度安排、航线选择、货物装卸和转运、船舶维护保养、安全管理等方面。

水运系统综合评价是指对特定水域或水路上的运输系统进行全面、系统的评估和分析，以评估其运输效率、安全性、经济性与环境影响等方面的表现。这种评价通常综合考虑多种因素，包括航道状况、港口设施、船舶技术、货物流量、运输管理等，从而为决策者提供基于数据和分析的决策支持。

二、水路运输管理

（一）行政管理

我国的水运管理机构分四级，即交通运输部、省（自治区、直辖市）、市（自治州）、县（自治县）。交通运输部水运管理机构的具体执行机构主要有海事局、水运局（国内航运管理处）、长江航务管理局及珠江航务管理局。海事局负责事故调查、船员管理、船舶防污染等水上安全监督管理。

水路运输管理

水运局负责国内水路运输行业管理，含行业发展政策的制定、相关法律法规的拟定，以及水路运政管理队伍的建设等。长江航务管理局主要对长江干线航运行使政府行业管理职能。珠江航务管理局对珠江内河行使行政主管部门职责。省（自治区、直辖市）级水运管理机构分管辖区内的水路运输行政管理。省交通（运输）厅全面负责省内的航运管理，省级人民政府交通主管部门直属的行政事业单位具体实施航运管理。以直属行政单位为例，它的机构名称和具体设置存在差异，管理方式主要有两种：一种是水路运输管理与道路运输管理合一，统一设在"运输管理局"；另一种是水路运输与道路运输分别设立管理机构，如"航运管理局""港航管理局""水路运输管理局""航务管理局"等。市县级的水运管理通常与省级机构相对应，即省级交通主管部门设立相关事业单位进行水运管理的，市县级也由其交通主管部门下设的运政、航道、地方海事和地方船检"四牌一门"或"三牌一门"的独立事业单位进行水运管理。

（二）技术管理

1.船舶交通管理系统

随着国际贸易的快速扩展，水路运输愈发繁忙，加上船舶的大型化、高速化，使得港口、航道更加拥挤，每年都有事故发生。为此IMO制定了相应政策，船舶交通管理就是其一。根据IMO的《船舶交通服务指南》，船舶交通管理系统（又称船舶交通服务，vessel traffic services，VTS）是为增进船舶交通安全和效率以及保护环境，由主管机关提供的服务，对VTS区域内交通形势的发展作出反应。VTS主管机关是由政府设立，全部或部分负责船舶交通安全、效率和环境保护的机关。VTS机构由VTS主管机关设立的，负责VTS的管理、运行和协调工作，并和参与VTS的船舶相互作用，提供交通安全和效率方面的服务。根据国际航标协会（International Association of Marine Aids to Navigation and Lighthouse Authorities，IALA）相关规定，具有VTS功能即保障船舶交通安全、提高船舶交通效率、保护水域环境的系统被称为VTS系统。

VTS通常在船舶交通繁忙或拥挤，交通事故频发以及一旦发生交通事故将会造成财产人命和环境重大损失的区域内实行。1985年，IMO在《船舶交通服务指南》（A.578号决议通过）中规定VTS功能和作用主要分为六种，分别是数据搜集、数据评估、信息服务、助航服务、交通组织服务和支持联合行动。1997年，IMO在《船舶交通服务指南》（A.857号决议通过）中取消了六种功能的表达，而在附录中将VTS分为"内部"和"外部"功能。内部功能是保证VTS正常运行的准备活动，包括数据收集和数据评估（决策制定），外部功能主要是指交通管理功能，比如制定规则、分配空间、船舶航路控制和避碰操纵。VTS功能执行步骤包括数据收集、发送消息、数据评估和服务等主要步骤。图3.10是VTS功能执行步骤。

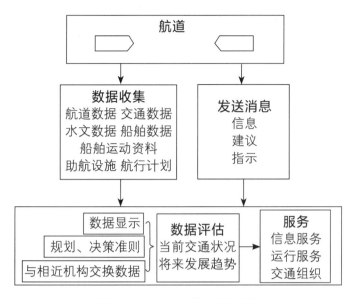

图 3.10 VTS 功能执行步骤

数据收集是 VTS 系统工作的首要任务，以掌握该水域内的船舶交通形式，收集各类船舶交通数据，从而为正确决策提供依据。收集的数据包括关于船体、船机、船舶设备、人员、载运货物与航道、助航设施等的静态数据，以及有关船舶运动，比如船舶航向、航速、最近会遇距离（distance to closest point of approach，DCPA）与水文气象方面的动态数据。再对 VTS 获得的数据按照国际、国家、地方的船舶交通规则与决策等准则进行交通状况和发展趋势分析、评估、处理，为船舶交通管理和服务的实施提供依据。

VTS 系统以发送消息（信息、建议、指示）的方式提供服务。信息是在固定时刻或 VTS 中心认为的必要时刻或应船舶要求发出的，包括船舶动态、能见度与他船意图，航行通告、助航设施状况、气象水文资料、各航行区域的交通状况、各种碍航船舶与障碍物警告，以及可以选择的航线。建议是 VTS 通过咨询服务发出的信息，包括以专门方式影响交通或个别船舶行为的意图。指示是以命令方式发出的消息，包括控制交通或个别船舶行为的意图。

2. 全球海上遇险与安全系统

全球海上遇险与安全系统（global maritime distress and safety system，GMDSS）是指 IMO 提出并实施的用于海上遇险、安全和日常通信的海上无线电通信系统。它应能满足遇险船的可靠报警，对遇险船的识别、定位，救助单位之间的协调通信，救助现场的通信，可靠、及时的预防措施，以及日常通信等各项要求。

GMDSS 的功能主要分为报警、通信、寻位和发布海上安全信息。报警是迅速并成功地把遇险信息提供给可能予以救助的单位。在GMDSS系统中报警有三个方向，包括船对岸报警、船对船报警和岸对船报警。船对岸报警，是指遇险船向某岸上救助协调中心的报警。船对船报警，是指遇险船向附近船舶的报警。岸对船报警，是指岸台向遇险船附近的船舶报警。报警信息包括遇险船舶的识别码（国际统一的九位十进制数字识别码）、遇险位置、遇险性质和其他有助于搜救的信息。

通信包括搜救协调通信、搜救现场通信和一般公众业务的通信。搜救协调通信是岸台或岸站与遇险船及参与救助的船舶、飞机和陆上其他有关的搜救中心进行有关搜救的直接通信。搜救现场通信是在救助现场的被救人员与救助船舶之间、船舶与飞机之间、救助船与遇险船之间的相互通信，这种通信距离一般都比较近。除了进行遇险、紧急和安全通信外，还能进行有关公约业务的通信，也就是船舶与岸上管理部门、用户进行有关管理、调度、货物与个人方面的通信。

寻位是指遇险船舶或救生艇发出的一种无线电信号，称作归航信号或寻位信号，便于救助船舶和飞机寻找遇难船舶、救生艇或幸存人员。

GMDSS系统可以提供各种手段发布海上安全信息，包括航行警告、气象预报和其他各种紧急信息，以保证航行安全，要求任一服从《国际海上人命安全公约》的船舶必须具备接收这些信号的手段。为了实现上述功能，GMDSS系统一般采用卫星通信系统和地面通信系统这两种系统。卫星通信系统包括海事卫星通信系统（INMARSAT）和极轨道卫星搜救系统（COSPAS-SARSAT）。其中INMARSAT系统由同步卫星、船舶地面站（简称船站）、海岸地面站（简称岸站）、网络协调站、运行中心五个基本部分组成。COSPAS-SARSAT系统由信标、极轨道卫星、区域用户终端和执行控制中心等四个部分组成。地面通信系统由中频/高频/甚高频（MF/HF/VHF）通信分系统组成。

3. 自动识别系统

自动识别系统（automatic identification system，AIS）是指一种工作在海上甚高频（VHF）波段的船载自动广播系统。该系统采用自组织时分多

船舶自动识别系统

址接入（STDMA）方式自动广播和接收船舶动态、静态等信息以实现识别、监视和通信。船舶和岸台可以将接收到的信息显示在各自的电子海图上。这样以前只提供给船舶交通控制中心的信息，现在可以显示在每艘装有AIS设备的船舶上。依据这些信息，通过VHF无线电话，呼叫船名，以此提高海上人命安全、船舶航行安全和效率。AIS的目的是帮助识别船舶，协助进行目标跟踪，简化信息交换，提供额外的信息帮助了解情况。

按使用对象的不同，AIS分为船载AIS系统和岸基AIS系统两类。船载AIS系统可自动、连续地发送信息，不需要值班驾引人员干预和确认。岸基AIS系统可通过询问某船舶本身或特定水域的所有船舶，来获取特定船舶的最新信息。

船载AIS系统的组成一般有：天线；1台VHF发射机；2台多频道VHF接收机；1台用于频道管理的70频道VHF接收机；1台中央处理单元（CPU）；1个用于定时和位置备份的电子定位系统、全球导航卫星系统（GNSS）接收机；船载传感器的接口；与雷达/自动雷达标绘仪（ARPA）、电子海图显示信息系统（ECDIS）、综合导航系统（INS）的接口；内置完整性测试（BIIT）；可用于输入和查询数据的最小显示器和键盘。

AIS岸基系统由信号接收、信号传输和监控管理三部分组成，如图3.11所示。AIS信号接收机通过VHF无线网络接收船舶发送的AIS信号，然后传输到AIS基站服务器，再将AIS基站服务器的数据传输到AIS数据管理中心（或VTS中心）的数据库服务器，由AIS数据管理中心对所辖各平台的信息进行管理，主要是接收、存储和管理AIS基站服务器发送的船舶数据，滤除冗余数据，并在监控终端的电子海图显示信息系统上实时显示船舶违章状态等信息。船舶与AIS基站进行信息的相互交换，AIS基站将收到的信息传输到AIS数据管理中心，通过VTS雷达或电子海图显示信息系统，还可通过互联网将数据发布到VTS中心、海事信息网和AIS数据服务等终端，向其他用户提供信息查询服务。

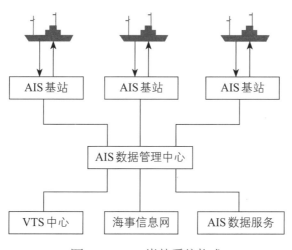

图 3.11　AIS 岸基系统构成

AIS系统的核心单元是AIS转发器，它主要由GNSS接收机、通信控制器、2台VHF数字收发信机三部分组成。AIS系统是将GNSS与VHF广播结合起来，为各种船舶提供了一种可靠、经济的自动广播位置报告的方法。为了实现在一个信道上传输多个船舶的位置报告，可以把一个信道的时间分成多个时隙，然后使用从GNSS接收机获得的时间信号对每个时隙进行同步，并在每个时隙上自动播发一个船舶的位置报告，如表3.7所示。转发器根据本船当时的运动状况来选择自动位置报告播发的时间间隔。船舶在航行时，播发间隔可能是几秒，锚泊时则是几分钟。这种通信方法就叫作自组织时分多址接入技术。它的主要特点是能够有效利用无线电频谱，从而在单个无线电频道上具有很大的信息容量，使得自组织时分多址接入技术成为对移动目标实现识别定位、监控和导航的主要技术。

表3.7　船舶信息报告间隔

船舶运动状态	信息发送间隔	船舶运动状态	信息发送间隔
锚泊	3分钟	航速14～23节，改向中	2秒
航速0～14节	12秒	航速大于23节	3秒
航速0～14节，改向中	4秒	航速大于23节，改向中	2秒
航速14～23节	6秒		

复习讨论题

复习题　　　课件

1. 什么是水路运输？

2. 内河航道的等级主要有哪些？

3. 水运系统设施调查主要包括哪些内容？

第四章　铁路运输

铁路是国家重要基础设施，建设铁路强国是我们矢志不渝的使命。本章将围绕铁路运输的基本概念，结合我国铁路运输的发展实际，对铁路运输进行系统阐述。

第一节　铁路运输概述

铁路运输是指以内燃机、电力或蒸汽机车牵引车辆为运输工具，以铁路轨道为运输通道，实现客货空间位移的一种运输方式。

铁路运输系统主要由铁轨线路、站场、火车、运输信号等设施组成。铁轨线路是由路基、轨道、桥隧建筑物组成的一个整体工程结构。其中轨道包括钢轨、轨枕、联结零件、道床、防爬设备和道岔等。桥隧建筑物主要有桥梁、涵洞、隧道等。铁路站场是指在铁路网的节点或终端地区供列车接发、解体、编组、装卸货物、上下乘客、检修等工作，由各种铁路线路、车站以及其他相关设施设备等组成。铁路运输工具一般指火车，是铁路运送货物和旅客的设施，是由内燃机、电力或蒸汽机车组成的机头牵引多列车辆沿既定线路运行，实现客货运输的运输工具。铁路运输信号包括铁路信号、联锁、闭塞、机车信号等设备，主要作用是保证列车运行与调车作业安全，提高铁路运输生产效率、降低运输成本、改善行车人员劳动条件。

一、铁路运输的功能、特点、地位与作用

（一）铁路运输的功能和特点

铁路运输作为远距离大宗客货运输的重要方式，是陆路大量运输最主要的方式之一。我国幅员辽阔、人口众多、资源丰富，铁路运输是综合交通运

铁路运输的
定义、特点、
作用

输网络中的骨干和中坚力量。

铁路运输具有以下明显优点。

1. 计划性强，可靠性高

为保证运输的安全和有限线路资源的充分利用，铁路运输前都会制订严格的运输计划，例如铁路旅客运输计划、铁路货物运输计划等。这些计划可以确定列车的行驶区段、编组内容和开行数量，作为列车运行的主要依据，具有很强的计划性，保证了运力的供给，可靠性高。同时，相较于公路运输和水路运输，铁路运输受地理和气候条件的限制较少，可以全年全天候运营，保证了运输的可靠性。

2. 运输能力大，运输速度快

铁路能够负担大量的客货运输，其运输能力远超汽车和飞机。例如，京广高铁使用的是CRH380AL动车组列车，共16节车厢，定员1061位乘客。一辆货运火车运量一般为1万吨，大秦铁路运煤专列能达到2万吨。铁路不仅运量大，而且运输速度快。目前常规货运列车运行速度可达100～120千米/时，客运列车运行速度可达250～350千米/时，高速磁悬浮列车运行速度可达500千米/时，是陆地上运行速度最快的运输方式，远高于汽车。

3. 运输成本较低，收益随着周转量增大而增长

铁路运输成本与运量大小和运输距离长短密切相关，运距越长、运量越大，单位运输成本就越低，同时运输成本和运输距离表现为递远递减的关系。一般来说，在国内铁路的单位运输成本比公路运输和航空运输要低得多。火车的运价一般为货物每吨每千米0.09元，而同样情况下的公路运输，运价一般为每吨每千米0.4～0.7元，是铁路运输的4～8倍。

4. 安全程度高

铁路运输的安全程度较其他陆上运输方式高。2022年我国铁路事故死亡人数为442人，同比下降14.6%。近年来，铁路广泛采用电子计算机和自动控制等高新技术，安装列车自动停车、自动控制、自动操纵、设备故障和道口故障报警、灾害防护报警等装置，能有效防止列车冲突和旅客伤亡事故，进一步提高铁路运输的安全程度。

5. 能耗小，环境污染少

铁路机车车辆单位功率所能牵引的重量约比汽车高10倍，而铁路运输轮轨之间的摩擦阻力又小于汽车轮胎与地面之间的摩擦阻力，因此铁路运输单位运量的能耗比汽车运输要小得多。由于能耗效率较高，加上近年来电气化机车的广泛使用，铁路运输对环

境的污染逐渐减少，成为一种较为环保的陆地运输方式。

除了上述优点，铁路运输也有一些缺点。

1. 初始建设周期长，投资大

铁路运输基础设施建设周期长，投资巨大。铁路建设周期比相同运量管道运输建设时间长1.5倍以上。中国建设的大庆至秦皇岛的输油管道，全程1152千米，建设共用了23个月，据估计若要建设一条同样运输量的铁路线路至少需要3年时间。普通铁路建设费用一般要比管道建设费用高出2.5倍，我国高铁新建轨道的建设成本达到11万元每米。

2. 受轨道线路限制，灵活性较差

受到线路的限制，铁路运输不能实现"门到门"运输，一般需要与其他运输方式联合来完成运输任务，因此灵活性比较差。

3. 固定资产比重较大

铁路运输总成本中的固定资产所占比重比较大，一般占60%，大量资金物资用于建筑工程，如路基、站场等，且一旦停止营运，固定资产转让或回收不易，损失会较大。

（二）铁路运输的地位与作用

铁路货物运输是现代运输最主要的方式之一，同时也是构成陆路货物运输的两个基本运输方式之一，在整个运输领域中占据重要的地位，发挥着越来越重要的作用。

1. 铁路是分布广泛的交通运输大动脉，有力促进经济发展与交流

铁路作为一种运输经济效用随距离递增的运输方式，非常适合在幅员辽阔的国土上运行，是交通运输大动脉。铁路运输占客货运输总量的较大比重，是交通运输的主导力量。例如2022年我国铁路旅客周转量6577.53亿人千米，货运总周转量35945.69亿吨千米。

铁路是分布较为广泛的交通大动脉，有力促进了沿线经济带的发展。通过物资、人力的集散和流通，铁路网带动区域资源高效运转，以铁路为主轴、以其他交通方式为辅，在分布的广泛区域内，人流、物流、资金流、信息流加速流动，有效促进人才流动、产业转移、城市提质、区域合作、空间格局优化，进而促进经济加速发展，对推进沿线地区新型工业化、城市化、区域一体化具有十分重要的作用。随着经济全球化，跨区域铁路运输发挥越来越重要的作用，是促进区域经济发展的基础条件之一。

党的二十大报告总结2012—2022年的成绩时指出，"我们实行更加积极主动的开放

战略""共建'一带一路'成为深受欢迎的国际公共产品和国际合作平台，我国成为一百四十多个国家和地区的主要贸易伙伴，货物贸易总额居世界第一，吸引外资和对外投资居世界前列，形成更大范围、更宽领域、更深层次对外开放格局"。① 中国国家铁路集团有限公司积极响应党的二十大精神，全力推动中欧班列高质量发展，构建全天候、大运量、绿色低碳、畅通安全的国际物流通道，为维护国际产业链供应链稳定畅通、高质量共建"一带一路"提供了有力支撑。2022年，中欧班列开通82条运行线路，开行列车超过10000列，通达欧洲24个国家200个城市，逐步"连点成线""织线成网"，运输服务网络覆盖欧洲全境，运输货物品类涉及衣服鞋帽、汽车及配件、粮食、木材等53大门类、5万多种品类。中欧班列高质量发展，优化了区域开放格局，扩大了中欧各国经贸往来，深化了国际产能合作，加速了要素资源跨国流动，为高质量共建"一带一路"注入了强劲动力。

中欧班列

2. 铁路是综合交通运输系统中的骨干和中坚

铁路不仅运输能力大，运输服务面积广，而且在节约土地、节约能源、保护环境等方面具有明显优势。在土地占用方面，铁路完成单位运输量所占用的土地面积，仅为公路的1/10。在能源利用方面，我国铁路用交通行业不足1/6的能源消耗，完成了全国1/2的运输量。在环境方面，铁路在各种运输方式中的碳排放是最少的，尤其电气化铁路是公认的清洁环保型交通工具。铁路不仅是国家重要的交通基础设施，也是资源型和环境友好型的运输方式之一，是国民经济发展的大动脉，而且兼具安全、经济、便民、实惠、全天候运输等特点，决定了其在综合交通体系中的骨干和中坚地位。

二、铁路运输的历史、现状与发展趋势

（一）铁路运输历史

铁路的发展主要体现在轨道线路和列车两个方面。列车作为主导因素，引导着线路的发展。因此铁路发展历史可根据列车牵引动力来源和方式的不同，分为有轨马车阶段、蒸汽机车阶段、内燃机车阶段、电力机车阶段、动车组阶段、磁悬浮阶段等六个主要阶段。

铁路运输发展
历程和现状

① 习近平.高举中国特色社会主义伟大旗帜　为全面建设社会主义现代化国家而团结奋斗——在中国共产党第二十次全国代表大会上的报告 [R]. 北京：人民出版社，2022：9.

1.有轨马车阶段

现代铁路运输源于古老的有轨马车。有轨马车由英国人约翰·乌特兰于1775年发明。有轨马车是一种靠马匹牵引车辆、车轮在钢制轨道上滚动行驶的交通运输工具，如图4.1所示。1832年，约翰·斯蒂芬森在纽约的上曼哈莱姆建立了第一条市区有轨马车线路。1852年法国人埃米尔·卢巴将马车轨道嵌入路面，并修建了纽约6号街的马车轨道，两驾马车上开有前后车门供乘客上下。1835年，他又为巴黎修建了第一条嵌入式凹形马车轨道。这类有轨马车主要运营于城市内部短距离、小运量的乘客运输，也广泛运用于特定场所的货物运输，如煤场运送煤炭、采石场运送石材等。

图4.1　有轨马车

2.蒸汽机车阶段

瓦特于1768年成功研制出单动作蒸汽机（活塞单方向推动做功）。随着蒸汽机在纺织、采矿和冶炼等方面得到广泛应用，人们开始尝试在铁路方面应用蒸汽机技术，以蒸汽机为动力来替代原来在铁路上使用的有轨马车，如图4.2所示。1814年，英国人乔治·斯蒂芬森发明了世界上第一台蒸汽机车"布鲁克"号并开始运行，人们将之称为"火车"。1820年，英格兰的史托顿至达灵顿铁路成为第一条成功的蒸汽火车铁路，后来利物浦与曼彻斯特之间的铁路运输更显示了铁路的巨大发展潜力。1830年以后，美国和其他一些国家先后开始制造蒸汽机列车。蒸汽机车的巨大动力使得所拉列车数越来越多，能够以较快的速度长距离运输大量物资，因此蒸汽机车与铁路很快在世界各地流行起来，且在之后的近一个世纪是世界交通的领导者，对世界生产和社会生活产生了重要的推进作用。有专家提出，如果没有蒸汽机列车引导的铁路运输，19世纪末美国国内生产总值估计下降7.0%。

（a）蒸汽机车

（b）蒸汽机列车

图4.2　蒸汽机车与蒸汽机列车

3. 内燃机车阶段

20世纪初，内燃机的出现提供了新的机车推动力。随着内燃机的发明和应用，内燃机车在铁路上得到广泛应用。内燃机车的原理是以内燃机为动力，通过传动装置驱动车轮转动。根据机车上内燃机的燃料种类划分，柴油机车的使用最为广泛。1925年，美国铁路史上第一辆柴油机车投入运行。内燃机车的效率和清洁性都大大超过了笨重的蒸汽机车，因此美国、英国、加拿大等国都在10年内实现了内燃机车化。在之后的几十年间，内燃机车技术经历了持续的改进和发展，在可靠性、耐久性、经济性和防止污染、降低噪声等方面都有所提高。中国从1958年开始制造内燃机车，有东风型等3种型号机车最早投入批量生产，图4.3为东风4型内燃机车，之后经历了一系列的创新，在功率、结构等方面都有了明显的技术提高。随着铁路高速化和重载化进程的加快，我国也正在进一步研究设计、开发与之相适应的内燃机车。内燃机车目前仍活跃于我国的铁路运输中，主要应用于货物运输。

图4.3　内燃机车

4.电力机车阶段

随着环保要求的不断提升，如何引入环境污染小、动力强劲的机车成为铁路运输发展的一大挑战。德国西门子于1879年发明和设计了世界第一台电力机车。随着列车速度和运量要求的提升，电力机车供电系统的电压和功率就得提高，需要使用高压输电线和变电装置。1881年，德国成功研制高压输电线供电的电力机车，采用高架接触网供电系统，依靠装在车顶上的受电弓把电从架在空中的电线引到机车里，将电力机车的供电线路由地面转向空中。电力机车（见图4.4）功率强、速度快、爬坡的劲头足，且操作简便、出车前的准备时间短、环境污染小，能源来源广泛，发展很快，除了应用在铁路上，在城市轨道交通也应用广泛。

图4.4 电力机车

5.动车组阶段

传统的单机车动力模式难以满足越来越高的速度要求，于是具有多个机车的动车组被研制出来。动车组由若干带动力的车辆（动车）和不带动力的车辆（拖车）组成，列车在正常使用期限内以固定编组模式运行。根据动力来源的不同，动车组可分为内燃动车组和电力动车组，如图4.5所示。1903年7月，德国研制出世界上首台电力动车组，是由4节动车和2节拖车组成的钢轨供电列车。同年10月，德国造出三相交流电力动车组，试验速度达210.2千米/时。1964年10月，日本新干线铁路建成，动车组便随着商业运营高速铁路建设而迅猛发展，铁路运营速度达到200千米/时以上。20世纪八九十年代起，随着世界铁路复兴促进动车组发展，全球动车组保有量大幅度增长。2005年全球83个国家与地区共拥有约23000辆内燃动车组。到2007年，全球形成了以日本新干线、法国TGV和德国ICE为代表的三大动车组技术体系，在铁路旅客运输总量中占比高，例如日本为87%、荷兰为83%、英国为61%、法国为22%、德国为12%。2010年以后，中国逐渐掌握具有自主知识产权的动车组技术，研制出新型城际动车组。截至2022年，中国国家铁路动车组拥有量为4194标准组、335547辆。

（a）内燃机车组 （b）动力机车组

图 4.5　内燃机车组和动力机车组

6. 磁悬浮阶段

进一步减少列车接触地面的摩擦力，让车辆悬浮在空中，只受来自空气的阻力，可大大提高列车速度。磁悬浮列车就是一种靠磁悬浮力来推动的列车，它通过电磁力实现列车与轨道之间的无接触的悬浮和导向，再利用直线电机产生的电磁力牵引列车运行，速度可达400千米/时以上。磁悬浮列车具有快速、低耗、环保、安全等优点，常导磁悬浮列车可达400～500千米/时，超导磁悬浮列车可达500～600千米/时，但是线路建设成本高，1千米的路线至少需要8亿元人民币的投资，即1厘米线路就需要花费8000元。世界上对磁悬浮列车进行研究的国家主要是德国、日本、英国、加拿大、美国、俄罗斯和中国。1984年，英国开通了从伯明翰机场到火车站的600米长磁悬浮运输系统，成为最早将磁悬浮列车投入商业运营的国家。中国在20世纪80年代初开始对低速常导型磁悬浮列车进行研究。2019年5月，中国时速600千米高速磁悬浮试验样车（见图4.6）在青岛下线，标志着中国在高速磁悬浮技术领域实现重大突破。我国运营的磁悬浮列车主要有2003年开通的上海磁悬浮线和2016年开通的中国首条具有完全自主知识产权的中低速磁悬浮商业运营示范线长沙磁浮快线。

图 4.6　我国磁悬浮列车

（二）铁路运输现状

1. 铁路客运量、货运量连年回升

从图 4.7 可以看出，2019 年之前中国铁路旅客客运量逐年上升，但 2020 年初疫情暴发以来，在出行限制措施下，铁路客运量有所波动，到 2022 年底疫情管控全面放开，铁路客运量逐渐恢复。

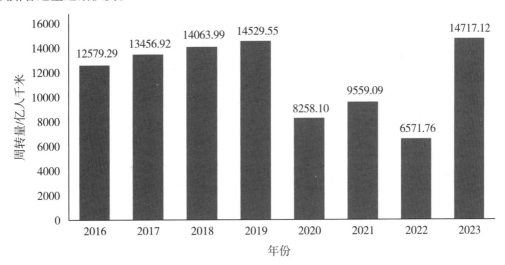

图 4.7　2016—2023 年全国铁路旅客总周转量

图 4.8 显示了 2018—2023 年我国铁路货运总发送量呈现上升的趋势，2023 年国家铁路货运总发送量完成 39.11 亿吨，比上年增加 0.08 亿吨，增长 0.2%。其中，集装箱发送量比上年增长 7.3%。国家铁路货运总周转量完成 32638.50 亿吨千米，与上年基本持平。

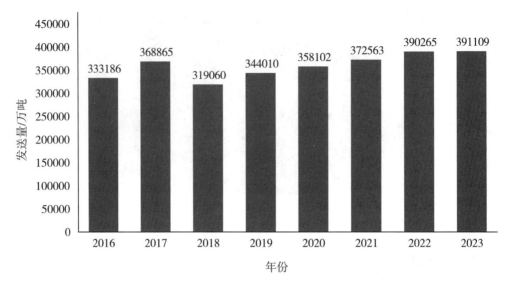

图 4.8   2016—2023 年全国铁路货运总发送量

2. 高铁网络更加密集

高铁网由"四纵四横"向"八纵八横"发展，线路更加密集。我国高铁最初建设的"四纵"为京沪高速铁路、京港客运专线、京哈客运专线、杭福深客运专线（东南沿海客运专线），"四横"为沪汉蓉高速铁路、徐兰客运专线、沪昆高速铁路、青太客运专线。后面规划和建设的"八纵"通道包括沿海通道、京沪通道、京港（台）通道、京哈—京港澳通道、呼南通道、京昆通道、包（银）海通道、兰（西）广通道，"八横"通道包括绥满通道、京兰通道、福银通道、青银通道、陆桥通道、沿江通道、沪昆通道、厦渝通道、广昆通道。

3. 铁路固定投资维持高位

全国铁路固定资产投资额整体呈快速上升的趋势，近10年复合增速达12.26%。2008—2010年，高铁建设带动整个铁路行业投资规模快速上升，全国铁路固定资产年投资额一度达到8233亿元。2011年，温州动车组事故导致高铁固定资产投资额相应下降，同比大幅下降29.91%，其后几年逐渐恢复增长。2017年，全国铁路固定资产投资额为8010亿元。2018—2020年中国高铁新增里程分别为1524千米、2187千米和3643千米，三年合计7354千米；2018—2020年高铁建设投资规模分别为8028亿元、7819亿元和7489亿元，2022年投资规模为7109亿元。

4. 城际铁路是未来建设重点

城际铁路是相邻城市之间专门开行城际列车运输城际旅客的铁路，不包括地铁性质的市域、市郊铁路。近年来，都市圈建设呈现较快发展态势，都市圈化、城市群化是未来人口流动的大方向。城际铁路对城市尤其是城市群的发展起着巨大的推动作用，能够显著缩短城市群内主要城市之间的时空距离，是城市群主要城市之间各种要素高效流动的重要载体，对提升城市群互联互通水平、支撑现代产业体系和产业链分工合作具有重要作用。随着中国城市发展的不断推进，城际铁路已经成为我国国家中心城市及城市群建设的重要支撑。2018年以后通车的城际铁路线路总里程约8500千米，2018—2020年新增里程分别为1151千米、1580千米和2687千米，2021年以后通车里程达到3102千米。

（三）铁路运输发展趋势

1. 国有铁路公司化

国有铁路公司化的主要原因是国有企业产权关系不明确和政企不分，企业不是独立的商品生产者和经营者，而是行政机构的附属物，因此缺乏动力和活力。政企不分的关键点在于所有权和经营权没有分开，应建立公司法人制度，使国家对企业的财产有终极所有权（法律所有权），企业有法人所有权（经济所有权），使国有铁路成为真正独立的运输商品的生产者和经营者。

国有铁路公司化有两种形式：①全部路网及设备由一家公司统一管理形式。在通常情况下，这个总公司会根据业务性质再划分成若干个分公司，例如意大利和德国。②基础设施与运营管理分开形式。这种形式是指基础设施仍由政府投资，但运营业务摆脱政府干预，实行公司化管理，例如瑞典就是这种模式，我国也是采用这种模式，成立了中国国家铁路集团有限公司。

2. 国有铁路民营化

国有铁路民营化大致有两种形式：一种是经营民营化，另一种是铁路私有化。

（1）经营民营化

这种形式可以分为两类：全部路网及设施民营化、局部路网或设施采取民营化方式经营。全部路网及设施民营化的典型例子就是日本原国铁改革模式，这种方式是将全国路网和设施按业务性质或地区进行分割，然后成立各个铁路股份公司，向社会公开发售股票，采取民营化管理。局部路网或设施采取民营化方式经营就是把那些过去由政府承担的业务，比如设备维修、餐饮供应等，以承包合同的形式交由民间企业来经营。例如土耳其铁路企业，其局部业务民营化的改革就把一些线路的养护业务、港口铁路和机车车辆等交给民营公司办理。英国铁路企业则是将机车车辆工厂和一些车站、旅馆等交由民间企业来经营。

（2）铁路私有化

国有铁路私有化也可以分为两类：将铁路的产权全部卖给民间财团，或转让部分铁路的产权。例如，1993年新西兰以2.2亿美元的价格将境内铁路的产权卖给了美国威斯康星中央铁路财团。

国有铁路公司化和国有铁路民营化这两种形式几乎都涉及政府直接从经营者转变为监督者，同时也需要政府与民营企业签订合同，确定契约关系。这样的合同不仅要确定资产所有权和其他权利，政府也需要有专门的程序（一般通过招标竞争方式）来确定由谁来接受专卖权或特许权合同。

3. 开展多种经营活动，扩大铁路经营范围

铁路运输业开展的业务都以市场变化为导向，追求商业利润，参与市场活动能加强铁路在国内外的市场地位。多种经营和民营化一样，都以注重商务管理和合同关系为前提。铁路运输业的业务包括传统的铁路运输业务（包括旅游运输业务）、房地产和铁路资产的开发，以及其他业务。其中，除了铁路的传统运输业务，其余均可视为多种经营活动。

多种经营是铁路业务的一部分，是运输服务业的必要补充。法国铁路界人士认为铁路运输服务不应仅停留在铁路线上，因此法国大力开展了铁路传统业务以外的其他经营活动，比如货物的寄存和仓储、联合运输、经营公园、快餐业等相关设施和服务。多种经营是铁路传统业务的延伸，可以提高铁路的经济效益，这一观点源于铁路传统的运输业务产出周期长、投入多、极难盈利等特点，因此需要广开经营渠道，以求增加利润。除法国外，德国、西班牙、意大利等国的铁路部门均持这种态度，瑞典铁路还专门设立了不动资产部，专门负责铁路车站等不动产的管理和开发。

4. 铁路旅客运输重新受到各国政府的重视

铁路由于具有诸多优势，在19世纪末及20世纪初就已经得到了很大的发展。凡是经历了铁路发展大潮的国家，均有了现代经济的大发展，并演变为当今的发达国家。第二次世界大战后，由于汽车工业和航空业的发展，尤其是高速公路的崛起，一些国家把交通运输的发展重点转向了民航和公路，与此同时，这些交通运输方式的发展也带来了许多负面影响，例如环境方面发生严重恶化，交通方面尤其是公路拥挤不堪，甚至严重堵塞，事故频繁。这些严重后果使得人们不得不重新注意到铁路运输的优越性，把发展大

通道上的客货运输方式再度转向了铁路运输，尤其在发展城市及市郊旅客运输方面提倡有轨交通或城市铁路，铁路客货运输再度受到各国政府的重视。

5. 大力提高旅客列车速度已是共同趋势

速度是交通运输最重要的技术指标，尤其是旅客运输。自从铁路出现以来，人们就致力于不断提高列车的速度，各国都在努力提高既有列车的速度。早在1987年就已经有15个国家的特快列车和直快列车的运行速度达到并超过了120千米/时，在欧洲大陆，非高速铁路线上的特快列车和直快列车的运营速度可以达到160千米/时，法国、德国、英国等国家的个别线路可高达200～225千米/时。我国在20世纪90年代就已在广深铁路上开行速度达到160千米/时的旅客列车，并运用摆式可倾斜动车组开行速度达200千米/时的新时速列车。由此可见，提高列车速度是当前各国铁路客货运输发展的主要趋势。

6. 发展高速铁路已成为世界潮流

为了满足旅客运输对高速的需求，日本在20世纪60年代率先建成了开行速度为210千米/时的东海道新干线，东海道新干线运营实践的成功为铁路运输注入了新的活力，同时也在全世界范围内掀起了修建高速铁路的浪潮。中国新建的高速铁路已经超过了3万千米，铁路运输的最高速度已由最初的210千米/时提高到了400千米/时，现在正在向更高的速度努力。高速铁路是传统铁路产业现代化的重要标志，发展高速铁路也是提高铁路运输服务质量的重要契机。不仅是发达国家，不少发展中国家也把发展高速铁路作为建成或改善国内、国际主动脉交通通道，加强人员交往，促进经济、社会发展和科技进步的重要手段。

7. 重载货物运输

重载列车就是列车重量大于等于5000吨/列的列车，其所能达到的重量在一定程度上反映了一个国家的铁路重载运输技术综合发展水平。目前，各个国家在列车重量的标准上还存在着较大的差异，但基本上都是根据各自的铁路机车车辆特性、线路条件和运输实际需要来确定列车重量标准。实践证明，重载运输是提高运输效率、扩大运输能力、降低运输成本和加快货物输送的有效方法。

铁路货物运输一般采用重载技术。铁路重载技术最早出现在20世纪20年代的美国，后来被世界上越来越多的国家重视。一些国家不断更新和研究先进的技术设备，应用整体优化的理念，进行重载运输系统的系统设计，极大地提高了重载铁路技术装备总体水平和运输效率。例如，加拿大太平洋铁路开创了微机控制列车操纵、运用自导型转向架的新技术，使重载单元列车步入了新一代。2023年6月，中国国产2万吨重载列车自动驾驶试验在朔黄铁路黄骅港站顺利完成，标志着中国重载自动驾驶列车正式迈入"全自主时代"。

8. 新型大功率机车

重载列车重量大、列车编组长，需要新型大功率机车，世界各国都在积极采取各种办法来应对，比如研究采用新型大功率机车来增加轮周牵引力，车辆采用刚性结构，提高轴重，减轻自重来增加载重量，装设机车多机同步牵引遥控和通信联络操纵系统，装设性能可靠的制动装置以及高强度车钩和大容量缓冲器等。2022年，全球首台24轴大功率电力机车牵引着万吨运煤列车从国能包神铁路集团朱盖塔车站出发，正式上线运行，沿着中西煤东运第二条大通道，开启了在12‰坡道上牵引万吨货物列车的运煤之旅，展示着中国重载铁路大功率机车的澎湃动力。

9. 先进的信息控制技术和指挥系统

铁路部门研制和采用先进的通信信号设备和信息控制技术，使得在运营中实现货物装卸机械化、管理自动化和行车调度指挥自动化等，同时对装车站、卸车站和技术站也进行与之配套的自动化设备的改造。此外，在改造既有铁路或修建重载专用铁路中采用新型轨道基础，铺设重型钢轨无缝线路，强化线路结构，提高承载力，对车站站场线路股道进行相应的改造和延长。中国铁路列车调度指挥系统（TDCS）主要执行调度指挥信息的记录、分析、车次号校核、自动报点、正晚点统计、运行图自动绘制、调度命令等功能。

第二节　铁路运输基础设施与设备

铁路运输基础设施与设备包括铁路线路、铁路车站、信号设备、列车、通信设备等，以下就铁路线路、铁路车站、列车等几个主要设施与设备进行详细说明。

一、铁路线路

铁路线路是机车和车辆运行的基础，是铁路运输中重要的基础设施之一。

铁路线路

（一）铁路线路的组成

铁路线路是主要由路基、轨道、桥隧建筑物（包括桥梁、隧道、涵洞等）组成的一个整体工程结构。

1. 路基

路基是为满足轨道铺设和运营条件而修建的土工构筑物。路基必须保证轨顶标高，并与桥梁、隧道连接，组成完整贯通的铁路线路。路基是铁路线路承受轨道和列车载荷的基础结构，是承受并传递轨道重力及列车动态作用的结构，是保证列车运行的重要建筑物。路基是一种土石结构，按地形条件和线路平面、纵断面设计的要求，处于各种地形地貌、地质、水文和气候环境中的路基，可以修成路堤、路堑和半路堤半路堑三种基本形式，如图4.9（a）～（c）所示。

（a）路堤　　　　　　　　（b）路堑　　　　　　（c）半路堤半路堑

图 4.9　铁路路基的三种基本形式

路堤是指路基顶面高于原地面的填方路基，一般在天然地面上用土或石填筑的具有一定密实度的线路建筑物。从原地面向下开挖而成的路基形式称为路堑，它低于原地面的挖方路面，其主要作用为缓和道路纵坡或越岭线穿越岭口控制标高。当原地面横坡大，且路基较宽，需一侧开挖另一侧填筑时，为半路堤半路堑路基，也称半填半挖路基。在丘陵或山区公路上，半路堤半路堑是路基横断面的主要形式。

铁路路肩是道床边缘（道碴外边）到路基边缘的地带，主要作用是加强路基稳定性，防止镇流器在路基外滚动，埋设线路和信号标志，方便线路维护，确保行人安全。对于我国普通铁路，Ⅰ、Ⅱ级铁路路堤的路肩宽度不小于0.8米，路堑的路肩宽度不小于0.6米，Ⅲ级铁路及工企铁路的路肩宽度不小于0.4米。而高速铁路应该设计较宽的路肩宽度，双线铁路为1.4米，单线铁路为1.5米。为更好吸收缓冲，高铁路基还铺设15～55厘米厚的垫层。

2.轨道

轨道在交通领域指用条形的钢材铺成的供火车、电车等行驶的路线。铁路轨道通常由两条平行的钢轨组成，钢轨固定放在轨枕上，轨枕之下为道床。由轨撑、扣件、压轨器、道夹板、弹条、铁路道钉等铁路配件紧固轨道的各部分形成一个整体，从而引导车辆行驶方向，承受由车轮传下来的压力，并把压力扩散到路基。轨道由道床、轨枕、钢轨、联结零件、防爬设备及道岔组成，基本组成如图4.10所示。

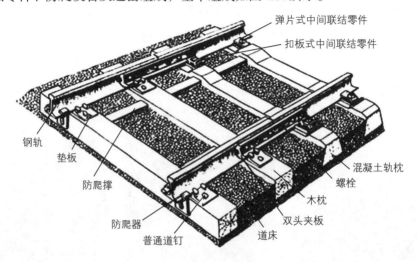

图 4.10　轨道的基本组成

道床是轨道的重要组成部分，是轨道框架的基础。根据组成材料的不同，道床可分为沥青道床、普通有砟道床和混凝土整体道床，如图4.11（a）～（c）所示。道床的作用包括承受轨枕带来的压力并将压力均匀传递至路基面，提供轨道的横向阻力，保持轨道整体稳定性，同时提高轨道的弹性，减弱轮轨的冲击并吸收因冲击而造成的过大振动；便于排水，提高路基的承载能力及减少基床病害；为开展轨道维护工作提供条件，提供便于校正线路的平纵断面等。

道床上面铺设的设施是轨枕，其主要作用是支撑钢轨，同时保持钢轨位置，还要把钢轨承受的巨大压力再传递给道床。轨枕的另一个重要作用就是分散上面钢轨的压力到道床及路基。由于直接承受钢轨和上面列车的压力，轨枕的材料必须具备一定的柔韧性和弹性。根据材质的不同，可将轨枕分为木枕、钢筋混凝土枕和钢枕三种。轨枕长度一般为2.5米，每千米铺设的数量随运量的增大而增多，一般每千米1520～1840根。为有效降低高频冲击力，高铁轨道的轨枕按60厘米等间距均匀布置，且采用混凝土轨枕，每千米铺设1667根。

（a）沥青道床

（b）普通有砟道床

（c）混凝土整体道床

图 4.11　道床

　　轨枕上面铺设的就是钢轨，钢轨是铁路轨道的主要组成部件，直接承受车轮的压力，并将压力分散传递到轨枕上。钢轨的作用还包括引导车轮前进，通过车轮轮缘和钢轨踏面之间的锥形结合，引导列车行驶方向。由于承重要求较高，钢轨的断面采用具有最佳抗弯性能的工字形断面钢板，由轨头、轨腰和轨底三部分组成，使钢轨更好地承受来自各方面的力，保证必要强度、韧性和硬度。钢轨的类型是以每米长的钢轨质量千克数表示，我国铁路上使用的钢轨有75千克/米、60千克/米、50千克/米、43千克/米和38千克/米等几种，大于或等于60千克/米的为重轨。38千克/米钢轨现已停止生产，60千克/米、50千克/米钢轨在主要干线上铺设，站线及专用线一般铺设43千克/米钢轨。对于重载铁路和特别繁忙区段铁路，则铺设75千克/米钢轨。我国钢轨的标准长度分12.5米和25.0米两种，特重型轨、重型轨采用25.0米的标准长度钢轨，其他类型轨道可采用12.5米的标准长度钢轨。

　　轨距是铁路轨道两条钢轨之间的距离（以钢轨的内距为准），是轨道的一项重要参数。国际铁路协会在1937年制定1435毫米（等于英制的4英尺8½英寸）为标准轨，即普轨，世界上60%以上铁路采用标准轨距。全世界的轨距，分为普轨、宽轨、窄轨，比标准轨宽的轨距称为宽轨，比标准轨窄的称为窄轨。大部分国家采用标准轨，芬兰、俄罗斯、印度、巴基斯坦、孟加拉国和斯里兰卡等采用宽轨，而非洲、东南亚国家则多采用窄轨。

道岔是一种使机车车辆从一股道转入另一股道的线路连接设备。列车的转向需要依靠道岔进行，如图4.12所示。常见的道岔种类有单开道岔、三开道岔、交叉道岔、交分道岔和渡线道岔。其中单开道岔有主线和侧线，通过尖轨实现道岔开通、侧线开通和正线开通则由转输机控制。三开道岔是道岔中比较复杂的类型，它相当于两组异侧顺接的单开道岔，但其长度远比两组单开道岔的长度之和短，它的运行条件较差，非十分困难时不会启用。交叉道岔是两条线路相互交叉。交分道岔使列车不仅能够沿着直线方向运行，而且能够由一直线转入另一直线，它相当于两组对向铺设的单开道岔，能节约用地，提高调车能力并改善列车运行条件。渡线道岔是利用道岔或利用固定交叉连接两条相邻线路的设备。

图 4.12　道岔

轨道上还有防爬器防止轨道爬行。列车运行时会产生作用于钢轨的纵向水平力，造成钢轨沿着轨枕甚至带动轨枕作纵向移动，使轨道出现爬行。爬行会引起接缝不均匀、轨枕歪斜的现象。为防爬，除了要加强中间扣件的扣压力和接头夹板的夹紧力外，还要设置防爬器和防爬撑。

3. 桥隧建筑物

铁路通过江河、溪沟、山谷或其他障碍物时需要修筑桥梁和隧道以实现铁路线路与铁路线路或道路的立体交叉。铁路桥梁有助于列车顺利平稳通过山谷、水体或者农田等保护区，如图4.13所示。我国铁路桥梁较多。从1881年唐胥铁路建成起，中国共修建了4万余座各种大小的铁路桥梁。铁路桥梁根据长度可分为小桥（$L < 20$米）、中桥（20

米≤L＜100米）、大桥（100米≤L＜500米）和特大桥（L≥500米）。铁路桥梁按用途分为铁路桥和公路铁路两用桥。按结构分为梁桥、拱桥、刚架桥、悬索桥、斜拉桥和组合体系桥等，其中梁桥是使用最广泛的一种形式。随着我国高速铁路的快速修建，高铁桥梁越来越多。高速铁路桥梁的桥面必须有足够的强度来应对高速列车的冲击力，对桥面的各项参数都有严格的要求。

（a）穿越山谷的铁路桥梁　　　　　　　　（b）穿越农田的铁路桥梁

图 4.13　各种类型的铁路桥梁

　　铁路隧道是供火车运输行驶的通道，铁路运输过程中有时因列车牵引力有限或最大限坡度要求，需要开挖铁路隧道来克服铁路高程障碍。铁路隧道根据其所在位置可分为为缩短距离和避免大坡道而从山岭或丘陵下穿越的山岭隧道、为穿越河流或海峡而从河下或海底通过的水下隧道、为适应铁路通过大城市的需要而从城市地下穿越的城市隧道等。铁路隧道的作用是缩短火车通行线路，减少地段坡度，以及提高火车牵引能力。

　　涵洞是设置在路堤下部的填土中，用以通过少量水流的一种构造物。铁路涵洞是设置在水渠通过铁路的地方，如图4.14所示。为了不妨碍交通，修筑于铁路路面下的过路

图 4.14　铁路涵洞

涵洞，能让水从铁路下面流过再翻到地面上来。铁路涵洞形状有管形、箱形和拱形等，常用砖、石、混凝土和钢筋混凝土等材料筑成。涵洞通常有洞身、洞口建筑两大部分组成。涵洞能保证在遭遇洪水的情况下顺利排泄洪水，同时保证在火车经过时，构件不产生位移和变形。

（二）铁路线路的分类

1. 按照路网地位和运量分

传统铁路的等级是按照路网地位来划分的。我国对于铁路线路的分级最早来源于1975年制定的《铁路工程技术规范》，它规定中国铁路分为Ⅰ、Ⅱ、Ⅲ三个等级，见表4.1。Ⅰ级铁路是在全国铁路网中起骨干作用的铁路，Ⅱ级铁路是在全国铁路网中起联络、辅助作用的铁路，Ⅲ级铁路是为某一地区服务的铁路。这次等级划分主要考虑以下因素：①铁路线路在全国铁路中的路网地位；②国家对线路的远期年运输能力的要求；③线路在路网中的作用和担负的运输量。

表4.1　铁路等级及主要技术标准

等级	路网中作用	远期年运量/百万吨	最高行车速度/(千米·时$^{-1}$)	限制坡度/‰			最小曲线半径/米	
				平原	丘陵	山区	一般地段	困难地段
Ⅰ	骨干	≥20	80～140（客运专线除外）	4～6	9～12	12～15	500～1600	450～1200
Ⅱ	骨干	<20	80～120	6	12～15	15～25	450～1000	450～800
	联络、辅助	≥10						
Ⅲ	地区性	<10	80～100	6	12～18	18～25	400～600	350～500

为适应社会与经济的发展，我国于1999年颁布《铁路线路设计规范》（GB 50090—99），对1975年版的某些指标进行更新，规定新建和改建铁路（或其区段）应根据其在铁路网中的作用、性质和远期客货运量确定等级。如Ⅰ级铁路，是铁路网中起骨干作用的铁路，远期年客货运量大于或等于20百万吨。Ⅱ级铁路，是在铁路网中起骨干作用的铁路，远期年客货运量小于20百万吨者，或在铁路网中起联络、辅助作用的铁路，远期年客货运量大于或等于10百万吨。Ⅲ级铁路，是为某一区域服务的具有地区运输性质的铁路，远期年客货运量小于10百万吨，年客货运量为重车方向的货运量与由客车对数折算的货运量之和。

2006年修订的《铁路线路设计规范》（GB 50090—2006）对铁路线路等级再次更

新，规定新建铁路和改建铁路（或区段）根据它们在铁路网中的作用、性质和远期的客货运量确定其等级，划分为四个等级，即Ⅰ级、Ⅱ级、Ⅲ级和Ⅳ级。Ⅰ级铁路是铁路网中起骨干作用的铁路，或近期年客货运量大于或等于20百万吨，Ⅰ级铁路的路段旅客列车设计行车速度范围为120～160千米/时。Ⅱ级铁路是铁路网中起联络、辅助作用的铁路，或近期年客货运量小于20百万吨且大于或等于10百万吨的铁路，Ⅱ级铁路的路段旅客列车设计行车速度范围为80～120千米/时。Ⅲ级铁路是为某一地区或企业服务的铁路，近期年客货运量小于10百万吨且大于或等于5百万吨。Ⅳ级铁路是为某一地区或企业服务的铁路，近期年客货运量小于5百万吨。

2. 按照速度分

随着高铁的不断发展，按照时速来划分铁路线路成为时代所需。根据《新建时速200公里客货共线铁路设计暂行规定》（铁建设函〔2005〕285号）、《城际铁路设计规范》（TB 10623—2014）、《高速铁路设计规范》（TB 10621—2014）的相关规定，按照列车时速，可将铁路线路划分为高铁、快铁、普铁三大类别。

高铁全称为高速铁路系统，指一种高等级的铁路类型。根据国际通行标准，高铁被定义为最大速度为250千米/时以上的铁路。我国对高铁的定义为新建设计时速为250～350千米/时，运行动车组列车的标准轨距的客运专线铁路。与快铁与普铁相比，高铁的设计要求较高，体现在曲线半径、无缝线路、无砟轨道、重型钢轨、新型弹性扣件、新型道岔等。技术性能高、服务水平高，但是投资成本也高。我国高铁线路的基础设施每千米成本为1700万～2100万美元，日本为2500万美元，欧洲为3800万美元。国内外高铁标准的具体详细信息见表4.2。

表4.2　国内外高铁定义及成本对比

	中国	日本	法国	德国	英国
高铁定义	修建新线客运专用	修建新线客运专用	修建新线改造旧线客运专用	修建新线客货混用	摆式车体客货混用
每千米基建成本	1700万～2100万美元	2500万美元	3800万美元	3800万美元	3800万美元

快铁全称为快速铁路，一般指设计速度在160～250千米/时的铁路，主要包括底线标准的高速铁路、中高标准的客货共线铁路以及各类设计速度200千米/时以内的城际铁路、市域铁路。与高铁只采用客运专线设计不同，快铁可设计成客货共线或客运专

线铁路，可运行高速列车和普速列车。

普铁指普速铁路，普铁专线包括不大于160千米/时速度级别的非客运专线和不大于140千米/时速度级别的客运专线。经升级改造提速后仍未全面达到200千米/时的速度级别、依旧以运行普速列车为主的铁路也属于普铁，但城市轨道交通等非国铁性质的轨道交通不纳入普铁范畴。普铁虽然速度档次低，但它是世界铁路系统的主体，普速铁路网是中国国家铁路路网的重要组成部分。普铁线上同样可以运行准高速机车和高速动车组，不过高速列车在普铁区间段就只能按照普铁安全范围内规定的速度行驶。例如CRH系列动车组的最大速度可达250千米/时，但在普铁线路上行驶时，车速一般不超过200千米/时。

二、铁路车站

铁路车站，也称火车站，是供铁路部门办理客货运输业务和列车技术作业的场所。铁路车站是铁路的大门，是铁路运输过程与产销过程或其他运输过程的联系点，通过办理旅客与货物运输的各项作业，直接服务于工农业生产与人民生活。铁路车站集中了与运输相关的各项技术设备，是铁路部门运输生产的基地，是完成铁路运输任务的基本生产单位，进行运输过程中除列车区间运行外与列车运行有关的各项作业。

车站及列车

（一）铁路车站分类

中国铁路车站根据任务量和国家政治、经济的地位不同，可分为特等站、一等站、二等站、三等站、四等站、五等站。铁路车站按照业务性质可分为客运站、货运站和客货运站。客运站是主要办理售票、行李运送、旅客上下车、列车终到与始发、技术检查和客车整备等作业的车站。货运站是主要办理货物承运、交付、装卸，以及货物列车到发、车辆取送等作业的车站。客货运站是同时办理客货运业务，视其业务量大小和是否进行列车和车辆的技术作业，配置相应设备的车站。

（二）铁路中间站、区段站和编组站

铁路车站按技术作业不同可分为中间站、区段站和编组站。中间站是办理列车会让和越行作业的车站，主要办理列车到发、会让和零担摘挂列

铁路中间站、区段站和编组站

车调车等作业。区段站是设在铁路牵引区段分界处的车站，主要办理列车机车换挂、技术检查，以及区段零担摘挂列车、小运转列车的改编等作业。编组站是专门办理大量货物列车编组与解体、列车与车辆技术作业的车站。

（三）铁路枢纽

铁路枢纽是客货流从一条铁路转运到各接轨铁路的中转地区，也是所在城市客货到发及联运的地区。铁路枢纽是铁路网的一个组成部分，是在铁路网的交会点或终端地区，由各种铁路线路、专业车站以及其他为运输服务的有关设备组成的总体。铁路枢纽除枢纽内各种车站办理的有关作业外，在货物运转方面，有各铁路方向之间的无改编列车和改编列车的转线，以及担当枢纽地区车流交换的小运转列车的作业。在旅客运转方面有直通、管内和市郊旅客列车的作业。在货运业务方面，办理各种货物的承运、装卸、发送、保管等作业。此外，还有供应运输动力、进行机车车辆的检修等作业。

1. 铁路枢纽的设备

铁路枢纽的设备组成包括铁路线路设备、车站设备、疏解设备和其他设备。铁路线路设备包括引入线路、联络线、环线、工业企业专用线等。车站设备包括客运站、货运站、编组站、工业站、港湾站等。疏解设备包括铁路线路与铁路线路的平面和立交疏解、铁路线路与城市道路的立交桥和道口，以及线路所等。其他设备包括机务段、车辆段、客车整备所等。

2. 铁路枢纽的分类

铁路枢纽按路网的地位和作用可分为路网性铁路枢纽、区域性铁路枢纽、地方性铁路枢纽。按衔接线路、车站数量和规模可分为特大、大、中、小型枢纽。按主要服务对象可分为工业、港湾、综合性枢纽。

铁路枢纽
布置

路网性铁路枢纽，承担客货运组织任务，成为整个铁路网络的中心，通常在几个铁路道口或在大城市，处理各种各样的过境交通和当地交通，有更多的专业车站，其设备的规模和能力都很大，如沈阳、北京、郑州、武汉、上海等铁路枢纽。

区域性铁路枢纽承担的客货运量和交通流组织主要服务于一定的区域范围，一般位于干线和支线交叉或连接的大中城市，处理管内的过路交通流和局部交通流，设备规模不大，如长春、柳州等铁路枢纽。

地方性铁路枢纽主要服务于本地，比如工业园区或港口，位于大型工业企业和土地、水资源联合运输领域，处理大量的货物装卸和小运转作业，如大连、秦皇岛、大同等铁路枢纽。

三、列车

（一）列车基本结构

列车是指在铁路轨道上行驶的成列的车辆，由多节列车车厢出于一定的目的连挂在一起，是铁路运输重要的交通工具。列车基本结构包括车体、走行部、车钩缓冲装置、制动装置和列车内部设备五部分。

车体材质一般采用屈服强度为450兆帕的耐大气腐蚀钢，为全钢焊接结构，由底架、侧墙、端墙、车门等部件组成。其中，底架是车体的重要组成部分，由端梁、枕梁、横梁、中梁、纵向梁、钢地板组成。

走行部由轮对、转向架、轴箱油润装置等构成。走行部的作用是引导车辆沿轨道运行，并把车辆的重量和货物的载重传导给钢轨。轮对是走行部的主要装置（如图4.15所示），由一根车轴和两个车轮压装成一体，承受着车辆的全部重量，在运行中不允许发生相对位移，而且在轨道上高速运行时还承受着从车体、钢轨两方面传来的其他各种作用力。转向架由侧架和摇枕组成（如图4.16所示），侧架把转向架的各个零部件联系在一起，侧架中部设有弹簧承台，可以实现减震作用。轴箱油润装置使轮对沿钢轨的滚动转化为车辆沿线路的平动，承受车辆的重量，传递各方面的作用力以及保证润滑性，防止车轴发生热轴现象，能保证车辆的安全运行。

图4.15　轮对　　　　　　　　图4.16　转向架

车钩缓冲装置是用于列车车厢和车厢之间相互连挂，传递牵引力、制动力并缓和纵向冲击力的车辆部件（如图4.17所示），由车钩、缓冲器、钩尾框、从板等组成，安装在牵引梁内。

图 4.17　列车车钩缓冲装置

列车的制动装置通常由制动机和基础制动装置两部分组成，可分为空气制动和人力制动两类。空气制动是以压力空气为制动原动力，以改变压力空气的压强来操纵控制，制动力大，操纵控制灵敏便利，是目前列车常用的制动装置。人力制动是以人力为制动原动力，以手轮的转动方向和手力大小来操纵控制。人力制动在铁路运输发展初期非常重要，机车车辆上只有人力制动，每车或几车配备一名制动员，按司机笛声号令协同操纵。

列车内部设备包括基础设备、服务设备、餐车设备、播音设备等。基础设备包括列车长办公席、乘务员室、行李员办公室、储藏室、茶炉室、锅炉室、工具室、硬座车厢、软座车厢、卧铺车厢、行李架、垃圾托盘等。服务设备包括厕所、盥洗室、空调设备等。餐车设备包括餐厅、流动推车等。播音设备包括广播室及一些播音装置。

（二）列车分类

列车分类的方法较多，主要有如下四种。

1. 按照载物类型分

列车根据载货物种类，可分为客车、货车、客货两用车。客车指专门装载并运输旅客的列车，狭义上仅指国家铁路线上运营的旅客列车，有相应的车次编号。客运列车包括动车组列车、普速列车和特殊需求列车。动车组列车有高速列车、城际列车、（普通）动车组、卧铺动车组。普速列车有直达特快列车、特快列车、快速列车、普快列车、普通慢车。特殊需求列车包括旅游列车、军政专列、临时列车、路用通勤列车、临空列车等。货车是指以运送货物的车辆编成的列车，为了适应不同货物的运送要求，可分为通用货车、专用货车、特种货车。客货两用车是指既运输货物又运输旅客的列车，是我国早期铁路运输的一种重要形式。

2. 按照轨道分

列车根据轨道类型，可分为双轨列车、单轨列车、磁悬浮列车，如图4.18（a）～（c）所示。双轨列车使用的轨道包括两条钢轨，而单轨列车使用的轨道只有一条。双轨列车由于有两条轨道支撑，平衡性较好，耐压性也较强，适合各种速度、各种载量的列车，是目前使用最为广泛的一种列车。单轨列车轨道少、占地面积小、噪声小、造价相比更低、攀斜能力和回转速度比双轨列车好，目前主要用于市内短距离轨道交通。磁悬浮列车是靠磁悬浮力来推动的列车。有别于双轨列车和单轨列车，磁悬浮列车与轨道没有接触。磁悬浮列车由悬浮系统、推进系统和导向系统组成，主要依靠磁场改变产生电流的原理和电流的磁效应，产生电磁力让列车悬浮于轨道之上并形成导向，利用直线电机产生的电磁力牵引列车运行。磁悬浮列车及轨道造价昂贵，在上海、长沙等地有相关的商业运营。

（a）双轨列车　　　　　　（b）单轨列车　　　　　　（c）磁悬浮列车

图 4.18　列车轨道类型

3. 按照动力分

列车根据动力来源，可分为蒸汽机车牵引的列车、内燃机车牵引的列车、电力机车牵引的列车。

蒸汽机车是利用蒸汽机把燃料的化学能转化成热能再变成机械功来牵引列车的一种机车。司炉把煤填入炉膛燃烧，煤蕴藏的化学能转化为热能，蒸汽机通过热能使机车中的水加热气化进而转化成机械功，推动汽机活塞往复运动，活塞通过连杆、摇杆，将往复直线运动变为轮转圆周运动，带动机车动轮旋转，从而牵引列车前进。蒸汽机车的特点是热效率过低，有效做功效率只有5%～9%，煤和水的消耗量巨大，也需要大量上水上煤设备。中国首次自行设计的大型蒸汽机车是KF1型蒸汽机车，第一批建成于1936年，它具有中国铁路唯一的4-8-4轴式，具有强大的线路适应性和可靠性。新中国成立后，蒸汽机车在我国发展较为迅速。我国先后设计制造了解放号、前进号、胜利型、FD型、建设型、上游型等机车型号，如图4.19所示。但由于蒸汽机车煤水消耗量大，总效率低等，现代铁路运输蒸汽牵引已被其他新型牵引形式取代。我国于1988年停止生产蒸汽机车。

（a）前进号蒸汽机车　　　　　　　　（b）KF1型蒸汽机车

图 4.19　蒸汽机车

内燃机车是以内燃机为原动力，通过传动装置驱动车轮转动的机车。内燃机车一般由柴油机、传动装置、车体、转向架、辅助装置等组成。内燃机车的热效率可达30%，其独立性强，线路投资省，见效快，整备时间比蒸汽机车短，启动、加速快，运行交路长，通过能力大，单位功率重量轻，劳动条件好，可实现多机联挂牵引。内燃机车根据用途可分为货运机车、客运机车、调车机车、通用机车、内燃动车组、小型机车等。货运机车具有较大的牵引力，用以牵引吨位较大的货物列车。客运机车具有较高运行速度和启动加速度，用以牵引速度要求较高的旅客列车。调车机车用于车列的解体、编组和牵出、转线，其工作特点是频繁地启动和停车。通用机车是客货两用的内燃机车，使机车既能适应货运工况，又能适应客运工况，以扩大机车的使用范围。内燃动车组用于牵引近郊旅客列车和中短途高速旅客列车，其两端为具有动力装置的动车，中间为专用客车统一编组成的轻快车组。小型机车用于厂矿内部运输，以及森林铁路、地方铁路。中国第一台自己制造的内燃机车由大连机车车辆工厂于1958年仿照苏联T33型电传动内燃机车试制成功，后经过改进设计定型，命名为东风型机车。目前中国设计制造的内燃机车已形成"北京""东方红""东风"三个系列(如图4.20所示)，质量达到世界先进水平。

电力机车是指从供电网（接触网）或供电轨中获取电能，再通过电动机车驱动车辆行驶的火车。电力机车运行所需的电能由电气化铁路的供电系统提供。由于电力机车单机功率大，以及没有装载能源（发动机及其燃料），同等机车功率下机车重量轻，同等机车重量下机车功率大。电力机车爬坡性能好，牵引电动机过载能力强，对坡道、气温、气压、缺水、高原地带都有较强的适应性。电力机车总效率高，机车内没有发动机，设备简单，检修周期长，维修工作量少，整备时间短，所以运营费低。电力机车根据接触网供给机车的电流性质不同，分为直流电力机车和交流电力机车两种。直流电力机车牵引运行时由电网获得直流电使直流牵引电动机工作，驱动机车运行。交流电力机车接触网供给机车的是25千伏的工频单相交流电使得牵引电动机运转、机车牵引运行。从1958年到20世纪70年代末，我国在仿制国外电力机车的基础上生产韶山型客货两用电力机车。从20世纪70年代末到20世纪80年代末，我国成功研制了国内第一列相控电力机车，如采用级间调压方式的SS3型列车、第一代全相控大功率电力机车SS4型列车等，如图4.21所示。20世纪80年代末至今，我国对已开发机车进行技术改造，结合我国传统牵引机并联主电路方式，相继开发了SS5、SS8、SS6B等车型。

（a）"北京"内燃机车 　　（b）"东方红"内燃机车 　　（c）"东风"内燃机车

图 4.20　内燃机车

（a）SS3 型机车 　　　　　　　　　（b）SS4 型机车

图 4.21　电力机车

4. 非动车组与动力组列车

动车组又称"动车组列车"，为现代火车的一种类型，由若干带动力的车辆（动车）和不带动力的车辆（拖车）组成，列车在正常使用期限内以固定编组模式运行。《铁路技术管理规程》第208条规定，动车组列车为自走行固定编组列车。除此之外的具有不固定编组的列车为非动车组列车。动车组与非动车组列车相比，具有不随意更改编组和折返不摘挂机车特点，而且多动力分布式动车组具有轴重轻、加速性能好、运用灵活等优点，适用于小编组、大密度客运组织，广泛应用于城际交通和城市轨道交通。动车组（D-series high-speed train）在中国国家铁路运输系统里是指"（普通）动车组旅客列车"，车次以"D"开头，简称"D字头列车"，其综合等级高于特快旅客列车和其他普速列车，但低于后来由其本身进一步细分出来的"高速动车组旅客列车（G字头列车）"和"城际动车组旅客列车（C字头列车）"（见图4.22）。根据动力是否分散，动车组分为动力集中式和动力分散式。动力集中式动车组由一节或两节位于列车端部的动车和中间多节非动力车厢组成，如中华之星电力动车组。动力分散式动车组由多节动力车厢和非动力车厢组成，如和谐号系列动车组，或者全部车辆均带动力的磁悬浮列车。

（a）和谐号　　　　　　　　（b）复兴号　　　　　　　（c）城际列车

图 4.22　中国动车组列车

（三）列车发展趋势

列车发展趋势主要体现在高速、安全、环保、智能、经济、舒适六个方面。

1. 高速

高速是列车先进技术的最显著体现，也是旅客不断追求的目标。我国下一代列车要想引领世界高速列车的发展，在速度上应达到甚至超过400千米/时，同时应和目前我国最高速列车"复兴号"形成级差，成为谱系化产品。

2. 安全

与高速对应的是安全，下一代列车的安全性将进一步提升，主要通过主动安全结构设计和智能化的安全状态管理来实现。下一代高速列车的脱轨系数、轮重减载率等安全性指标指数将降低10%，安全预警能力和指标将提升50%，通过结构实现脱轨不脱线的安全性能将提升50%，地震响应时间与列车制动距离将缩短约5%，列车的百万千米故障率将下降10%。

3. 环保

应对全球气候变化，环保已成为所有行业的共同追求，列车也不例外。列车的设计和使用要充分考虑环保要求，如法国下一代TGV高速列车的设计中就明确要求材料的再循环率高于90%、能量消耗降低25%。我国下一代列车在材料、结构与控制技术等方面组合实现环保目标，表现为运行阻力降低5%～10%、运行能耗降低10%～15%、车外噪声适当降低、可再生材料的应用率提高10%，通过材料轻量化实现轴重减少至少5%、车内外电辐射减少10%。

4. 智能

智能化是下一代列车的基本特征，未来车辆主要依托平台化设计与智能化技术设计来提升交互性和智能性，具体体现为两个方面：一是基于健康管理的平台化智能运维，通过先进的状态维修体制，极大提高机车及其零部件的标准化、系列化和通用化，在提升交互性的同时实现车辆状态和能力的保持，有效减少维修作业和降低维修成本；二是通过智能化实现对列车车辆状态的感知和评估，即列车运行健康评估与安全保障。

5. 经济

列车特别是动车组列车造价不菲，考虑到列车智能化技术、平台化技术的采用，以及状态修、经济修技术的日趋成熟，下一代列车一定会具有更好的经济性。下一代高速列车的全生命周期成本相比于现有标准动车组将降低至少10%，其中，维修成本将下降20%，列车可用性将提升至少5%。

6. 舒适

提高旅客的乘车舒适性是列车发展趋势之一。虽然考虑到运输效益的经济性，很难提高人均乘坐空间，但可以通过改善乘坐环境、增加列车行进平稳性或结合人体工程学为乘客乘车舒适性提升空间。例如，我国下一代列车计划使车内噪声降低3～5分贝，车辆运行平稳性提升10%，车厢窗户面积增加至少10%，车内二氧化碳与有害气体含量降低10%。

第三节　铁路运输组织与管理

一、铁路运输组织

铁路运输组织内容分为接发列车、车站调车、客运工作、货运工作和列车运行图。

（一）接发列车

接发列车作业是指为了保证列车运行的安全，列车接入车站和从车站出发，按照一定的程序办理接发列车的必要作业。接发列车是铁路运输生产组织的一项重要内容，是列车运行过程中不可缺少的重要环节，所有的列车都需经过接、发车作业，方能进入区间运行或进入站内，进行各项技术作业。

接发列车、
调车

参加接发列车的工作人员必须严格执行国家铁路局发布的行业标准《铁路接发列车作业》（TB/T 30001—2020）所规定的程序和用语，贯彻岗位责任制，安全、正点、准确、不间断地接发列车，并严格按照列车运行图行车。

车站接发列车作业的主要内容有：办理区间闭塞；准备接、发列车进路；开放和关闭进站、出站信号；交接行车凭证；接、送列车和指示发车等。以上作业必须按照一定的程序和要求进行。

办理区间闭塞。在正常情况下，铁路列车运行采用区间（闭塞分区）间隔的行车方法。即在同一时间和同一区间（闭塞分区）内的一条正线上，只准许有一个列车运行，以防止同向列车尾追或与对向列车正面冲突。为实现铁路行车上这一要求而设置的技术设备，称为行车闭塞设备。同一区间的两端车站之间使用闭塞设备确认区间（闭塞分区）空闲，并办理区间闭塞手续（双线区间由发车站向接车站发出发车预告），取得列车占用区间的许可，应是车站办理接发列车工作的首要作业程序。

准备接、发列车进路。列车在车站到达、出发或通过所需占用的一段站内线路，称为列车进路。接车进路是由进站信号机至接车线末端计算该线路有效长的警冲标或出站信号机之间的一段线路；发车进路是由列车前端至相对方向进站信号机（单线区段）或站界标（双线区段）之间的一段线路；通过进路是该列车通过线两端进站信号机或进站信号机至站界标之间的一段线路。为保证列车在站内运行的安全，当列车出入车站前，车站值班员应正确发布准备列车进路的命令，有关人员应及时停止影响列车进路的调车工作，将进路有关的道岔开通到正确位置并锁闭，确认列车进路空闲和准备妥当。

开放和关闭进站（出站）信号。只有在区间闭塞手续办理完毕，列车进路确已准备妥当以后，车站才能开放进站（或出站）信号机，准许列车进（出）车站。信号一旦开放，列车进路有关的道岔和敌对信号机就全部锁闭，不能中途转换，从而确保列车的运行安全。只有在信号机关闭以后，列车进路有关的道岔和敌对信号机才能解锁、重新转换。因而，信号开放过早势必影响与列车进路有关的其他作业；信号开放过晚则会造成进站列车运缓、站外停车、冒进信号或列车出发晚点。信号关闭过早，使列车进路有关的道岔和敌对信号机提前解锁，威胁列车运行安全；信号关闭过晚，则会耽误与列车进路有关的其他作业，影响车站作业效率。由于车站技术设备的不同，信号机的开放和关闭的方式与时机也有不同要求。这些都应在《车站行车工作细则》中加以规定。

交接行车凭证。采用自动闭塞和半自动闭塞的区间，在正常情况下，列车占用区间的许可由出站信号机进行显示。车站在接发列车时，不必与机车乘务组交接行车凭证。但在采用其他行车闭塞法或非正常情况下，列车司机必须取得规定的行车凭证，才能向区间发车。为此，车站必须在办理区间闭塞，取得占用区间许可，确认发车进路准备妥当以后，才能向列车司机递交行车凭证，然后指示发车。列车运行至前方车站，全列到达以后，列车司机将行车凭证交回车站，开通区间。对于通过车站的不同列车，其行车凭证的交接，由车站和机车乘务组利用设置在列车通过线路一侧的自动交递装置在列车行进中办理。交递不上时应停车交付。车站和列车司机对交接的行车凭证都要仔细确认，防止错误，以保证列车运行安全。

（二）车站调车

在铁路运输生产过程中，除列车在车站的到达、出发、通过以及在区间内运行外，以解体、编组列车，摘挂、转场、整场、调移、取送车辆以及机车的对位、转线、出入段等为目的而使机车车辆在站线或其他线路上移动的作业，统称为调车。它是铁路行车工作的基本内容之一，是铁路运输生产过程的重要组成部分。车站能否准时接发列车、充分利用设备能力、完成生产计划指标，特别是安全生产等，在很大程度上都取决于调车工作组织和调车作业水平。

调车工作具体内容按其目的不同可分为解体调车、编组调车、摘挂调车、取送调车和其他调车。解体调车是将终到列车车列按车组（辆）的去向别、车种别（空车）分解到相关指定线路的调车过程。编组调车是根据列车编组计划、列车运行图、相关规章制度及特殊要求等，将有关车辆选编成列（或成组）的调车过程。摘挂调车是为列车进行补轴、减轴、换挂车组和车辆甩挂等调车过程。取送调车是以装卸货物、检修、洗刷、消毒等为目的，将相关车辆向指定地点送车或从指定地点取回的调车过程。其他调车是指以上几种调车之外的一些整理车场、车列转线、机车转线、对货位、机车出入段的调车活动。车站由于作业性质有差别，完成各种调车工作的比重也不一样，例如技术站以编组和解体调车为主，中间站主要负责摘挂车辆的调车，货运站则以取送调车为主。

调车作业方式分为牵出线调车和驼峰调车两种。牵出线调车作业是最基本的调车作业方式，车列的编组、转线和车辆的摘挂、取送等都需要使用牵出线进行调车。牵出线调车有推送法和溜放法两种作业方法。推送法使用机车将车辆由一股道调移到另一股道，在调动过程中不摘车。推送法消耗的调车时间长，效率较低，但比较安全，通常适用于不可溜放的车站和地点。溜放法则是由机车推送调车车列达到一定速度以后，在车钩压缩状态下提开车钩，然后机车制动，造成摘解车组与调车车列之间的速度差，使摘下的车组离开调车车列溜向指定地点。驼峰调车是用车辆自身的重力和驼峰的高度并辅以机车推力来解体车列的一种调车设备。驼峰一般设在调车场头部，驼峰调车即调车机车先将车列推上峰顶，摘开车钩后利用车辆自身重力自行溜放，这是编组站解体车列的一种主要方法。

（三）客运工作

办理铁路旅客运输的车站有客运站和客货运站。客运站专门办理旅客运输业务，客货运站兼办客货运业务。客运工作的主要内容包括售票、客流组织、客运服务、行包运输工作等，客运站还需办理旅客列车的技术作业，设有客车整备所的客运站还要进行客车车底的整备作业。

售票是车站为旅客提供优质服务的重要内容，通过客票发售和预订，将众多的旅客按车次、方向有计划地组织起来，纳入车站旅客运送计划。客流组织是指有秩序地组织旅客在站内通行检票进站，走向列车停靠站台上车，以及到达车站下车旅客在出站口交票出站。客运服务包括问事处服务工作，指车站通过问事处、导向系统或多媒体系统，准确迅速地解答旅客有关购票、托运、候车、中转、改签等问题，开展随身携带物品暂存工作，为旅客暂存物品、为上车前后旅客创造便利条件。行包运输是铁路行李包裹运输的简称，包括行李和包裹两部分。铁路行李是凭有效客票托运的旅行必需品；铁路包裹是由旅客列车运送或按客运速度办理承运的行包专列运送的货物。行包具有批量小、到站分散、种类繁多、性质复杂、包装规格不一等特点，因而运输组织工作复杂，作业环节多，需要较多的劳力、设备和机具，运输成本较高。

旅客列车的技术作业包括通过旅客列车的技术作业、始发旅客列车的技术作业和终到旅客列车的技术作业。通过旅客列车的技术作业内容包括旅客列车到站后立即换挂机车进行试风，进行技术检查、列车上水、行包邮件装卸、旅客上下以及接收列车并发车等。始发旅客列车的技术作业包括直通和管内旅客列车车底调入客运站到发线后，进行的一些技术检查、旅客上下、旅客行包装卸、列车接收、列车出发前的试风等。终到旅客列车的各项技术作业可一起进行，行包邮件卸车完毕和旅客全部下车后，车底可由本务机车或调车机车送往客车整备所进行检修和停放。客车车底整备作业内容包括清除泥垢和技术检查、车底改编、车底内外部清扫和修理、上燃料上水、乘务组接收列车、车底等待送至客运站等。

（四）货运工作

铁路货物运输是根据货主的要求，在规定时间内将一定品名、数量的货物从指定的发站安全地运到指定的到站，交付给收货人。货运工作根据货物数量和使用运输车辆方式不同，可分为整车运输、零担运输、集装箱运输三种。整车运输即一批货物的重量、体积、形状和性质需要以一辆或以上的货车装运的货物应按整车方式办理运输。零担运输即一批货物的重量、体积、形状和性质不需要单独使用一辆货车装运则应按零担方式办理运输。集装箱运输即以集装箱为载体，将货物集合组装成集装单元，便于运用大型装卸机械进行装卸、搬运的一种"门到门"的运输方式。一批货物办理条件必须遵循"六同"原则，即托运人、收货人、发站、到站、装车地、卸车地（整车分卸除外）相同，整车运输每车为一批，跨装、爬装及使用游车的货物每一车组为一批，而零担货物或使用集装箱运输的货物以每张货物运单为一批。除此之外，需要冷藏或保温加温运输的货物、危险品货物、污秽货物、不易计件的货物等，都需要整车运输。

货运工作的基本流程分为发送作业、途中作业、货物到达作业三个步骤。发送作业顺序为托运、受理、进货验收，针对整车运输和零担、集装箱运输，制票承运与装车过程会有区别。

发送作业完成后紧接着进行途中作业。途中作业包括货物的交接、检查、换装整理、运输合同变更，如是整车运输还需整车分卸，如遇到故障还需进行运输故障处理等。最后是货物到达作业，主要内容是做好重车和货运票据的交接，货物的检查和卸车，以及货物的交付和搬出。

（五）列车运行图

列车运行图是表示列车在铁路区间运行及在车站到发或通过时刻的技术文件，是铁路组织列车运行的基础。列车运行图是列车运行的时间与空间关系的图解，它表示列车在各区间运行及在各车站停车或通过状态的二维线条

列车运行图和铁路运输管理

图，规定各次列车按一定的时刻在区间内运行及在车站到、发和通过。列车运行图作为铁路运输组织的一部分，是铁路运输工作的一个综合性计划，是铁路行车组织工作的基础。列车运行图规定各车次列车占用区间的程序，列车在每个车站的到达和出发（或通过）时刻，列车在区间的运行时间，列车在车站的停站时间，以及机车交路、列车重量和长度等。

列车运行图是运用坐标原理对列车运行时间、空间关系的图解表示。它以横轴表示时间，并用垂直线等分横轴代表一昼夜的小时和分钟。以纵轴表示各分界点（车站），水平线表示车站按列车在各区间运行时分的比例画水平线，代表各车站中心线的位置。图4.23所示为单线成对非追踪平行列车运行图，图上的斜线称为列车运行线，其与车站中心线的交点就是该列车在区段内有关车站的到、发或通过时刻。在十分格运行图上，到发时刻只填写10分钟以下的数值，并规定在列车运行线与车站中心线相交的钝角内填记（通过时刻按出发时刻记）。

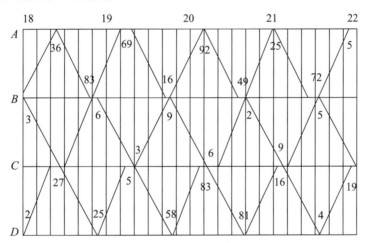

图 4.23　单线成对非追踪平行运行

列车运行图有两种形式。第一种，横轴表示时间，纵轴表示距离。如图4.23上的水平线表示各车站的中心线，水平线和水平线之间的间隔表示站间距离；垂直线表示时间；斜直线表示列车的运行，称为列车运行线；图中数字为列车在车站的停车时分。这种形式的运行图为中国、俄罗斯、日本等多数国家铁路所采用。第二种，纵轴表示时间，横轴表示距离，为德国等少数国家铁路部门所采用。实际上列车在各区间内运行时，由于线路纵断面的不同，在车站起车和停车速度变化较大，列车运行线本应画成曲线，但为了运行图铺画的方便，均以斜直线表示。

二、铁路运输管理

新中国成立后，在计划经济体制下，我国铁路实行的是仿照苏联模式建立起来的政企合一的管理体制。铁道部既具有政府的行政管理职能，又具有企业的经营管理职能，集资产所有权、经营决策权和生产指挥权于一体，既是管理者，又是投资者、经营者。在计划经济模式下形成的高度集中统一的管理体制，对我国铁路系统曾经发挥过一定的作用，但是随着我国逐渐由计划经济转向社会主义市场经济，铁路传统体制逐渐显现出与改革发展的不相适应。最突出的一点就是政企不分，铁路运输企业没有与政府主管部门脱钩。而且铁路运输领域的垄断经营尚未打破，尽管存在外部替代性竞争，但在铁路运输行业内部缺乏竞争。显然，铁路必须加快推进体制改革的步伐，尽快解决制约铁路发展的深层次体制性弊端和结构性矛盾。

1986年，铁道部希望通过改革来解决财政上对国家的过度依赖，进而获得更多自主权，激发创新性和积极性，故提出铁路系统内部"大包干"的方针，将原本收归于铁道部的财务、劳资、人事等权力直接下放到各地路局，试行铁路行业的经济责任大包干。在经济上以承包责任制的方式每年上缴5%营业收入给国家，其他归铁路系统甚至可以留一部分给地方。"大包干"效仿了当时颇为流行的改革方式，也得到了上层领导的肯定。遗憾的是，我国铁路管理体制的第一次改革止步于频繁的安全事故，如1988年的贵昆线颠覆事故等，第一阶段铁路管理体制改革被迫中止。此后"大包干"一事也再无人提及，原本下放地方路局的权限统一收归铁道部。

2002年前后，铁道部提出"网运合一、区域竞争"模式的铁路改革方案。铁道部在2005年3月又开展了以"主辅分离、辅业改制"为核心的铁路管理体制大改革，将原有的铁道部、铁路局、铁路分局、站段四级管理体制更变为铁道部—铁路局—站段三级管理模式，撤销了10个铁路局下属的所有41个铁路分局。

2013年3月14日，第十二届全国人民代表大会第一次会议审议通过的《国务院机构改革和职能转变方案》，决定实行铁路政企分开，不再保留铁道部。改革具体内容是将铁道部拟定发展规划和政策的行政职责划入交通运输部；组建国家铁路局，由交通运输部管理，承担铁道部的其他行政职责；组建中国铁路总公司，承担铁道部的企业职责，负责铁路运输统一调度指挥，经营铁路客货运输业务，承担国家规定的公益性运输、专运、特运等任务，负责铁路建设，承担铁路安全生产主体责任等。组织架构方面，原铁道部相关资产、负债和人员划入中国铁路总公司。

2017年，铁路总公司进一步改革。首先，对中国铁路建设投资公司等非运输类企业进行公司制改革；其次，对全国18家铁路局进行公司制改革；最后，是铁路总公司本身进行公司制改革。2018年，"中国国家铁路集团有限公司"企业名称获核准，2019年正式成为国家授权投资机构和国家控股公司。2019年，"一带一路"中国企业100强榜单发布，国铁集团排名第65位。全国18家铁路局完成企业身份转换，改制为集团有限公司，为国铁实现从传统运输生产型企业向现代运输经营型企业转型迈出了重要一步。同时，总公司机关组织机构改革顺利完成，机关部门、内设机构、定员编制分别精减10.3%、26.6%、8.1%。国铁集团以铁路客货运输为主业，实行多元化经营，负责铁路运输统一调度指挥，统筹安排路网性运力资源配置，承担国家规定的公益性运输任务，负责铁路行业运输收入清算和收入进款管理。自觉接受行政监管和公众监督，负责国家铁路新线投产运营的安全评估，保证运输安全，提升服务质量，提高经济效益，增强市场竞争能力。

随着高铁等基础设施的加快，铁路总公司基础设施建设投资巨大。数据显示，2017年，全国铁路行业固定资产投资完成8010亿元，存在巨大的资金缺口。为解决此问题，中国国铁集团通过吸引民资、民企，改善企业管理，解决内部资金不足的问题，以此来建设基础设施，实行铁路混改。铁路混改是指国铁企业混合所有制改革，铁路混改可以引入社会优质资源，推进Wi-Fi运营公司股权转让，构建市场化运行机制，促进铁路资本与社会资本融合发展；加强对股权转让、引入外部投资者等事项的分析论证，依法推动合资合作。2018年8月，中铁顺丰国际快运有限公司在深圳揭牌成立。这是继2018年7月国铁吉讯科技有限公司成立之后铁路混改取得的又一重要成果。2018年，铁路总公司下属企业动车网络科技有限公司股权转让招投标，深圳市腾讯计算机系统有限公司、浙江吉利控股集团有限公司组成的联合体中标，以43亿元受让动车网络科技有限公司49%的股权，打响智慧交通"争夺战"，这是首次通过产权交易方式引入社会资本发展动车网络，也是国铁集团混合所有制改革的重要成果。2020年5月19日，国铁集团下属中国铁路投资有限公司与海南银行股份有限公司在北京签署《战略合作框架协议》，标志着国铁资本将进入银行领域，成为铁路混合所有制改革取得的又一重要进展。

复习讨论题

复习题　　　　课件

1. 什么是铁路运输?

2. 简述铁路运输和轨道运输的区别和联系。

3. 简述牵出线调车的基本方法。

第五章 航空运输

本章围绕航空运输的基本概念，简要介绍航空运输的设施与设备，结合我国航空运输的发展历程，对航空运输安全、规划与管理进行系统阐述。

第一节 航空运输概述

航空运输是指在具有机场和航空线路的条件下，以飞机等航空器为运输工具运送人员、货物、行李和邮件的一种运输方式。目前，航空运输已经发展成一个具有相当规模的行业，以全球各主要都市为起讫点的航线网络已经遍及各大洲。航空运输主要包括航空器、航空港、航班、航线等基本要素。

航空运输概述

航空器是飞行器的一种，主要包括气球、飞艇、滑翔机、直升机、飞机等，它们都是依靠机身与空气发生相对运动，从而获得空气动力达到升空飞行的目的。气球或飞艇的自身密度小于空气密度。滑翔机只能在空中滑翔，没有动力装置。直升机靠旋翼产生升力，可以垂直起降和悬停。飞机是一种有动力驱动的能够在大气层内进行可控飞行的固定翼飞行器，其自身密度大于空气密度，是最常见的一种航空器。

航空港即机场，是供飞机起飞、降落和进行其他地面活动并提供相关服务的特定场地，包括相应的空域以及区域内各种相关设施、建筑物与装置。机场为飞机的运行服务，为客货运输及其他方面服务。除了提供基本的运营服务，机场还需要为机场内的相关商业活动提供保障。

航班指飞机从出发地按照规定的航线起飞，直达目的地或经过经停地到达目的地的运输飞行，其中在国内航线上飞行的航班为国内航班，在国际航线上飞行的航班为国际航班。此外，航班还需要根据航班时刻表在规定的航线上按照规定的日期、规定的时刻，使用规定的机型进行飞行，具有"定航线、定日期、定时刻、定机型"的"四定"的特征。

航线即空中交通线，是经过批准开辟的，用来连接两个或以上地点进行飞行，根据空中交通管制的需要确定飞行具体方向、出发地、目的地、经停地，以及飞行高度和航线宽度，保证飞行安全。按照飞机飞行的范围，航线可分为国际航线、国内航线和地区航线三大类。

一、航空运输的特点、作用与地位

（一）航空运输的特点

1. 航空运输的优点

航空运输作为现代运输方式，具有以下优点。

（1）速度快

与其他运输方式相比，速度快是航空运输的最大优势和特点。在当今高速发展的社会，时间具有独一无二的价值，快速成为运输服务的主要衡量因素。飞机速度一般为 800 ~ 1000 千米/时，是铁路运输的 3 ~ 8 倍，是公路运输的 5 ~ 10 倍，是水路运输的 20 ~ 25 倍，且距离越长，航空运输速度快这一特点就越显著。

（2）机动性大

航空运输不受地形地貌影响，只要有航空港并有航路设施保证，航空器就可以跨越地理障碍将任何两地连接起来。高度灵活的机动性使航空运输成为执行紧急救援、抗震救灾等紧急任务必不可少的手段。

（3）舒适性和安全性高

现代民航客机平稳舒适，客舱宽敞、噪声小，机内各种设施设备逐步完善，舒适度较高。在现代各种运输方式中，航空运输的事故率和死亡率是最低的，随着科学技术的发展，其安全性已逐渐被人们接受。

（4）基本建设周期短、投资少

添置飞机和修建机场是发展航空运输设备的主要条件，相比于其他运输方式的基本设施建设，其周期短、占地少、投资省、收效快。

航空运输是国际交往特别是国际旅客运输常用的一种方式，具有国际性的特点。航空运输的行业标准也相对较高，一些关键技术如飞机制造、航空港建设、空中交通管制和通信导航等都是高科技产物，航空运输的发展也在一定程度上反映了国家的技术发展水平。

2. 航空运输的缺点

当然航空运输也有缺点，具体如下。

（1）单次载运量较小

飞机的机舱容积与载重量都相对较小，单次载运量小。目前全球最大的客机为双通道宽体的空中客车A380–800，最大起飞重量超过了600吨，可容纳600～800名乘客。相对而言，国内一列火车按18节车厢计算，硬座车厢5节，每节车厢可载118人，硬卧车厢11节，每节可载66人，软卧车厢1节，可载40人，还有1节是餐车不载人，总共单次可载客1356人。目前安–225型运输机是全球最大的运输机，机舱最大载重量为250吨，机身顶部最大载重量为200吨，最大起飞重量为640吨。一艘普通货船载重5000吨，国际货船载重量一般为1万～10万吨，远高于飞机的单次载重量。

（2）成本高，运费较贵

航空运输的成本高，主要原因是飞机的造价高，例如欧洲空中客车公司的A380飞机，单机高达3.5亿美元。另外，飞机运营成本较高，需要较多的空乘机组等服务人员和技术人员，机械维护与保养成本也很高，且燃油利用较多，燃油成本比地面运输方式高，如波音747飞行1小时的平均油耗为10吨，每吨航空燃油价格为6000元左右。一辆小型货车行驶1小时的柴油消耗量为8升左右，1升柴油价格为6～8元。航空运输仅仅燃油方面成本就非常高，此外还包括机组费用、维护费用、起降费用、机场服务费等成本，这些费用造成了高成本，又由于单次运载量小，因而航空运输运费较高。

（3）运行易受气象条件的影响，稳定性较差

航空运输运行受气象条件影响较大，为了保证飞行安全，对飞行气候有较高的要求，从而影响了运输的准点性与安全性等，稳定性较差。

（4）地面可达性差

航空运输虽然能够在空中进行，不受地面地形的限制，但由于其升降过程需要在地面的航空站进行，一般情况下乘客登机和下机均须通过航空站进行。因此航空运输在地面机动性、灵活性方面不占优势，通常难以实现"门到门"运输，须借助其他交通工具转运。

（5）不适合短途运输

航空运输两端作业的时间较长，速度优势主要体现在长距离平稳飞行期间。短途运

输无法体现速度优势，而且短途运输的经济效益相对也是较差的，因此航空运输不适合短途运输。

综合航空运输的优缺点，可以看出航空运输主要适用于500千米以上的长途运输，对时间要求较高的鲜活易腐货物和高价值货物的中长途运输，以及一些特殊用途的短途运输如抗灾抢险的紧急救援运输等。

（二）航空运输的作用与地位

随着社会、经济和技术的进步与发展，航空运输在现代社会生活中占据着不可小觑的地位，发挥着重要的作用。

航空运输是快速长途运输的一种重要承担方式。航空适合长距离运输，特别是国际快速运输。随着国际贸易和经济的快速发展，国际交流越来越多，航空运输作为一种快速的运输方式，在国际长距离运输中占据重要地位，具有无法比拟的优势。另外，随着社会经济发展、人民生活水平提高、工作节奏愈发加快，国内旅游和商务兴旺促使航空运输在长距离的国内运输，特别是客运中占据重要地位。航空运输与其他交通运输方式有机结合、相辅相成，共同满足社会、经济对运输的需求。

航空运输促进了全球经济、文化的交流和发展。航空运输作为国家经济领域的一个重要行业，不仅自身创造经济效益，还带动了一批相关产业的发展，如旅游业、服务业、飞机制造和相关工业技术等。它大大方便了国际经济、文化、科技等方面的交流往来，促进了国家间、地区间的相互协作与共同发展，促进了经济发达国家或地区投资开发经济欠发达国家或地区。航空运输的不断发展，使波音公司、空中客车公司等主要飞机制造商保持经久不衰的势头，也给制造相关设备的企业提供了巨大商机。航空技术属于高新技术，航空运输的发展推动了更加安全舒适的民航飞机和先进的航空动力进一步发展，使得通信、导航、监控等设施设备与技术不断完善。

二、航空运输的发展历程、现状与趋势

（一）航空运输的发展历程

航空运输的发展历史久远，可追溯到早期人类学习飞鸟飞行的最初梦想，后来这个梦想逐渐成为现实，人类发明了一代又一代飞行器。航空运输的发展历程体现为航空飞行器的发明和应用进程。

1. 以风筝为代表的风力滑翔飞行器的发明与应用

许多文化中都有关于"飞行物"这一描述，比如投石机、回旋镖、风筝等。飞行的概念最早出现在中国，根据《史记》记载，中华道德文化鼻祖舜帝曾经用两顶大斗笠做成像鸟一样的翅膀，从而躲过了一次暗杀。在中国春秋时期出现了风筝这一早期的"飞行物"。相传风筝的前身是由墨子用木头制作的一只木鸟，它经过三年研制而成，后来鲁班改进了风筝的材质，改用竹子制作，直至东汉时期，蔡伦改进了造纸术，这时民间开始用纸做风筝并称为"纸鸢"，如图5.1所示。

风筝的飞行依靠扬力作用，简单来说就是以空气的力量为支撑向上空缓慢爬升。因为风筝在空中受风，空气分成上流层和下流层。上流层空气流通顺畅，流速大、压强小，下流层空气受到风筝的阻力，流速小、压强大，上流层和下流层产生了压力差，扬力就是由这种压力差产生的，这就是风筝能够上升的原因。风筝在当时主要是作为一种娱乐工具，很少实际应用到运输中，但是风筝的发明为后续轻于空气的飞行器的发明奠定了基础。

图 5.1　风筝

2. 以飞艇和热气球为代表的轻于空气的飞行器的发明与应用

现代航空时代始于1783年由法国造纸商蒙戈尔费埃兄弟设计的轻于空气的无人驾驶的热气球飞行。图5.2为热气球。他们受到碎纸屑在火炉中不断升起的启发，将热气聚集到纸袋中，发现纸袋随着气流不断上升。1783年6月，蒙戈尔费埃兄弟在里昂安诺内广场做了公开表演，他们设计了一个圆周为110英尺（约33.5米）的模拟气球，使其在空中飞行了约1.5英里（约2414

图 5.2　热气球

米）。同年11月，蒙戈尔费埃兄弟在巴黎穆埃特堡进行了世界上第一次热气球载人飞行，共飞行了约25分钟，在飞越了半个巴黎之后降落在了意大利广场附近。这次热气球载人飞行行动比莱特兄弟设计发明的飞机飞行早了整整120年。

这种载人气球只能顺风行驶，要实现真正的运输功能，需要发明一种可操纵的气球。于是，让-皮埃尔·布兰查德对热气球做了改进，于1784年设计了第一架可人力操作的飞艇，并于1785年驾驶飞艇横渡英吉利海峡。飞艇的发明使得利用飞行器长途运输乘客和货物成为可能，各国开始了飞艇运输热潮，其中最著名的有德国齐柏林飞艇公司。1908年，德国退役军官齐柏林设计和研制了当时世界上最大的一艘飞艇——"LZ-4号"，并亲自驾驶这艘飞艇做了一次远航试验。飞艇从德国起飞，经过阿尔卑斯山脉，到达瑞士后返航。1910年6月，"LZ-7号"飞艇正式从德国法兰克福飞往杜塞尔多夫，建立了第一条定期空中航线，它一次可载24名旅客，飞行速度可达69 ～ 77千米/时。齐柏林逝世后，他的继承人艾肯纳博士建造了一艘环球飞艇，开辟了洲际长途客运。这艘飞艇本身重量为118吨，可载重53吨，最大直径为30.5米，可充10.47万立方米的氢气，用5台柴油发动机作动力，最大速度可达193千米/时，于1927年7月建成，并被命名为"格拉夫·齐柏林号"。1929年8月8日，"格拉夫·齐柏林号"飞艇开始了环球飞行，从美国的新泽西州出发，途中经过德国、苏联、中国、日本，于8月26日到达洛杉矶市。整个航程历时21天7小时34分。"格拉夫·齐柏林号"飞艇环球飞行的成功极大促进了飞艇的发展，图5.3所示为齐柏林飞艇概念图。据统计，在20世纪20—30年代，德国共建造了188艘飞艇，法国共建造了100艘飞艇，美国共建造了86艘飞艇，英国共建造了72艘飞艇，意大利共建造了38艘飞艇，苏联共建造了24艘飞艇，日本也建造了12艘飞艇。这是飞艇的鼎盛时期，被人们称为飞艇的"黄金时代"。

图 5.3 "格拉夫·齐柏林号"飞艇

飞艇的黄金时代终结于一次重大飞行事故。为提高飞行效率和减少成本，在充气方面改用质量更轻的氢气来代替稳定的氦气，给飞艇的飞行带来了安全隐患。1937年5月6日，齐柏林公司的大型载客硬式飞艇——"登堡号"飞艇，在新泽西州曼彻斯特镇莱克湖海军航空总站上空尝试降落时烧毁，死亡36人。这次事件后，人们开始寻求更加安全可控的飞行器。

3. 以飞机为代表的重于空气的飞行器的发明与应用

1799年，乔治·凯莱爵士率先提出了现代飞机的概念。现代飞机是一种固定翼飞行器，具有独立的提升、推进和控制系统。对于最早的动力重于空气的飞行有多种说法，最被广泛接受的认识是1903年莱特兄弟首次试飞成功的一架依靠自身动力、完全受控、机身比空气重且能持续滞空不落地的飞机，也就是世界上第一架飞机——"飞行者1号"。在此之后，副翼而不是机翼翘曲得到广泛应用，这使得飞机更容易控制。仅仅10年后，在第一次世界大战开始时，重于空气的动力飞机已经逐渐变得实用，被用于侦察、火炮定位，甚至攻击地面阵地。随着技术不断成熟可靠，飞机开始运输人员和货物。1908年，莱特兄弟搭载了他们的第一名乘客——机械师查尔斯·福纳斯。

在20世纪二三十年代，航空领域再次取得了巨大的进步，包括1919年奥尔科克和布朗的首次跨大西洋飞行，1927年查尔斯·林德伯格的独自跨大西洋飞行，以及1928年查尔斯·金斯福德·史密斯的跨太平洋飞行。在这一时期最成功的设计之一是"道格拉斯DC-3号"，它是第一架专门载客的飞机，开启了现代客运航空时代。到第二次世界大战初期，很多城镇都修建了机场并培养了无数合格的飞行员，这场战争也给航空带来了许多创新，包括第一架喷气式飞机和第一枚液体燃料火箭。著名火箭专家罗伯特·戈达德是美国最早的火箭发动机发明家，被公认为现代火箭技术之父。他把航天理论应用到火箭技术中，提出了火箭飞行的原理。他从1921年开始研制液体火箭，于1926年3月进行了人类首次液体火箭飞行试验并取得了成功。1932年，他首次用陀螺控制的燃气舵操纵火箭的飞行；1935年，他试验的火箭以超声速飞行，最大射程约20千米。第二次世界大战后，许多飞行员退役，一些战争剩余运输飞机和训练飞机可以民用，私人和商业通用航空开始繁荣。

到20世纪50年代，民用飞机的发展进一步增长。首先是德哈维兰彗星客机，由于经济性因素，第一架广泛使用的客机是波音707。与此同时，涡轮螺旋桨推进器开始出现在小型的通勤飞机中，这使得小运量航线运输服务可以在更广泛的天气条件下进行。同一时期，用于导航的全向信标和测距仪开始投产。自20世纪60年代以来，复合材料机身和更安静、更高效的发动机已经问世，比如协和式飞机（Concorde）。最重要的持续创新发生在仪器和控制方面，电子设备、全球定位系统、卫星通信以及越来越小、越来越强大的计算机和发光二极管显示器的出现，极大地改变了飞行驾驶舱，即使在晚上或能见度低的情况下，飞行员也可以更加准确地进行导航，在地图上或通过合成视觉查看地形、障碍物和附近的其他飞机。

4. 以风力滑翔机为代表的新一代产品

风力滑翔机是没有动力装置，重于空气的固定翼航空器，如图5.4所示。它可由飞机拖曳起飞，也可用绞盘车或汽车牵引起飞，还可从高坡上下滑到空中。在无风情况下，滑翔机在下滑飞行中依靠自身重力的分量获得前进动力，以损失高度获得动力下滑的飞行称滑翔。在上升气流中，滑翔机可像老鹰展翅那样平飞或升高，通常称为翱翔。现代滑翔机主要用于体育运动，是一种不适用于运输的特殊飞行器。

图 5.4　风力滑翔机

（二）航空运输的发展现状

1. 航线

截至 2022年底，我国共有定期航班航线4670条，国内航线4334条（其中，港澳台航线27条），国际航线336条。按重复距离计算的航线里程为1032.79万千米，按不重复距离计算的航线里程为699.89万千米。

2. 飞行器

截至2022年底，民航全行业运输飞机在册架数为4165架。其中货运飞机223架，在运输机队中占比5.4%，剩下的94.6%是客运飞机，共计3942架。客运飞机中又以窄体飞机为主，共计3225架；宽体客机共计472架；支线飞机共计245架。

3. 机场业务量

2022年，全国民航运输机场完成旅客吞吐量5.20亿人次。其中，2022年东部地区2.48亿人次，中部地区0.62亿人次，西部地区1.74亿人次，东北地区0.36亿人次。

2015—2022年我国民航运输机场旅客吞吐量具体数据如图5.5所示。

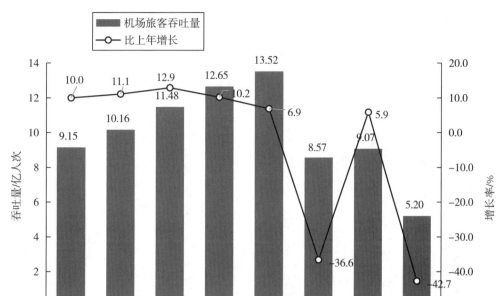

图 5.5　2015—2022 年我国民航运输机场旅客吞吐量

2022年，全国民航运输机场完成货邮吞吐量1453.05万吨。其中2022年东部地区1069.70万吨，中部地区126.01万吨，西部地区215.10万吨，东北地区42.24万吨。图5.6所示为2015—2022年我国民航运输机场货邮吞吐量。

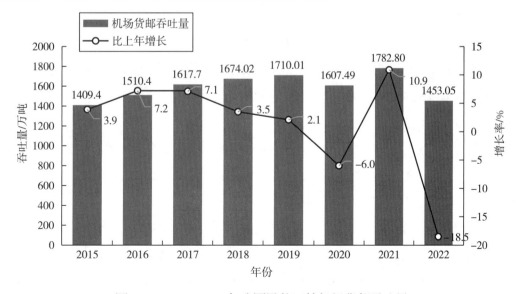

图 5.6　2015—2022 年我国民航运输机场货邮吞吐量

2022年，全国民航运输机场完成起降715.19万架次。其中，运输519.18万架次。图5.7所示为2015—2022年我国民航运输机场起降架次变化量。

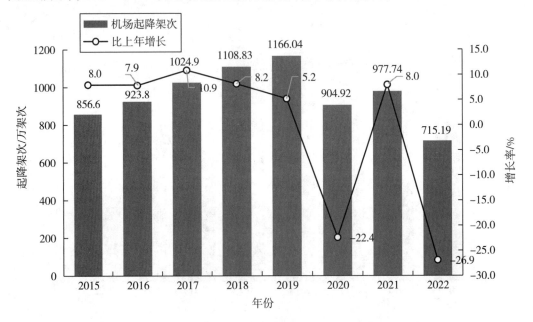

图 5.7　2015—2022 年我国民航运输机场起降架次

2022年，全国年旅客吞吐量1000万人次（含）以上的运输机场有18个，其中，北京、上海和广州三大城市机场旅客吞吐量占全部境内机场旅客吞吐量的15.0%。

4. 运输量

（1）运输周转量

改革开放以来，我国航空运输的发展突飞猛进，取得了巨大成就。2022年，全行业完成运输总周转量599.28亿吨千米。国内航线完成运输总周转量387.86亿吨千米，其中，港澳台航线完成2.30亿吨千米；国际航线完成211.42亿吨千米。

（2）旅客运输量

全行业完成旅客周转量3913.87亿人千米。国内航线完成旅客周转量3805.01亿人千米，其中，港澳台航线完成6.51亿人千米；国际航线完成108.87亿人千米。图5.8所示为2015—2022年我国民航旅客运输量变化情况。

（3）货邮运输量

2022年，全行业完成货邮运输量607.61万吨。国内航线完成货邮运输量343.79万吨，其中，港澳台航线完成14.74万吨；国际航线完成263.82万吨。图5.9所示为2015—2022年我国民航货邮运输量变化情况。

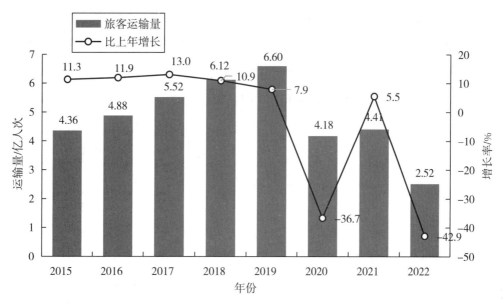

图 5.8　2015—2022 年我国民航旅客运输量

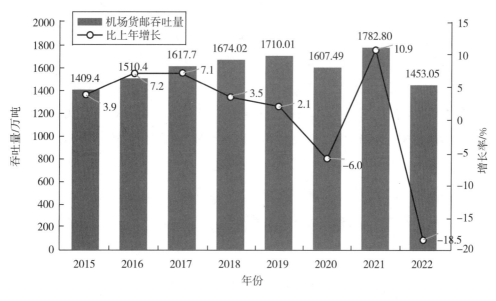

图 5.9　2015—2022 年我国民航货邮运输量

（三）航空运输的发展趋势

1. 推出新一代快速高效飞行器

高速是飞行器的最大优势，也是当代社会发展下生活生产高效的基本条件之一。因此，推出新一代高速高效的飞行器成为时代发展趋势。当前大部分民用客机是亚声速客机，最大载客量一般小于500人。随着高温材料、高升阻比、声震、一体化飞行推力控制系统等问题得到逐渐解决，声速飞机或者超声速新机型被制造出来，超声速客机的飞行速度将达到2～3倍声速，旋转翼垂直起降运输机的载客能力可达到100人左右。

2. 实施新一代通信、导航、监视和空中交通管理系统

现行航空管理系统存在三个缺陷：一是运行标准不一致，当进行跨国或者跨地区飞行时安全性难以得到保障；二是覆盖范围不足，对沙漠地区和大洋地区无法进行有效控制；三是自动化程度不足，加重了管制人员的负担。因此国际民用航空组织正在全球部署实施通信、导航、监视和空中交通管理（communication，navigation and surveillance/air traffic management，CNS/ATM）系统，预计21世纪上半叶可以完成新系统并应用。

3. 信息技术应用更加深入

随着计算机技术和信息技术的发展，信息技术在航空运输中的应用更加深入。20世纪50年代，美国航空公司开始使用计算机技术进行航班订票操作，如今信息技术已经涉及机务、航务、财务、商务等多个领域。预计未来信息技术在航空运输领域的应用将进一步深化。如飞行自动控制技术，通过飞行自动控制系统操纵舵面和油门杆，自动控制飞机的高度、速度、侧向航迹、着陆等，驾驶员只进行监控，不直接参与对飞机的控制。航空公司的运行管理和生产组织将全面进入系统化的动态控制时期，届时计算机信息技术也将被广泛应用于航空运输的订座系统、机务与航材管理、机队规划、飞机运行管理、市场预测、收益管理、价格决策、财务数据分析和运行统计评估等多个方面。机场管理信息化和生产自动化将一步一步成为现实，以信息化为核心的机场运作体系将渗透到现场管理、保安系统、旅客服务信息、货运系统、进离港系统、运行信息，以及空管部门和航空公司的信息接口等各个业务领域。

第二节 航空运输基础设施与设备

一、航线

（一）航线的概念

航线是经过批准开辟的，用来连接两个或以上地点进行飞行的空中交通

航空运输
设施与设备

线。根据空中交通管制的需要确定飞行具体方向，出发地、目的地和经停地，以及飞行高度和航线宽度，保证飞行安全。

（二）航线的分类

航线的分类方法主要有两种。一种是按照飞机飞行的范围，将航线分为国际航线、国内航线和地区航线三大类。国际航线是指飞行路线连接两个或以上国家的航线，也就是说航班的始点与终点发生在至少两个不同国家，例如中国东方航空集团有限公司的北京—东京航线。此外，当航线需要跨越大洋时，该航线也可称为"跨洋航线"。当航线上始点与终点的国家分别处于不同大洲时，该航线也可称为"洲际航线"。国内航线是指在同一个国家不同城市间飞行的航线，例如上海—北京航线。国内航线根据流量大小分为干线航线、支线航线和地方航线三大类。地区航线是一种特殊的航线，是指因国家特殊情况，航线在一国之内，但起讫点分别属于关境内与关境外。

还有一种分类是按照其结构，将航线分为城市结对式航线和中心城市枢纽式航线两类。城市结对式航线是指城市与城市间的直达航线，其航线网络也可称为点对点式航线网络。城市结对式航线的设置一般从城市间本身航空运输的需求来考虑，但有时需求的不稳定可能会限制航班的频率、载运率等，造成航线资源的浪费。中心城市枢纽式航线是指以几个业务量较大的城市为中心枢纽，开展中心城市与其他城市之间的航线，从而形成中心辐射型航线网。中心城市枢纽式航线可以增大航线网络的覆盖面，提高载运率，有效利用航线资源，但高峰时期中心枢纽机场负荷较大，会增加小城市间旅行的换机次数，而且只有大型航空企业才有能力开辟这种航线，从而削弱了小型航空企业的竞争力。

二、航空港

（一）航空港的概念

航空港即机场，是供飞机起飞、降落和进行其他地面活动并提供相关服务的特定场地，包括相应的空域以及区域内各种相关设施、建筑物与装置，为飞机的运行服务、客货运输及其他方面提供地面服务的设施场所。航空港内的服务设施主要包括客货运输设施，有候机楼、货运站等。大型的航空港还配有商务、餐饮、娱乐等附属设施。航空站实现的主要功能有：①基本营运服务，保证飞机和用户的安全，其中包括空中交通管制、通信、安保、气象服务、救援服务、跑道维护、建筑物维护。②处理与航空运输相关的其他活动，例如与飞机运行相关的清洁、动力提供、装卸行李货物等地面作业。③提供会议、餐饮等商业活动。

通常航空港划分为飞行区、机务维修区（空侧）和客货服务区（陆侧）三个部分。航空港的平面布局如图5.10所示。

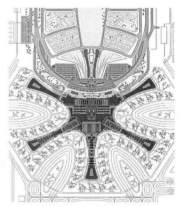

（a）航空港　　　　　　　　　（b）北京大兴机场

图5.10　航空港平面布局

飞行区是航空港的主要区域，也是占地面积最大的区域。在飞行区内有跑道、滑行道、停机坪、指挥塔、机务维修区、客货服务区、机场净空区等设施。

跑道是机场工程的主体，是供飞机起飞、着陆、滑跑，以及起飞滑跑前和着陆滑跑后运转的场地。跑道与飞机起降有直接关系。跑道由结构道面、道肩、防吹坪、升降带、跑道端安全地区、净空道和停止道组成，构成了起飞着陆区。机场的构型主要取决于跑道的数量、方位，以及跑道与航站区的相对位置。跑道的数量取决于航空运输量。跑道的方位主要与当地常年主导风向及一些其他因素有关，飞机最好逆风起降，侧风过大会妨碍飞机起降。跑道的长度和宽度，是机场的关键参数之一，与飞机起降安全直接相关，在设计时主要的依据是预计使用该机场的飞机的起降特性。确定跑道长度需考虑飞机起降质量与速度、机场所在环境、气象条件、跑道条件等。此外，跑道的宽度也应满足一定条件，因为飞机在跑道上不是总沿着中心线，可能会偏离，可能会掉头。因此，根据机场用途，以及机场所在地区海拔和温度的不同，跑道长度一般为1000～5000米，宽度一般为45～100米。跑道道面要有足够的强度和刚度，以承受飞机运行的荷载。除此以外，跑道还必须有足够的粗糙度、平整度，以及满足纵向与横向坡度要求。

滑行道是供飞机在飞行区各部分之间滑行的通道，可以分为出入跑道的滑行道和停机坪上的滑行道两类。在滑行道和跑道端的接口附近有待机坪，地面上有标志线标出，是为了使飞机在进入跑道前等待许可指令。滑行道系统主要由主滑行道、进出滑行道、旁通滑行道、飞机机位滑行通道、机坪滑行道、辅助滑行道、滑行道道肩及滑行带构成。为避免影响随即到来的飞机着陆，滑行道还提供了飞机由航站区进入跑道的通道，将不同功能的航站分区连接起来。

停机坪是供飞机停放，供旅客、货物上下和检修的场地，包括站坪、维修机坪、隔离机坪、等候机位机坪、等待起飞机坪等。停机坪上设有机位，也就是供飞机停放的划定位置。靠近航站楼所设的停机坪称站坪，可供飞机滑行、停驻、停靠门位，以上下旅客、装卸货邮及加油。机坪的平面布局会受机位的数量、尺寸，飞机的停靠方位、进出机位方式，旅客登机方式，装卸货邮方式，航站楼布局和飞机地面服务要求等影响。

指挥塔是控制航空器进出航空港的指挥中心，一般设置在航空港建筑物的最高处，有利于指挥和航空管制，维护飞行安全。

机务维修区是飞机维修厂、维修机库、维修机坪等设施所在的区域。此外，区内还有保证航空港正常运转和满足安全所需的各项设施，如气象、供电、供冷、供热、给排水、消防、输油等设施。

客货服务区是旅客、货物、邮件运输服务设施所在区域，主要包括航站楼、货运站、停车场、出入机场的交通设施等。航站楼主要指旅客航站楼，即候机楼，是航站区的主体建筑物，是旅客与行李转换运输方式和办理换乘的场所。航站楼的基本功能就是安排好旅客、行李和货邮的流程，为其提供各种设施和服务，使航空运输安全有序。旅客、行李和货邮在航站楼内办理各种手续，并进行必要的检查以实现运输方式的转换。货运站是货物转换运输方式和办理交付、承运手续的场所。

此外，航空港还有机场净空的要求。飞机在起飞着陆时必须按规定的起落航线飞行。机场安全有效地运行，与场址内外的地形和人工构筑物密切相关。因此，必须对机场附近沿起降航线一定范围内的空域提出要求，也就是净空要求。这个区域称为机场净空区，此区域内不应有高障碍物和干扰导航信息的电磁环境。

（二）航空港的分类

航空港的分类方法比较多，按航线性质可划分为国际航线机场和国内航线机场。国际航线机场包括国际航班和国内航班的进出，并设有海关、边防检查、移民检查、动植物检疫、卫生检疫、商品检验等政府联检机构。国内航线机场是专供国内航班使用的机场，还包括地区航线机场，比如我国内地（大陆）城市与港澳台地区之间航班飞行使用的机场，设有类似于国际机场的政府联检机构。

按照在航空运输网络中所起作用，机场可划分为枢纽机场，干线机场和支线机场。枢纽机场是指航线密集且中转旅客较多的机场。干线机场是指一些重要城市或旅游城市的机场，通过骨干航线连接枢纽机场，运输量比较集中。支线机场多为省内航线或邻近省区支线航线，运输量较少。

按照所在城市的限制，机场可划分为Ⅰ类机场、Ⅱ类机场、Ⅲ类机场和Ⅳ类机场。Ⅰ类机场是枢纽机场，是经济、文化、政治中心城市（如北京、上海、广州）的机场，运输业务繁忙。Ⅱ类机场是干线机场，是国内经济发达、人口密集的城市的机场。Ⅲ类机场是次干线机场，是指国内经济比较发达的中小城市的机场。Ⅳ类机场是支线机场，是指省区内经济较发达的中小城市或经济欠发达城市的机场。

按照服务对象，机场可划分为军用机场、民用机场和军民合用机场。军用机场是专供军用飞机进行起飞、降落等活动的机场，也是航空兵进行作战训练等各项任务的基地。民用机场是指专供民用飞机进行起飞、降落等活动的机场，此外还包括附属的建筑物、设施设备等。军民合用机场是指既可军用又可民用的机场，根据双方需求和实际情况进行划分管理。

（三）航空港的等级

1. 根据飞行区等级来划分

航空港的等级可以根据其容纳作业的飞机类型来划分，即根据飞行区等级来划分。国际民用航空组织规定，飞行区等级代码由第一要素数码（飞行区指标Ⅰ）和第二要素代字（飞行区指标Ⅱ）组成。第一要素数码是根据飞机基准飞行场地长度而确定的代码，等级指标为Ⅰ，表示飞机基准飞行场地长度，指某种型号的飞机以最大批准起飞质量，在海平面、标准大气条件（15 ℃，1个大气压）、无风、无坡度情况下起飞所需的最小平衡跑道长度。第二要素代字是根据飞机翼展和主起落架外轮间距而确定的代字，等级指标为Ⅱ，如表5.1所示。根据第一要素和第二要素可以确定跑道长度及所需道面强度，即能起降机型的种类。4F级机场是机场等级中最高的一种，等级为4F的航空港可升降空中客车A380等四发远程宽体超大客机，有大兴国际机场、首都国际机场、浦东国际机场等。4E级航空港可升降波音B747、B777和空中客车A330、A340等四发远程宽体客机，有虹桥国际机场等。4D级航空港可升降波音B767和空中客车A300、A310等双发中程宽体客机。4C级航空港可升降波音B737、B727和空中客车A320等机型。

表5.1 飞行区等级代码

飞行区指标 I		飞行区指标 II		
数码	基准场地长度/米	代字	翼展/米	主起落架外轮外侧边间距/米
1	长度＜800	A	翼展＜15	间距＜4.5
2	800≤长度＜1200	B	15≤翼展＜24	4.5≤间距＜6
3	1200≤长度＜1800	C	24≤翼展＜36	6≤间距＜9
4	长度≥1800	D	36≤翼展＜52	9≤间距＜14
		E	52≤翼展＜65	9≤间距＜14
		F	65≤翼展＜80	14≤间距＜16

2. 根据业务量规模划分

航空港的等级也可按照机场年货邮吞吐量或年旅客吞吐量来划分。航站业务量大小与规模及设施有关，也可说明机场的繁忙程度及经济效益。具体划分标准如表5.2所示，若年货邮吞吐量与年旅客吞吐量不属于同一等级时，可按较高者定级。

表5.2 机场业务量规模等级划分

业务量规模等级	年货邮吞吐量/千吨	年旅客吞吐量/万人次
小型	吞吐量＜2	吞吐量＜10
中小型	2≤吞吐量＜12.5	10≤吞吐量＜50
中型	12.5≤吞吐量＜100	50≤吞吐量＜300
大型	100≤吞吐量＜500	300≤吞吐量＜1000
特大型	吞吐量≥500	吞吐量≥1000

3. 根据规划等级划分

根据能接收机型的大小、保证飞行安全和航班正常率的导航设施的完善程度、客货运输量的大小这三个标准，可综合确定机场的规划等级，具体如表5.3所示。三项等级不属于同一级别时，可根据当前实际情况和机场本身的发展，确定机场规划等级。

表5.3　机场规划等级划分

机场规划等级	飞行区等级	跑道导航设施等级	航站业务量规模等级
四级	3B、2C及以下	V、NP	小型
三级	3C、3D	NP、CAT I	中小型
二级	4C	CAT I	中型
一级	4D、4E	CAT I、CAT II	大型
特级	4E及以上	CAT II及以上	特大型

三、飞机

（一）飞机的概念与分类

飞机是依靠化学燃料的燃烧或者电力驱动前进，自身密度大于空气密度，能够在大气层内进行可控飞行的飞行器。飞机是最主要的重于空气的航空器，用途广泛，分类方法也多种多样。

飞机按用途可分为军用飞机和民用飞机。军用飞机是供军队使用的飞机。民用飞机主要指民用的客机、货机、客货两用飞机、民用教练机、农业机、林业机和体育运动机等。民用飞机是应用到运输领域最为常见的飞机，包括客机，主要用于运输旅客和邮件、行李等。客机可按照航程和大小进一步划分为地方支线上使用的轻型客机、国内干线中多使用的中型客机、洲际航线上使用的大型客机。目前各国使用的客机大部分是超声速客机和亚声速客机，最大巡航速度约为2倍声速。货机也是民用飞机的主要类型，用于运输货物，一般情况下载重量较大，所以货机的舱门都比较大，机身可以转折，便于装卸货物。货机的维护修理相对比较简易，在复杂气候下可以飞行。此外还有客货两用飞机，即既运输旅客又运输货物的民用飞机。现役的客货两用机多数是由客机改装而来的。民用飞机还包括特殊用途的专用飞机，如民用教练机用于训练民航业飞行人员，农业机和林业机用于农业播种、施肥、喷洒农药、林业巡逻、灭火等，体育运动机用于航空体育运动的开展，比如运动跳伞、特技飞行表演等。

现代飞机按照机身大小主要可分为窄体飞机和宽体飞机。窄体飞机就是单通道飞机，是指飞机上面只有一条通道，飞机机身直径通常在3～4米，每排座位不超过六座并且只有一条走道，一般是中小型客机。当前使用的最大的窄体式客机是波音757–300（如图5.11所示），大约只可搭载250名乘客。

（a）波音 757-300　　　　　　　　　　（b）窄体飞机内部

图 5.11　窄体飞机

　　中短程窄体飞机有波音737（迄今最畅销的商用客机机型，外直径3.8米）、波音757（现役窄体式客机中体型最大的，外直径3.8米）、道格拉斯DC-9（外直径3.4米）、麦道80系列（DC-9的发展型号，外直径3.4米）、空中客车320系列（现今是波音737的主要竞争对手）、英宇航BAe 146（一款69座布局的区域航线客机）、巴航E170系列（外直径2.7米）、福克F289（外直径3.3米）、福克F70（支线客机）、福克F100（支线客机，外直径3.3米）、图-134、图-154、图-204、图-334、商飞C919、商飞ARJ21、伊尔库特MC-21等。

　　中国的单通道飞机C919是一种中型客机（见图5.12），由中国商用飞机有限责任公司于2008年开始研制，是我国按照国际民航规章自行研制、具有自主知识产权的中型喷气式民用飞机。C919座级158～168座，航程4075～5555千米，2017年5月5日成功首飞。2021年3月1日，中国东方航空与中国商飞公司在上海正式签署C919大型客机购机合同，首批引进5架。

图 5.12　中国设计并制造的 C919

　　宽体飞机又称宽机身飞机，对于客机而言，至少会有两条走道，飞机机身直径通常在5～6米，每排座位通常能够容纳7～10座，载客量一般在300人以上。宽体客机是在第一代喷气客机的基础上发展起来的，是航空技术的巨大跨越。世界上有11种宽体客机，总产量达2000多架。图5.13所示为曾经应用最为广泛的宽体客机——波音747。

（a）波音747

（b）宽体飞机内部

图5.13　宽体飞机

（二）飞机的主要结构

飞机主要由机身、机翼、动力装置、起落装置、操纵系统、防冰系统、空调系统等部件组成。图5.14为飞机主要结构示意图。

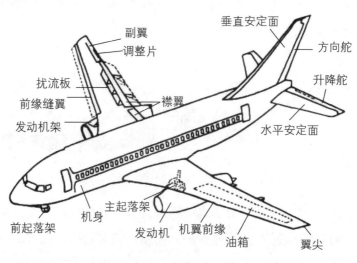

图5.14　飞机主要结构示意

1. 机身

机身是飞机的主要部分，它把机翼、尾翼和起落架连在一起，机身呈长筒形，基本上是左右对称的流线体。以客机为例，客机机身一般由机头、前段、中段、后段和尾锥组成。机头主要是整流罩和雷达天线。前段和中段为气密增压舱，分为上下两部分空间，上部空间为驾驶舱和客舱，下部空间为设备舱、货舱和起落架舱。后段是尾翼和部分设备。尾锥是辅助动力装置的排气管。

2. 机翼

机翼安装在机身上，是飞机的重要部件之一，主要作用是产生升力，与尾翼一起形成良好的操纵性与稳定性，使飞机能在空中飞行。机翼的主要作用是操纵飞机的俯仰或偏转，保证飞机能平稳正常地飞行。尾翼组由水平尾翼和垂直尾翼组成，水平尾翼提供俯仰操纵性和稳定性，包括水平安定面和升降舵，垂直尾翼提供方向操纵性和稳定性，包括垂直安定面和方向舵。此外，机翼内部还可以装载油箱、各种设备，还可以在机翼上安装副油箱、发动机、起落架，以及其他外挂设备。

3. 动力装置

动力装置是飞机的重要部件之一，包括飞机发动机和保证飞机发动机正常运行所必需的各种系统与附件，主要由飞机发动机及其启动操纵系统、固定装置、散热装置、飞机燃油系统、防火和灭火系统、飞机滑油系统、进气和排气装置等组成。

4. 起落装置

飞机的起落装置位于航空器下部，是飞机在地面或水面起飞降落、滑行和停放时起支撑作用的附件装置。它既是唯一一种支撑整架飞机重量的部件，又可以吸收飞机在着陆时和滑跑中所产生的冲击能量，所以它是飞机不可或缺的重要组成部分。飞机起落装置主要由承力支柱、机轮或浮筒滑橇、缓冲器、收放机构等构成。承力支柱负责将地面载荷传递给飞机机体。机轮上装有刹车装置，可以用来缩短着陆滑跑距离。缓冲器和机轮的充气轮胎用来吸收冲击能量，可以减弱飞机滑行时的颠簸。收放机构由飞行员进行操纵，将起落装置收起并藏入机体，可以减小飞行阻力。

5. 操纵系统

飞机的操纵系统是指通过传送驾驶员或者自动驾驶仪的操纵指令，然后驱动舵面及其他机构来控制飞机飞行姿态的系统。操纵系统根据操纵指令的不同来源，可分为人工操纵系统和自动控制系统，而人工操纵系统又可分为主操纵系统和辅助操纵系统。飞机操纵系统先后出现了人工机械系统、助力器操纵系统和电传操纵系统，到20世纪70年代初出现了多余度设计的电传操纵系统，使用电信号和相应开关或手柄，以及导线电缆和电动执行机构来操纵舵面，现已在许多民用飞机上使用。

6. 防冰系统

防冰系统是用来防止或者消除飞机在飞行过程中表面某些部位出现积冰情况的系统。它的工作原理是将电能转变为热能或者利用发动机所产生的热空气给飞机表面容易积冰的部位加温来防止积冰或融化积冰。此外还有凝固点较低的防冰液、机械除冰等防冰方法。

7. 空调系统

空调系统就是飞机制冷系统，是给飞机座舱和设备舱提供适当温度的空气的环境控制系统，此系统设计既要满足机舱内乘客的温度舒适性，还要为电子设备的工作增加可靠性。飞机上使用的空调系统有蒸发循环和空气循环两种基本类型。这两者之间的区别在于空气制冷循环中空气不发生相变，无法实现等温吸热；空气的节流冷效应很低，降压制冷装置是以膨胀机代替节流阀。大型飞机上都是采用空气循环系统制冷，蒸发循环闭式系统只在少数民用机上使用，主要应用在高性能飞机的电子设备舱冷却方面。

（三）飞机的性能

飞机的性能主要从速度、爬升、续航、起降四个方面来体现。

1. 速度性能

飞机相较于其他运输工具的主要优势之一就是速度快。反映飞机速度性能的指标有两个：一是最大平飞速度，二是巡航速度。飞机的飞行速度越大，阻力就越大，克服阻力所需要的发动机推力也随之变大。当飞机作水平直线飞行，阻力与发动机的最大可用推力相等时，飞机所能达到的最大飞行速度就是它的最大平飞速度。飞机在不同高度上飞行所受到的阻力和发动机的推力都是不相同的，所以在不同的高度上飞机有不同的最大平飞速度，飞机的最大平飞速度是在11千米左右的高度上。此外，飞机不能长时间以最大平飞速度飞行，一方面是因为会消耗过多的燃油，另一方面是因为会损坏发动机，所以对于长途飞行的飞机而言，巡航速度更为重要。巡航速度是指发动机在每千米消耗燃油最少的情况下的飞行速度。因此，飞机以巡航速度飞行时最为经济，航程最远或航时最长。

2. 爬升性能

飞机的爬升性能主要是指飞机的最大爬升速率和升限。爬升速率是指单位时间内飞机起飞后在爬升过程中所能上升的最大高度，这个数值越大，上升到预定高度的时间越短。升限分为理论升限和实用升限。发动机推力会限制飞机的爬升高度，因为高度越高，发动机的推力就越小，当飞机到达某一高度时，发动机的推力只能克服平飞阻力，飞机无法继续爬升，这一高度被称为飞机的理论升限。实用升限，是指飞机还能以0.5米每秒的垂直速度爬升时的飞行高度。实用升限也被称为飞机的静升限。

3. 续航性能

飞机的续航性能主要指航程和航时。航程是指飞机起飞后，爬升到平飞高度平飞，再由平飞高度下降落地，且中途不加燃油和润滑油，所获得的水平距离的总和。飞机的航程取决于飞机单位飞行距离耗油量和飞机的载油量，也和其业务载重量有关。在飞机单位飞行距离耗油量最小和飞机最大载油量的情况下飞机飞行所获得的航程就是最大航程。由于飞机的满燃油重量与最大业务载重量的总和通常比飞机的最大起飞重量要大，因此为了达到这一飞行距离，业务载重量就不得不被牺牲掉一部分。同样，飞机若需要以最大业务载重量飞行，则航程通常就要被牺牲掉一部分。航时也就是续航时间，是指飞机一次加油在空中所能持续飞行的时间，增加续航时间的措施与增加航程的措施相似。

4. 起降性能

飞机的起降性能包括飞机起飞离陆速度、起飞滑跑距离、飞机着陆速度和着陆滑跑距离。在地面滑跑的飞机，当其前进速度所产生的升力略大于飞机的起飞重量时，就能够离陆了。此时的飞机速度就是离陆速度。但在正常起飞时，为了保证安全，离陆速度要稍大于最小平飞速度，就是飞机能够保持平飞的最小速度。

离陆距离也称起飞距离，包括起飞滑跑距离和起飞爬升距离两部分。飞机从松开刹车沿跑道向前滑跑至机轮离开地面所经过的距离就是起飞滑跑距离，机轮离开地面升高至规定的安全高度，飞机沿地平线所经过的距离就是起飞爬升距离。飞机发动机的推力越大，最小平飞速度越小，其离陆距离也就越短。飞机的离陆距离越短越好，这样跑道的长度就可以缩短。

（四）主要的民航运输机型

纵观世界民航发展历程，主要的民航运输机型有美国的波音（B-）系列，欧洲的空中客车（A−）系列，俄罗斯的图（TU−）系列、伊尔（IL−）系列、安（AN−）系列，巴西航空工业公司的E−喷气飞机系列等，还有我国的运（Y−）系列和C919等。以下就几种主要的民航运输机型作简单介绍。B787是首架超远程中型客机，于2011年正式交付使用。

1. 美国波音系列

波音公司是目前世界上最大的民航飞机制造商。从20世纪60年代至今，波音公司推出的民航机型主要有B727、B737、B747、B757、B767、B777、B787和B717。其中B737是波音公司最成功的一个机型。B747自1969年上天以来，在大型客机领域一直占据绝对垄断地位。B777是世界上第一种电传飞行操纵的民航飞机。

2. 欧洲空中客车系列

空中客车工业集团成立初期由欧洲四家主要航太公司组成，这四个合作伙伴扮演着股东与制造生产者的双重角色。空中客车工业集团的飞机家族系列，包括四种不同机型：107～185人座的A318/A319/A320/A321单走道客机、220～266人座的A300/A310宽体客机、263～440人座的A330/A340/A380宽体客机，以及该家族中最新的机型A350远程宽体飞机。

3. 俄罗斯系列

俄罗斯的民航飞机工业在第二次世界大战后得到很大发展，生产出高质量、高性能的各种类型的航空产品。其主要民航飞机生产厂商及产品如下。①图波列夫航空科学技术联合体，前身是1922年成立的图波列夫实验设计局，致力于设计和研制大型轰炸机和中型、重型运输机，代表机型有图−104、图−134、图−154、图−204和图−144等。②伊留申航空联合体股份公司，前身是1933年成立的伊留申实验设计局，重点设计和研制运输机，1970年以后，该局设计和制造了伊尔−76军民两用运输机和伊尔−86、伊尔−96宽体客机、远程宽体运输机伊尔−96M、支线飞机伊尔−114等。③安东诺夫航空科学技术联合体，前身是1946年成立的安东诺夫实验设计局，主要研制军用运输机、客机、客货两用飞机、特种用途飞机、特殊载机和超轻型飞机等，主要机型有安−2、安−10和安−24客机，安−8、安−12、安−22、安−26、安−72和安−124军用运输机，在极地使用的安−28、安−32和安−74多用途运输机，以及安−225运输机等。其中安−225运输机曾经是目前世界上最大的运输机，最大商业载重量为250吨。

4. 巴西航空工业公司的E−喷气飞机系列

巴西航空工业公司是世界第三大商用飞机制造商、世界第一大支线飞机制造商。巴航工业的E-喷气飞机系列是其最为人所知的产品系列，主要有E170、E175、E190和E195。自2004年首架E190系列飞机投入运营以来，逾千架E190系列飞机服役于全球45个国家的65家航空公司。这一系列飞机以其高效、安静和低污染排放的特点，在全球范围内获得了广泛的商业成功。

5. 中国系列

中国的航空工业创业于20世纪50年代初，研制生产了八大系列30多种机型的货运飞机、客机和通用飞机。1957年，中国成功制造了运-5飞机，60年代又开始研制运-7和运-8运输机，70年代以来研制了运-10、运-11、运-12和农林5A飞机。2000年3月，重新包装的运-7-200A以新舟60的形象隆重出场，基本达到了国际同类涡桨飞机的水平。2002年4月，我国政府正式批准ARJ21支线飞机项目立项，以中国航空工业第一集团公司为主体成立中航商用飞机有限公司（AVIC Ⅰ Commercial Aircraft Company，ACAC），作为ARJ21新一代支线飞机研制的责任主体和经营主体。ARJ21系列是70～100座级的双发中短程涡扇支线飞机。

党的十八大以来，中国航空事业迈向全面建成社会主义现代化强国的新时代。习近平总书记始终关心国产大飞机发展，指出："我们要做一个强国，就一定要把装备制造业搞上去，把大飞机搞上去，起带动作用、标志性作用。"[1]在党的十九大和二十大报告中，习近平总书记充分肯定大飞机等重大科技成果。2017年5月，我国拥有自主知识产权、具备国际水准的干线飞机C919成功试飞，标志着中国单通道大型干线客机（座位数量大约在150座以上，最大航程大约在5500千米）的研制取得重大突破。2022年9月30日，习近平总书记会见C919大型客机项目团队代表并参观项目成果展览时强调，让中国大飞机翱翔蓝天，承载国家意志、民族梦想和人民期盼。[2]2023年5月28日，中国商飞公司C919大型客机圆满完成首次商业飞行，实现了"让中国大飞机翱翔蓝天"的梦想。

① 魏礼群，林兆木，张占斌，等 . 从经济大国迈向经济强国 [M]. 北京：人民出版社，2015：147.

② 新华社 . 习近平会见 C919 大型客机项目团队代表并参观项目成果展览 [N/OL]. 新华网，2022-09-30 [2024-01-06]. http://www.news.cn/politics/leaders/2022-09-30/c_1129045261.html.

第三节　航空安全

航空安全

一、飞行事故等级划分

飞行事故，是指在起飞前至着陆后的飞行全过程中，飞机上发生的直接威胁安全操作或者造成人员伤亡、飞机损坏或失踪的事件。国际民用航空组织将飞行事故划分为失事和事故两类。失事是指飞机受到破坏或失踪（包括处于完全不能接近的地方）、造成人员伤亡等后果的事件。事故是指未达到失事的严重程度，但出现了直接威胁飞机安全操作和使用的事件。

中国民航将飞行事故划分为三个等级。一等事故包括：①飞机严重损坏或报废，并且造成人员在事故中或事故后10天内死亡；②飞机迫降在水面、山区、沼泽区、森林，无法接近，并且造成人员在事故中或事故后10天内死亡；③飞机失踪。二等事故包括：①飞机严重损坏或报废，但在事故中或事故后10天内无人员死亡；②飞机迫降在水面、山区、沼泽区、森林，无法运出，但在事故中或事故后10天内无人员死亡；③有人在事故后10天内死亡，但飞机没有严重损坏或报废。三等事故包括：飞机轻微损坏，没有造成人员重伤和死亡。

二、飞行安全指标

飞行安全是衡量航空运输经营管理水平的主要指标之一，目前国际上主要采用四类指标来衡量飞行安全：①亿客千米死亡率，指平均每运送1亿名旅客飞行1千米发生的飞行事故所造成的旅客死亡人数；②亿飞行千米事故率，指平均每飞行1亿千米所发生的飞行事故的次数；③10万飞行小时事故率，指平均每飞行10万小时所发生的飞行事故的次数；④10万起降架次事故率，指平均每起降10万架次所发生的飞行事故的次数。

由于飞行事故的致死率较高，因此飞行安全性常被低估。就单位运输周转量死亡人数而言，实际上飞机是所有交通工具中最低的。联合国1998年每10亿名旅客里程数的死亡人数的调查数据显示，飞机的死亡事故率是最低的，见图5.15。

近年来，随着技术的改进和管理的改善，飞行安全性进一步提高。2015年，全世界每百万飞行小时死亡率0.03，每百万次飞行事故率0.35。此外，中国民航在行业规模保持快速增长的同时，整体安全水平不断提高，事故指标优于世界平均水平。亿客千米死亡人数从2010年的0.0091降低到2020年的0，百万小时重大事故率从2010年的0.097降低到2020年的0，连续18年保证空防安全。截至2021年初，中国民航创造了连续安全飞行126个月的纪录，安全水平世界领先。

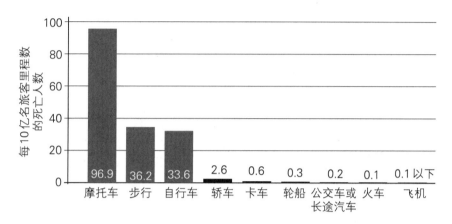

图 5.15　各种交通事故死亡率对比

三、飞机事故表现

（一）空中解体

空中解体是指气流、撞击、爆炸、导弹击落、操作不当、超过最大过载等，导致飞机机体发生结构性损坏，从而造成机身破裂。由于飞机机舱是增压的，内部的压力会将飞机撕裂，然后整个机体就变成碎片，原理就类似气球爆裂，图5.16为空中解体飞机概念示意图。1972—2015年全球有11架飞机失事是由空中解体造成的，其中有4架属于波音747系列型号，且存活率低。

（二）起飞降落失事

飞机起飞后、降落时失事有可能是因为飞机出现故障或遭遇恶劣天气。如果出现故障却没有爆炸起火，机上乘客有可能全部获救。2015年5月10日，幸福航空一架新舟60飞机（航班号为JR1529）在福州长乐机场降落时滑出跑道，导致福州机场跑道关闭。飞机落地时，距接地地带70米远处冲出跑道，停在跑道右侧的草地上，如图5.17所示。

机翼和机身交接处断裂，双发螺旋桨接触草地，飞机冒烟，机上7名机组及45名旅客撤离，有5名旅客在撤离后被送往急救中心，均为轻伤。如果遭遇恶劣天气特别是从空中下降到地面的气流，飞机就会坠毁。比如2010年1月埃塞俄比亚航空公司波音737迎着狂风暴雨起飞，不久就坠落地中海，无人生还。

图 5.16　空中解体飞机示意

图 5.17　冲出跑道的新舟 60 客机

（三）降落坠毁

飞机坠毁通常是指飞机从天空摔落，属于空难的一种。主要原因有恶劣天气、电磁波干扰、飞机相撞、引擎故障、液压失灵等。2010年8月24日，一架客机从哈尔滨飞往伊春，在伊春机场降落的过程中，接近跑道时客机断成两截后坠毁，如图5.18所示。部分乘客在坠毁时被甩出机舱，机上有乘客96人，其中儿童5人。此次坠机事故造成44人遇难，52人受伤，直接经济损失30891万元。

图 5.18 黑龙江伊春坠机事故

四、影响飞行安全的因素

现代飞机失事多是由于飞行中遇到紧急情况，如遇危险天气、机械故障等，驾驶员处理不当或指挥员指挥错误。查清飞行事故的原因，对防止飞行事故至为重要。影响飞行安全的因素主要有恶劣的天气条件、飞机的机械故障、飞行员操作失误、地面指挥及勤务保障过失、飞鸟撞击、暴力劫持等。影响飞行安全的因素具体可分为人为因素、机器故障、环境天气三个方面。

人为因素诱发的飞行事故比例高达70%～80%，且这种事故比飞机机械故障引起的飞行事故更致命。造成飞机空难的大部分原因是人为的，常见的有地面指挥失误、机组人员配合不协调、维修检测不严格、驾驶员处理不当、恐怖事件等。如2009年法国航空447航班失事的原因是飞行员的不当操作和空中客车330机型的技术隐患，机上228人全部遇难。

机器故障导致飞行事故是指在飞机滑出后至着陆滑行到指定位置的整个飞行过程中，由机械质量、使用和维护等诱发故障，并造成人员伤亡、飞机损毁的事件。此类事故约占飞行事故总数的15%～30%，造成的损失仅次于人为因素诱发的飞行事故，是航空安全工作中的重要防范对象。机械故障常见的有起落架无法收起、发动机故障、仪表显示不正常等情况。飞机起飞前均需要通过机器故障检查，所以很少发生故障，而且万一发生故障，机组人员也会采取相应措施。但如果机组人员配合不好的话，危险同样也是不能避免的。1996年空中客车310飞机坠毁，就是故障本来可以排除，但机组人员意见不统一，而且不听飞机仪表上的指令所酿成的。

环境天气也是引起飞机失事的一个主要原因。航路或机场上空的雷暴、雷雨云、台风、龙卷风、强烈颠簸及低云、低能见度、跑道结冰等恶劣气候，会对飞机结构、通信设备及飞机起降构成直接威胁。与天气原因密切相关的空难数不胜数，如伊春空难、巴基斯坦空难、波兰总统坠机事件等，均伴随浓雾天气。而雷击造成的空难则在夏季时有发生，2010年8月的哥伦比亚空难，就是飞机在着陆时被雷电击中后断成三截，造成1人死亡，5人重伤。据统计，全球每年平均发生两起由雷击导致的空难。寒冷天气导致的机翼结冰，以及飞机起飞、降落时遭遇风切变，也就是俗称的"怪风"，导致飞机失事的例子也很多见。

第四节　航空运输规划与管理

航空运输
规划与管理

一、航空运输规划

航空运输规划主要包括机场规划与航班规划。

（一）机场规划

机场规划就是为适应未来航空运输需求而对某个机场所做的一系列发展设想，可以是对已有机场的某些设施设备进行改建或扩建，也可以是新建一个机场。机场规划的目的是确定机场布局、机场设施的发展规模、机场的位置、机场设施的修建顺序等。机场规划需要根据以下几点制定阶段发展政策和长远发展政策：①机场设施的发展规模；②机场毗邻地区的土地利用；③机场的环境影响；④对出入机场的交通设施的要求；⑤经济和财政的可行性；⑥各项设施实施的优先顺序和阶段划分。

机场规划过程大体上分为机场需求预测、机场选址、机场布局这三个阶段。

1. 机场需求预测

在进行机场规划建设之前，首先需要对机场未来的客货运输量等航空业务量进行预测，根据预测结果确定机场所需各项设施、规模和等级。航空业务量预测是机场规划的基础，包括专家判断法、类比法、趋势外推法、计量经济法、市场分析法等五种预测方法。

机场需求
预测方法

2.机场选址

机场选址就是从经济、地理、环境和工程角度出发，寻找一块尺寸足够容纳各项机场设施且位置合适的场地。选址的场地最重要的一点是对各候选机场地址（包括对现有机场进行扩建）进行正确的评价。评价应考虑以下因素：①可利用空域；②在机场附近的空域内是否有高障碍物，即所谓的净空要求；③对周围环境和发展的影响；④机场的物理特性，如地形、地基、气候等；⑤接近航空业务需求点，例如接近城市中心等；⑥现有出入机场的地面交通系统；⑦土地价格。

3.机场布局

机场布局是指机场各项设施的整体配置，包括跑道的数量、方向和布置，滑行道的布置，航站区与跑道的相对位置，等等。

（1）跑道的数量、方向和布置

跑道可以布置成各种不同的形状，大体可以归纳为四种：单条跑道、平行跑道、开口"V"形跑道、交叉跑道。在确定跑道的方位时，应该避免使飞机飞越人口密集地区的上空并避开障碍物，跑道的方向也应该平行于主导风向，使飞机一年内有95%以上的时间在侧风风速低于容许值的情况下使用跑道。当单条跑道布局无法满足这个要求时，需要增加一条侧风跑道，使得机场的利用率在95%以上。

风对飞机起飞、着陆的安全影响较大，尤其是着陆过程。顺风着陆容易使飞机超过规定的地点接地，同时增大了着陆滑跑距离，容易使飞机冲出跑道。在侧风着陆时，飞机会随侧风发生偏移甚至会偏到跑道以外接地。逆风着陆与顺风着陆相反，飞机最不容易冲出跑道，所以飞机逆风着陆最好，但是逆风风速很大时飞机也不能安全着陆。因此，应尽量把跑道设置在风力负荷最大的方向上，使得一年内能起飞、着陆的日数最多。机场跑道应保证风力负荷不低于95%，如果一条跑道风力负荷低于95%，则应在另一风频率较大的方向设置辅助跑道，使机场跑道风力负荷总值不低于95%。

（2）滑行道的布置

滑行道主要是为飞机提供在跑道和航站区之间的通道。滑行道的设置可以使着陆的飞机迅速离开跑道，最大限度地利用跑道的容量，提高机场运行效率。最简单的滑行道布置是在跑道两端设置供飞机调头的滑行道，并用短段滑行道同机坪相连。当航空交通量增加时，可以相应地增加出口滑行道、平行滑行道等。

（3）航站区与跑道的相对位置

航站区的布置应为它与跑道起飞端之间滑行距离最短的地方，并尽可能使着陆飞机的滑行距离也最短。

（二）航班规划

民航运输飞行有定期航班和不定期航班之分，航班规划是针对定期航班设计的。航班规划是指民航企业根据市场需求和发展目标，确定运输飞行航线、机型、航班班次、航班班期、航班时刻等具体内容。

航线选择是航班规划的基础。航空公司在获得航线经营许可权之后才能根据航线特点制定详细的航班规划。满足航班飞行的航线必须具备下列要求：①有能够供民用客机起飞、降落的机场和地面保障设施；②有满足民用客机飞行的航路条件，如导航、气象等；③有相关部门审批的飞行许可权。

在航线选择的基础上，根据航线运量、航线距离、经停机场、备用机型、航线维修能力等情况，选择恰当的航班机型。航班的飞行航线主要有直达航线、间接对飞航线和环形航线。直达航线是指在始发机场和终点机场之间往返直飞，无经停点，其特点是用于运输量较大的城市之间，旅途时间短，成本低，受市场欢迎。间接对飞航线在始发机场和终点机场之间有经停点，回程按原路飞行，如果直飞时没有足够的客货运量，就通过提供中途机场的停靠，补充载运业务以降低飞行成本。环形航线通常不按原路返回，主要原因是单向运量不足。

二、航空运输管理

（一）航空运输生产管理

航空运输生产管理按其生产对象可以划分成五个部分，分别是机场保障、机务维修管理、航行业务管理、油料供应保障和运输服务。各岗位和管理部门之间分工协作，经过运输现场指挥部门的统一组织安排，共同完成航空运输生产任务。

1. 机场保障

机场是航空运输生产的基础。它为空中运输提供了地面准备，包括旅客候机场所、相关服务设施、特种车辆、跑道等，此外还提供了一系列安全检查和紧急救援服务。在国际机场，为国际航班运输而设立边检、海关、检疫等派出机构，以提供必要的服务。

2. 机务维修管理

机务维修管理是为飞机在空中安全飞行提供保障的重要环节。它的工作主要包括检测维修航空器机体、发动机、通信导航和驾驶控制等设施设备，维护航空器的正常运行，使其保持在良好的适航状态。

3. 航行业务管理

航行业务管理主要是对空勤人员管理、航路管理、航行调度、空域规划、通信导航、气象与航行情报服务等工作负责，为航空运输提供一个安全可靠的空中飞行环境。

4. 油料供应保障

油料供应保障就是为航空器提供必要的航空用油，如飞机发动机及仪表、设备所用的航空润滑油和一些飞行器专门使用的航空燃油等。目前我国航油由民航专业油料供应公司专供，此类公司专门供应和管理航空运输所必需的航空用油。

5. 运输服务

民航运输服务部门主要负责制定运输生产计划、组织并提供运输飞行服务、保证服务质量、开拓运输市场，最终达到最佳经济效益。我国民航各运输部门的工作，专为民航运输生产服务，"安全正点、优质高效"是其始终贯彻的服务宗旨。

（二）航空客货运输管理

航空客货运输管理主要包括航班运输生产管理和航空运输生产的组织与实施。

1. 航班运输生产管理

航空客货运输是航空公司的主要经营业务，是航空公司赖以生存的基础。航空客货运输管理主要分为航班计划管理、地面服务管理、运输飞行管理和市场销售管理四个部分。

（1）航班计划管理

经过市场调查，航空公司要根据发展目标、航线计划、人力物力资源、资金等情况进行航班安排，制定航班时刻表，具体确定飞行班次、经停机场、航班频率。机场和航空公司的所有活动都需以航班计划为中心进行安排，确保其顺利实施。

（2）地面服务管理

根据航班时刻表，机场为客货安排登机准备，进行一些行李或者货物的交付。同时，机场有关部门进行客货安全检查、飞机吨位配载控制，并提供相关候机服务和查询服务。机场、航空公司和机务等部门相互合作，共同完成候机服务、机坪服务、登机装货服务、下客卸货服务和离开机场等工作，为航班安全准点起降提供优质高效的地面服务。

（3）运输飞行管理

运输飞行管理需要为运输任务的实施制定飞行计划并且对航班飞机进行调度，以保障航班飞机飞行的准点性和安全性。航班运输飞行分为飞行准备和飞行实施两部分。

飞行准备阶段，需要为飞机实施阶段做充足的准备，以保障航班飞机飞行的准点性和安全性。为此，机务维修部门必须保证飞机的各项性能指标均符合适航标准，这些标准包括机场方面必须保证跑道区域的设施设备符合规定，为飞机牵引提供登机桥和特种车辆服务，油料供应方面必须确保所提供的航油数量充足且质量过关，地勤方面必须确保机上用品准备充分，航务管理方面必须保证通信导航设备和飞行调度可靠，为飞机的起降和飞行提供安全可靠的通信服务与航行指挥。

飞行实施阶段，需要机组和空中交通管制部门共同协作完成飞行任务。在飞行途中，乘务人员需要向乘客提供优质的服务。

（4）市场销售管理

在公布的订座期限内，航空公司市场销售部门和一些销售代理需要根据已制定的航班计划组织航班座位销售或者航班吨位销售。市场销售环节是航空公司投资取得收益的关键环节，航班座位销售或吨位销售的情况将直接影响航空公司的经济收益。

2. 航空运输生产的组织与实施

航空运输生产秉持"优质高效、安全准点"的原则，通过各个环节的组织协作、有机结合来达到高效完成生产任务的目的，这些环节包括市场营销组织、制定航班计划、座位管理、吨位控制、运输飞行组织和生产调度。

（1）市场营销组织

客货运输是航空公司的主要收益来源。航空公司首先对市场进行调查分析，根据企业的发展目标制定合理的市场计划，按照市场计划确定销售渠道、销售网点、销售方案、价格政策和销售策略等细节，然后在组织客源和安排运力等方面进行有效的市场营销。

（2）制定航班计划

航班计划是企业赖以生存的基础，是组织协调管理部门与生产部门等各项工作的依据，是航空运输企业组织生产的核心部分。因此，航空公司要根据市场计划、客货运量等信息来合理安排运力，科学制定航班时刻表。

（3）座位管理

航班座位管理主要通过计算机订座系统（computer reservation system，CRS）来实现，

176

再结合人工操作作为辅助。相关部门通过制定规则，规范订座过程，采用规定配额、始发控制和集中控制等方法，对航班座位进行高效管理，充分利用航班座位，提高飞机客座率。

（4）吨位控制

吨位控制主要是通过对航班飞机进行配载来实现，是在保证乘客运输的前提下，充分利用飞机的运载能力，装配充足的货物或邮件，提高飞机的载运率，降低成本，提高收益。

（5）运输飞行组织

运输飞行组织的主要任务就是组织航班进行有效的飞行。航空运输生产活动就是将旅客、货物、和邮件安全准时地运送到目的地。

（6）生产调度

生产调度就是在航空运输的生产过程中，油料供应方、机场、航空公司和航务管理等单位在指挥部门的统一协调下联合行动，共同完成生产任务。生产调度的职责就是实现航空公司的生产计划，使航空公司更加高效地运营，为企业创造最佳效益，为消费者提供最佳服务。从宏观角度来看，航空公司的生产调度必须对公众服务和企业效益进行权衡，在确保航班安全准时的原则下，组织协调油料、机务、运输和航行等方面的力量，完成航班运输任务，并且在各种紧急情况或特殊情况下可以作出快速响应。

（三）国际航空运输管理

国际航空运输管理机构对制定国际航空运输活动的行为规划负责，协调国际航空运输业务，保障国际航空运输的航行安全和国际航空运输业的有序发展。目前世界上有多个国际性航空组织，其中有两个组织具有较大的影响：一个是国际民用航空组织，另一个是国际航空运输协会。

国际航空运输市场管理

1. 国际民用航空组织（International Civil Aviation Organization，ICAO）

ICAO成立于1947年4月4日，总部设在加拿大的蒙特利尔市，是主权国家政府之间的国际性组织。ICAO的宗旨是保障《国际民用航空公约》的实施，"制定国际航行的原则和技术，促进国际航空运输的规划和发展"。ICAO的作用是制定和监督执行有关航空运输飞行安全与飞行秩序的标准，在业务上促进发展与和平利用航空技术并保证飞行安全，在政治上尊重主权、协调发展。我国于1974年2月25日宣布承认《国际民用航空公约》和有关修订协议书，并参加国际民用航空组织的活动，同年9月当选为理事国。

ICAO的最高权力机构是大会，由常设机构理事会负责召开，理事会由大会选举出的33个缔约国组成，至少每三年召开一次。在休会期间，由理事会代表缔约成员国处理日常事务。大会下属机构除了理事会，还有航空运输委员会、空中航行委员会、财经委员会和空中航行服务联合支持委员会等。

2. 国际航空运输协会（International Air Transport Association，IATA）

IATA于1945年4月在古巴的哈瓦那成立，总部设在加拿大的蒙特利尔市，是全世界航空公司之间最大的一个国际性民间组织。IATA的宗旨是促进国际航空运输安全、规范和经济的发展，促进航空运输业界的合作。IATA的主要任务是制定国际航空客货运输价格、运载规则和运输手续，协助航空运输企业间的财务结算，执行ICAO制定的国际标准化程序。

IATA最高权力机构是大会，每年召开一次，它的常设机构是执行委员会，并设置运输、货运、技术和财务等四个常务委员会。IATA的会员有两种：一种是正式会员，就是经营国际定期客运航班的航空公司；另一种是准会员，就是不经营国际定期客运航班的航空公司。协会会员所属国必须是ICAO的签约国。

IATA的活动一般分为两大类：第一类是行业协会活动，以程序性会议形式进行，所有会员必须参加，主要讨论国际性客货运输的价格与代理、客货运输专用票据格式、行李规定运价、订座程序等问题；第二类是运价协调活动，通常是通过运价协调会议方式进行，会员可以选择参加，主要讨论客票价格、货运费率与运价、代理人佣金率等问题。

 复习讨论题

1. 什么是航空运输？
2. 航空运输安全的主要影响因素有哪些？
3. 谈谈航空器的发展历程。

复习题

课件

第六章　管道运输

作为油气运输的主要方式，管道运输的高质量发展是我国能源运输安全的重要保障。本章将围绕管道运输的基本概念，结合国内外管道运输的发展实践，对管道运输进行系统阐述。

第一节　管道运输概述

管道运输指将管道作为运输通道运送货物，实现货物空间位移的活动。管道运输的原理是通过压力差使得管道内的流体从高压处向低压处流动。管道运输是实现长距离输送液体和气体的主要运输方式，是大宗流体货物运输最有效的方式。当今世界上的大部分石油、绝大部分的天然气是通过管道运输的。管道除广泛用于石油、天然气的长距离运输外，还可运输矿石、煤炭、建材、化学品和粮食等。

一、管道运输的特点、功能、地位与作用

（一）管道运输的特点

1. 基础设施建设周期短，费用低

管道运输概述

管道运输基础设施建设周期短，与相同运量的铁路基础设施建设相比，一般来说要短1/3以上。中国建设大庆至秦皇岛的输油管道，全长1152千米，仅用了23个月。若要建设一条同样运输量的铁路，至少需要3年。在地质地貌条件和气候条件相对较差的情况下，大规模修建铁路难度将更大，周期更长。管道运输不仅建设周期短，而且费用低。有关统计资料表明，同运量的运输线路建设，管道建设费用比铁路低60%左右。

2. 运量大

管道运输的运量大，一方面，管道的输送半径可以按需设置；另一方面，管道可以

24小时不间断输送货物。根据其管径的大小不同，其每年的运输量可达数百万吨到几千万吨，甚至超过亿吨。例如，一条直径720毫米的输煤管道，一年即可输送煤炭2000万吨，几乎相当于一条单线铁路的单方向输送能力。

3. 占地少

运输管道埋藏于地下的部分占管道总长度的95%以上，因而管道运输对土地的永久性占用很少，分别仅为公路的3%、铁路的10%左右。

4. 安全可靠，环境污染小

管道运输主要在地下进行，不易受恶劣天气影响，较其他运输方式更安全可靠。同时管道运输过程不需要运输工具，运行过程全封闭管理，货物损耗率、排放的废弃物较铁路、公路、水路运输都低，对环境的污染较小。石油、天然气等燃料物质具有易燃、易爆、易泄漏的特点，采用封闭的管道运输可有效防止货物泄漏损耗，确保运输的长期稳定运行。

5. 能耗少，运费低

管道运输作为一种连续工程，不存在空载行程，系统运输效率高。相关理论分析和实践经验已经证明，管径越大、运输距离越远、运输量越大，运输成本就越低。运输1吨石油，管道运输能耗不足铁路的1/7，在运输量大时其运输成本与水路运输接近。在水路运输受限条件下，管道运输是运输大量流体货物成本最低的方式。如果规定管道运输的能源消耗系数为1，成本系数为1，则几种运输方式对比的结果如表6.1所示。

表6.1　几种运输方式运输油品的能源消耗和成本系数对比

系数类型	运输方式				
	管道运输	铁路运输	内河运输	海洋运输	公路运输
能源消耗系数	1	2.5	2.0	0.53	8
成本系数	1	4.6	1.4	0.4	20

6. 灵活性差

管道运输只能按照铺设的管道开展运输，不能随意扩展管线，其运输的可达性受管线的影响，运输灵活性较低。对一般的运输活动来说，管道运输通常与其他运输方式（如公路运输）配合完成全程运输。

7. 专用性强

管道运输一般只能运输石油、天然气及固体料浆（如煤炭）等可流动的流体货物，不能运输流动性差的固体或液体，因此管道运输的货物运输专用性强，适用范围有限。

（二）管道运输的功能

管道运输主要承担大宗流体货物的通过功能，是承担大规模流体货物运输最有效的运输形式。某些特殊的物质，如天然气和自来水，由于是日常生活必需品，需要送达千家万户"家门"，此时的管道运输同时具有通过功能和送达功能。

（三）管道运输的地位和作用

管道运输作为综合运输体系的组成方式之一，在国民经济和社会发展中起着重要的作用，特别体现在天然气和石油等能源资源的长距离运输上，是确保能源供应的安全性、社会生产的高效性的基本条件之一。虽然管道运输货运量只占总货运量的小部分，但其在整个运输系统中占据的地位不容忽视，是油气水的主要运输形式，是保证人们生活和社会生产正常运行的基本条件。

二、管道运输的种类

管道运输的分类方法较多，如表6.2所示。

表6.2 管道运输分类

分类依据	管道种类
按输送介质类型	原油管道、成品油管道、天然气管道、油气混输管道、固体物料浆体管道
按输送介质性质	低凝低黏油品输送管道、高凝高黏油品输送管道
按敷设方式	埋地管道、架空管道、水下管道
按在油气生产中的作用	矿场集输管道、原油成品油和天然气的长距离输送干线管道、天然气或成品油的分配管道

（一）按输送介质类型分类

管道运输按输送介质类型的不同可分为原油管道、成品油管道、天然气管道、油气混输管道、固体物料浆体管道。原油管道主要是指输送原油（即未经加工处理的石油）的管道。成品油管道是长距离输送成品油的管道，大多采用顺序输送的方法，在同一管道内分批连续地输送多种油品。天然气管道是指将天然气（包括油田生产的伴生气）从开采地或处理厂输送到城市配气中心或工业企业用户的管道,又称输气管道。天然气管道约占世界管道总长的一半。油气混输管道指输送原油及天然气的管道,用一条油气混输管道输送油气混合物与分别用两条管道输送油和气相比更经济。固体物料浆体管道是长距离输送浆液的管道,浆液由固体碾碎成粉粒状后与液体配制而成,所用液体一般是水。固体物料浆体管道输送的固体主要是煤,此外还有铁、磷、铜、铝矾土和石灰石等矿物。

(二)按输送介质性质分类

管道运输按输送介质性质的不同可分为低凝低黏油品输送管道和高凝高黏油品输送管道。低凝低黏油品在常温下的黏度都比较低,可采用不加热管道输送的方式运输。对于高凝高黏油品,由于其凝点较低,为防止其在管道输送过程中凝固,必须加热管道中的原油,使其温度始终维持在凝点以上,才能实现有效运输。因此高凝高黏油品的管道运输,主要采用加热降低黏度。

(三)按敷设方式分类

管道运输按敷设方式的不同可分为埋地管道、架空管道、水下管道。埋地管道是地面工程的重要环节之一,是联系上游油田资源和下游用户的纽带。架空管道是架设在地面或水面上空的管道,根据跨越类型又可分为直管、拱管和悬垂管。水下管道是敷设在江、河、湖、海的水下用来输送液体、气体或松散固体的管道。水下管道不受水深、地形等条件限制,但埋于水下土层中,检查和维修较困难,岸接部分易受风浪、潮流、冰凌等影响,在规划和设计时要考虑预防措施。

(四)按在油气生产中的作用分类

管道运输按在油气生产中的作用的不同可分为矿场集输管道、原油成品油和天然气的长距离输送干线管道、天然气或成品油的分配管道。矿场集输管道是以油(气)井为起点,以矿场原油库或输气管道首站为终点的输送原油和天然气的管道。长距离输送干线管道包括长距离干线输油管道和长距离干线输气管道。长距离干线输油管道的起点一般是油田或油港,终点一般是转运站、转运港口和炼油厂。长距离干线输气管道是把经净化处理的天然气从气田输送到城市门站或大型工业用户的输气管道。天然气或成品油的分配管道是管道配送的末端环节,负责将天然气或成品油分配给用户或消费者。

三、管道运输发展历史、现状与趋势

（一）管道运输发展历史

管道运输最早起源于中国。早在公元前3世纪，中国就发明了将竹子连接成管道来输送卤水的运输方式。由中间挖空的竹子或木头构成运输的管子，叫"笕"或"枧"。管子连接处缠上竹篾条，用桐油和石灰把缝隙涂上，起到连接、加固和防止渗漏的作用。现代管道运输始于19世纪中叶，出于石油大量运输的需要而产生。1859年，美国第一个油田在宾夕法尼亚州的泰特斯维尔诞生，在油区里用马车拉运原油每桶运费高达2.5～5美元。为降低运输费用，1865年，美国宾夕法尼亚州建成了世界上第一条木制的原油管道，管径50毫米，长约8千米，日输油量800桶，每桶的运费降至1美元。

20世纪20年代末，焊接技术的诞生和发展使管道运输进入了飞速发展时期，而第二次世界大战直接促进了油品管道运输的发展。1941年珍珠港事件后，美国对日宣战，抽调了大量油轮到西海岸。与此同时，德国大规模开展潜艇攻击，重点打击美国的油轮，因此美国在战场的石油运输出现严重危机。战事的紧急使得美国1942年仅用一年多的时间紧急建成了得克萨斯州朗维尤通往纽约州费城地区的一条"大口径"输油管道，管径600毫米，全长2155千米。半年后又投用了一条管径500毫米、长2365千米的成品油管道，这对保证盟国的战争胜利起到了至关重要的作用。战后随着石油的大规模开发和使用，油品管道运输得到了前所未有的飞速发展。

我国现代化管道运输20世纪50年代才起步。1959年1月，中国建成了从新疆克拉玛依到乌苏独山子的原油管道，这是我国第一条具有现代化规模的输油干线管道，管径150毫米，全长147千米。60年代以来，随着大油田的大规模开发，我国在东北、华北、华东地区先后修建了20多条输油管道，总长度达5998千米，其中原油管道5438千米，成品油管道560多千米。近年来，为适应我国能耗快速增长的需求，油气管道运输规模不断扩大，管道的建设施工与管理水平大幅度提升。截至2022年底，国内建成油气长输管道总里程累计达到15.5万千米，其中原油管道里程约3.2万千米，成品油管道里程约3.0万千米。

（二）管道运输发展现状

目前世界上比较著名的大型输油管道有以下几条。

1. 友谊输油管道

友谊输油管道分两期工程，总长9739千米，设44座输油泵站，输油能力可达1亿吨/年，是俄罗斯向欧洲东部出口原油的管道。一期工程于1964年投产，管道全长5327千米，起于俄罗斯萨马拉市，经布良斯克进入白俄罗斯，到达莫济里附近后分为南、北两条支线。北线经过白俄罗斯、波兰和德国，南线途经乌克兰、斯洛伐克、捷克、匈牙利和克罗地亚。1969年开始的二期工程，路线走向基本上与一期工程平行，管道最大直径为1220毫米，1972年完工，全长4412千米。友谊输油管道工程规模巨大，沿线穿越第聂伯河、维斯瓦河、多瑙河等68条通航大河，还翻越海拔1100米的喀尔巴阡山脉，通过平斯克沼泽区。友谊输油管道管径有1220毫米、1020毫米、820毫米、720毫米、529毫米和426毫米六种，年输油量200万桶/日（约为1亿吨/年）。管道全线采用密闭输油流程，离心泵串联运行，泵站采用程序控制，沿线途经俄罗斯、波兰、捷克斯洛伐克、匈牙利和德国。

2. 美国纵贯阿拉斯加原油管道

美国纵贯阿拉斯加原油管道（Trans-Alaska Pipeline System，TAPS），是连接美国阿拉斯加州北部产油区和南部港口，再转运到美国本土炼油厂的管道运输，也是首次伸入北极圈的管道，1977年竣工。管道主线起自北坡的普拉德霍湾，终止于阿拉斯加湾瓦尔迪兹，南北全长接近1300千米，穿越三座山脉、活跃的断层、广大的冻土层。为防止冻土融化和因此产生的管道移动，676千米长的管道架空兴建，而非埋于地下。

3. 美国科洛尼尔成品油管道

美国科洛尼尔成品油管道是世界上最长、管径最大和输送量最大的成品油管道系统，于1963年投产。管道起点在美国得克萨斯州的休斯敦，终点在新泽西州的林登，初期干线总长2465千米，后经过扩建，至1980年底管道干线总长达到4613千米，支线总长3800千米。干线管道的管径有1000毫米（945千米）、900毫米（3117千米）、800毫米（238千米）和750毫米（313千米）四种，支线管径有150毫米、200毫米、550毫米三种。美国科洛尼尔成品油管道把美国南部墨西哥湾沿海地区炼油厂生产的成品油输往美国东南部和东部近10个州的工业地区，采用油品顺序输送汽油、煤油、柴油等100多个牌号和品级的轻质油品，输油能力大约为3500万吨/年（75万桶/日），是美东输油"大动脉"，支撑东海岸45%的燃油供应。

4. 横贯阿拉伯半岛输油管道

第二次世界大战后沙特阿美石油公司（Aramco）修建跨阿拉伯输油管道（Tapline），

起点位于沙特阿拉伯东部产油区卡提夫，贯穿沙特阿拉伯半岛东西，经过叙利亚，终点位于地中海沿岸的黎巴嫩赛达港，全长1673千米，管径30英寸（762毫米），日输油能力32万桶（相当于年输油1600万吨），1957年扩大到日输油45万桶（约12250万吨/年）。通过此管道，沙特阿拉伯生产的部分原油直抵地中海装船，不必绕道阿拉伯半岛，不走苏伊士运河，运距大为缩短。1978年，阿美石油公司又建设了一条新的横贯阿拉伯半岛的东西输油管线，称为Petroline，起自东部的布盖格，终达西部红海之滨的延布港，全长1202千米，管径48英寸（1219毫米），输油能力高达每天240万桶（相当于年输油12000万吨），后来扩大到400万桶（约2亿吨/年）。

5. 美国东西大管道

20世纪80年代，美国建设了美国东西大管道，又称全美管道。这条世界最长的加热输送重质原油的管道，起自加利福尼亚海滨的圣巴巴拉，终点在得克萨斯南部的韦伯斯特，全长2817.5千米。在这条管道中，每个加压站都要对原油进行加热，管径762毫米，年输油量2500万吨。

6. 中国兰州—郑州—长沙成品油管道

兰州—郑州—长沙成品油管道是中国距离最长的成品油管道，也是国内管径最大的成品油管道。它包含一条干线和15条支线，干线起自兰州，途经甘肃、陕西、河南、湖北和湖南等五省69个市县，止于长沙，全长2080千米，局部管径660毫米，设计压力为10兆帕，设计输量1500万吨/年，已于2013年11月干线全线贯通。

近几十年来全球天然气管道发展迅速，在北美、俄罗斯及欧洲，天然气管道已连成地区性、全国性乃至跨国性大型供气系统。目前，全球干线输气管道总长度约占全球油气干线总长的70%。20世纪70—80年代是全球输气管道建设高峰期，在此期间建成的输气管道长度约占当时输气管道总长度的1/3。

世界上比较著名的大型输气管道有以下几条。

1. "输气管道走廊"

"输气管道走廊"是现存规模最大的天然气输送管网，建成于1985年。它从世界第一大气田乌连戈伊输送天然气至俄罗斯西部及东欧各国，由六条1420毫米粗的管道并行构成，总长2万千米，年输气量超2000亿立方米。

2. 欧洲输气管网

欧洲输气管网是世界输气管道密度最高的管网，连接中西欧各国的天然气管网，管网总长度约为20.5万千米。欧洲输气管网主要包括四条输气干线。1974年投运的贯欧管线，从荷兰气田经德国西部、瑞士至意大利，全长653千米。贯奥管线，从捷奥边境开始，纵贯奥地利进入意大利，全长774千米。还有两条是横贯德国西部的中欧管线。这四条输气干线与沿途支线共同组成的输气管网群不仅连接北海气区至欧洲南部地中海和直布罗陀海峡进行天然气运送，而且从东面与俄罗斯"输气管道走廊"供气系统相连，使得来自俄罗斯的天然气通过东欧边境运送到西欧地区。欧洲天然气管网有多方气源保证，北面有荷兰和北海的天然气，东面有俄罗斯和伊朗的天然气，南面经海底管道输入有北非天然气，能较好保障整个欧洲的天然气需求。

3. 阿意输气管道

阿意输气管道是21世纪初最深的海底管道，起自阿尔及利亚哈西鲁迈勒气田，终点与意大利矿堡天然气管道相连。管道于1983年初建成投产，全长2506千米，包含一条陆上管道和三条穿越海峡的管道，管径分别为1220毫米和208毫米，年输气量为125亿立方米。1992年建设了阿意输气管道的复线，1996年建成投产，将阿意输气管道的年输气量提升到260亿平方米。阿意输气管道穿越的地形繁多，不仅包括沙漠、山区、公路、水路，还包括地中海的突尼斯海峡和墨西拿海峡。由于海峡地形复杂，管道敷设线路曲折，容易造成输送压力不够，阿意输气管道在管道沿线设置了很多压缩机站，其中设置于邦角的压缩机站总功率达到16万马力。

4. 中俄东线天然气管道

中俄东线天然气管道是世界上距离最长的输气管道，全长逾8000千米，跨越俄罗斯和中国。其中，俄罗斯境内的管道全长约3000千米，起自科维克金气田和恰扬金气田，沿途经过伊尔库茨克州、萨哈（雅库特）共和国和阿穆尔州等三个联邦主体，直达布拉戈维申斯克市的中俄边境。中国境内管道全长5111千米，从黑龙江省黑河市入境，途经黑龙江、吉林、内蒙古、辽宁、河北、天津、山东、江苏、上海九个省、自治区、直辖市。中俄东线天然气管道新建管道3371千米，利用在役管道1740千米，全线分北段、中段、南段进行建设。2019年12月2日，中俄东线天然气管道正式投产通气，2022年引进50亿方天然气，此后将逐年增加输量，最终达到380亿立方米每年。

5. "西气东输"和"川气东送"天然气管道

2002年正式开工建设的"西气东输"管道建设项目是中国距离最长、口径最大的输气管道工程，2002年一线工程开工，2009年二线工程开工，2012年底全线竣工。"西气东输"一线和二线工程累计投资超过2900亿元，一、二线工程干支线加上境外管线，长度15000多千米。管道开始于新疆轮台县塔里木轮南油气田，经过新疆、甘肃、宁夏、陕西、河南、湖北、江西、湖南、广东、广西、浙江、上海、江苏、安徽、山东等省（自治区、直辖市）和香港特别行政区，输气能力超过每年1200亿立方米，惠及人口超过4亿人。

2007年开工建设的"川气东送"天然气管道工程是继"西气东输"后的我国另一大天然气管道工程，2010年建成投产，总投资626.76亿元。该工程西起四川达州普光气田，跨越四川、重庆、湖北、江西、安徽、江苏、浙江、上海六省两市，管道总长2170千米，年输送天然气120亿立方米。

（三）管道运输发展趋势

1. 高压输送

高压输送一直是管道高效运输的目标，是当前国际管道输送技术的发展趋势。高压输送能使天然气密度增加，降低管道能耗，加大站距，降低投资，提高输送效率。高压输送要求使用强度更高、韧性更好的管线钢，这种高级钢可以减少钢材消耗，降低材料费用。目前天然气高压输送的压力已经达到10兆～15兆帕，如2023年我国首条百万吨输送规模、百公里输送距离、百公斤输送压力的高压常温密相二氧化碳输送管道工程投运，设计压力达12兆帕，相当于指甲盖大小的面积承受120千克的重量。

2. 管材大口径化

使用大口径管材不仅可以增加货物输送量，还可以节省成本。一条管径1420毫米的输气管道的输气量和三条管径1020毫米的输气管道输气量相当，且成本节约35%。近年来高钢级大口径长输管道得到了快速发展，其中以"西气东输"和中俄东线为代表的高钢级大口径管道长度就达到了4万千米。目前输气管道的最大管径为1420毫米（俄罗斯），我国输油管道最大管径为1200毫米左右。

3. 管材更加环保坚固

现在越来越多地使用防腐能力强的塑料管道，其轻质高强、耐腐蚀、易于施工和维修、内壁光滑不结垢、使用寿命长。塑料管道在给排水等应用场景中更有优势，在管道运输业渗透率逐年提高。

4. 发展混输技术

管道混输技术包括油气水多相流体混输、天然气高富压气输送等管道输送技术。以往油气水多相流体混输局限于油田内部的短管道，目前混输管道从过去的小直径、短距离逐步向大直径、大距离发展。

5. 线路向极地和海洋拓展

管道线路正向极地和海洋延伸。近些年世界上新开发的大型油气田不少分布在北极或海洋等极地地区，如俄罗斯的亚马尔半岛、美国的阿拉斯加、欧洲的北海等，这些油气田的开发促使管道的建设不断向极地和海洋延伸。

6. 更加注重管道运输安全

管道运输的物质如石油、天然气具有一定的易爆性、易燃性和毒性，若储存和运输处理不当，容易造成经济损失和人员伤亡。因此需要更加重视管道运输的安全问题。两年一度的国际管道会议将管道安全问题列为重要议题，各国也采取相应立法来保障管道运输安全性。目前，管道风险控评、管道数据监控、管道运输事故应急措施都在向定量化、实时化、智能化和精准化发展。

第二节　管道运输设施与设备

管道运输设施与设备主要包括管道线路、站点和其他辅助设备。管道线路是管道运输的主体，按照运输的物质可分为输油管道、输气管道和固体物料浆体管道等。站点是分配货物和提供管道运输所需动力的节点，与管道线相连。除线路和站点外，管道运输需要在管道两端及中间铺设一些其他辅助设备来保证管道运输的安全运行。

管道运输
设施与设备

一、管道线路

管道线路是指由用管子、管件、阀门等连接管道起点站、中间站和终点站的路线。管道线路一般用钢制的管道焊接而成，能承受较大压力。根据运输货物的种类和运量的不同，管径大小不一。原油管道管径一般在273 ～ 1020毫米，成品油管径在59 ～ 920毫米，管道运行压力一般在5兆帕以下。

管材质量
评价与选择

（一）管道线路分类

管道线路可按不同标准进行分类。

1. 按用途分类

管道线路按用途可分为输送和传送用管道、结构用管道、特殊用管道。输送和传送用管道又分为流体输送管道、长输（输油气）管道、石油裂化管道、化肥管道、锅炉管道、换热器管道等。结构用管道分为普通结构用管道、高强度结构用管道、机械结构用管道等。特殊用管道分为钻井用管道、试锥用管道、高压气体容器用管道等。

2. 按材质分类

管道线路按材质可分为非金属管道和金属管道。非金属管道包括橡胶管、塑料管、石棉水泥管、石墨管、玻璃陶瓷管、衬里管等。金属管道可分为铁管、钢管、有色金属管，而钢管又可细分为碳素钢管、低合金钢管、合金钢管，有色金属管又可分为铜及铜合金管、铅管、铝管、钛管。管道材质的具体分类和相应举例如表6.3所示。

表6.3　管道材质分类

大分类	小分类	举例
非金属管道	橡胶管	输油、吸油胶管
	塑料管	酚醛塑料管，耐酸酚醛塑料管
	石棉水泥管	
	石墨管	不透性石墨管
	玻璃陶瓷管	化工陶瓷管
	玻璃钢管	聚酯玻璃钢管，环氧玻璃钢管
	衬里管	橡胶衬里管，钢塑复合管
金属管道	铸铁管	承压铸铁管
	碳素钢管	B_3F 焊接钢管
	低合金钢管	16Mn 无缝钢管
	合金钢管	奥氏体不锈钢管
	铜及铜合金管	拉制及挤制黄铜管
	铅管	铅锑合金管
	铝管	冷拉铝及铝合金圆管
	钛管	钛管及钛合金管

3. 按介质压力分类

管道线路按介质压力可分为低压管道、中压管道、高压管道和超高压管道，具体分类标准如表6.4所示。

表6.4　管道按介质压力分类

名称	公称压力 PN/兆帕
低压管道	$0.1 < PN < 1.6$
中压管道	$1.6 \leqslant PN < 10.0$
高压管道	$10.0 \leqslant PN < 100.0$
超高压管道	$PN \geqslant 100.0$

4. 按介质温度分类

管道线路按介质温度可分为低温管道、常温管道、中温管道和高温管道，具体分类标准如表6.5所示。

表6.5　管道按介质温度分类

名称	工作温度 T/℃
低温管道	$T \leqslant -20$
常温管道	$-20 < T \leqslant 200$
中温管道	$200 < T \leqslant 450$
高温管道	$T > 450$

（二）各种管道线路

管道线路根据输送货物的不同有所差异，以下分别对长距离输油管道、天然气管道和固体料浆管道线路进行阐述。

1. 长距离输油管道线路

长距离输油管道分为原油管道和成品油管道，它们的管道线路和输送工艺略有不同。原油管道是将油田开采出的原油进行油气分离、脱水脱沉淀技术处理，并经过一定的加工后进入管道。用管道输送原油时，针对原油的不同特性（如黏度、凝度、油占比）采用不同的输送工艺。如中东原油采用不加热输送，而我国开采的高凝高黏原油需采用加热输送。成品油管道同时连通多个炼油厂并将它们汇入同一管道，再向沿线的需求用户提供油品，成品油一般使用常温输送。

长距离输油管道线路如图6.1所示，主要由管线，沿线阀室，通过河流、公路、山谷的穿（跨）越构筑物，辅助设施如阴极保护设施、通信和自控线路等组成。油品从油井抽出，通过输油站向输油首站输送，再经过处理计量进入输油管道，沿途经过清管器发放室、中间输油站，并随着输油管道跨越各种地形输送给车站、炼厂、火车装油线桥、油轮码头等最终油品接收地。长距离输油管道由钢管焊接而成，一般采用埋地敷设。为防止土壤对钢管的腐蚀，管外都包有绝缘层，并搭配电法保护钢管。长距离输油管道每隔一定距离就会设一个截断阀室，在发生运输事故时可通过控制阀室截断管内油品，及时止损并抢修。通信和自控线路用于全线生产调度与监控数据的即时传输，通信方式包括微波、光纤和卫星通信技术。

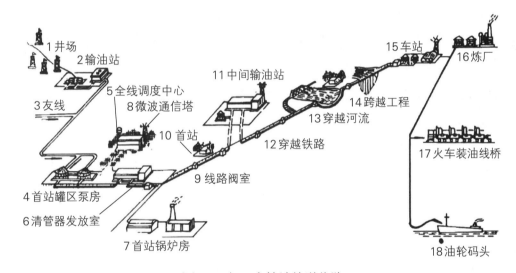

图 6.1　长距离输油管道线路

2.天然气管道线路

天然气管道线路由干线输气管段、首站（输气站）、压气站、中间气体接收站、中间气体分输站、末站（送气站）、清管站、干线截断阀室、线路上各种障碍物（水域、铁路、地质障碍等）的穿（跨）越段等组成。现代天然气管道包括一些自动化辅助系统，保证天然气管道运输过程的连续性和实时可监控性。

天然气从气田直接抽出，具有高压力，可以直接进行长距离输气作业。干线输气管道线路如图6.2所示。天然气从气田或气井中抽出，通过输气压力100帕左右的集气管道进入输气首站进行调压计量，再由输气首站通过输气压力70～80帕的输气管道输往气体分输站、接收站及清管站，再将除尘、清管后的天然气向地下储气库或末站（城市门站）输送，并最终通过压力低、分支多、管网稠密的配气管道输送给各末端用户。

图 6.2　天然气干线输气管道线路

3.固体浆料管道线路

固体浆料管道是运送浆体的管道，一般由浆料输送管段、起点泵站、中间加压泵站、脱水及水处理措施和其他附属设施等组成。固体浆料管道首先将待输送的固体物破碎成粉粒，并与适量的水调制成可泵送的浆体，达到要求后送入管道进行长距离输送，浆体到目的地分离出水后送到用户。固体浆料管道最为常见的是煤浆管道，将煤块碾压破碎成粉粒状后再与适量的水混合配置成浆液态流体，经管道增压进行长距离运输。固体浆料管道除了用于煤浆输送，也可用于赤铁矿、铝矾土或石灰石等物资的运输。

二、管道站点

管道站点包括首站、中间站、末站三个部分。

（一）首站

首站一般是货物汇集、储存和接收的暂存点，有些首站还具有加工处理功能。输油管道的首站称为输油首站，它是油品长输管道的起点，作用是接收油田或油厂的来油，将油品进行加压加温，有时需要注入添加剂后输往中间站。输油首站除了具备有加压加热功能的泵房和对应装置、储存油品的罐区、标定油品流量的计量间，还具备清管器发放装置、消防装置和通信系统等辅助装置，这表明输油首站兼备对油品的预处理能力。输油首站有时也是整条输油管道的控制及调度中心。输油首站先从油田接收来油，将油品进行增压外输（加热），再进行站内循环，压力释放后将油品输往下站。

输气首站通常建于气田附近，是输气管的起点。开采初期，气田的地层压力足够大，仅凭底层压力就可以输送到第二站甚至第三站，所以输气首站一般不需设置压气站，实质上输气首站是一个调压计量站。

输气首站的功能主要有调压、计量、除尘、接发清管器、气体输入分析等。来自天然气处理厂的天然气进入输气首站，经过气管，分别通过三台除尘器分离出废气杂质，经流量计计量和调压阀调压后输入汇管，再经过输气管线输至输气干线。

（二）中间站

输油中间站包括泵站和压气站。泵站的功能是油品货物的加减压和隔断，压气站的功能是气体货物的压力输送。输油泵站是在长距离输油管道沿途设立的中间站，由于油品在运输过程中被阻力和摩擦消耗动力，需要设立输油泵站给油品加压。一般来说，输送距离越长，所需的输油泵站越多。泵站包括清管器、过滤器、外输泵、注油泵和储罐。其中外输泵可根据需要采用并联或串联的运行方式。泵站具备增压外输、清管器接送、压力越站、压力泄放、泄压罐油品回注等功能。热泵站除了加压功能，还有加热功能，多见于易凝高黏原油管道的中间站。油品加热后进泵，可降低泵油品的黏度以提高泵站的工作效率。

输气中间站分为压气站和分输站。压气站是天然气长输管道的必备设备，它是输气管道的接力站，主要功能是给管道天然气增压，保障天然气输送动力。一般一条天然气长输管线平均每隔100多千米就会设置一个压气站。来自输气干线的天然气经多管除尘器除尘后分为两路，一路经流量计计量和调压阀调压后分输至沿途城市或其他用户，另一路进入干线输入下站。分输站是天然气分输的站点，天然气就是通过分输站供给用户的，它接收上站的天然气向下游用户供气，并向下游站场输送经站内分离、计量、调压后的天然气，出站时设置报警装置来监控天然气的高低压，在超压或过低压时实行截断。在设置分输站时，还要考虑排空、气体泄放、越站，尤其要考虑一些站的净化除尘，必须采用高效净化除尘设备，防止机械杂质打滑或磨损压缩机叶片。

（三）末站

末站位于管线的终点，其功能是接收管道输送的货物，进行一些加工再将货物分发、转运给相应企业或用户。输油末站的任务是接收管道来油，它位于管道的终点，往往是收油单位的油库或转运油库，通常向炼油厂或铁路、水路转运。输油末站通常设有比较多的油罐、比较精确的计量系统，以及油品交接处。输油末站根据输送油品的不同，主要分为单一油品末站和多种油品末站。输油末站具备油品切换、油品转输、站内循环、油品计量交接、流量标定、混油掺和等功能，必要时应设置反输流程，成品油末站还应设置油品界面检测系统。

输气末站是天然气管道的终点站，天然气通过输气末站供应给用户，通常输气末站具有分离、计量、调压、清管器接收等功能，部分功能和分输站类似。为解决干线输气与城市用气的不平衡，末站设有调峰设施。

其他辅助
设施

第三节　管道运输规划与管理

一、管道运输规划

管道运输
规划与管理

（一）规划的基本原则

1. 统筹协调、优化布局

管道运输规划应以各行业领域对油气的需求变化为导向，结合各地区的资源优势、已有基站等科学布局油气运输管道、优化油气流向。统筹基础设施建设，提升首末中间站普遍服务水平，协调管网安全储备与应急调峰设施建设。

2. 适度超前，提升能力

适度超前规划建设油气管网的基础设施，适当扩大管网规模。通过提升管网的综合储运能力来支撑油气运输量的稳定增长，进一步优化能源结构，确保油气供应的安全性等能源生产和消费革命的战略目标。

3. 互联互通，衔接高效

推动各类气源间天然气管道的互联互通。提升标准化、智能化水平，推动油气物流与互联网安全监管、信息流通的高效衔接，提高系统整体效率。充分发挥管道运输的比较优势和组合效率，实现合理分工、协同进步。

4. 市场运作，监管有效

推动油气管道的网销分离，放开有关管网建设的竞争性业务，引入更多的社会资本投资建设，更好地发挥政府的监管、规划、标准化的作用。做好公平开放与政府监管的平衡，确保运营企业为社会提供公平公开的服务。

5. 安全为本，稳定供应

坚持总体国家安全观，夯实油气管网的基础性地位。扩大陆上管道的输送能力，拓展新的管道，致力于实现"海陆、东西、南北"的整体协调平衡，降低外部风险，确保油气资源的稳定供应。

（二）规划的目标

管道运输规划主要指油气管网（石油、天然气管道网络）规划。油气管网是国家重要的基建工程和民生工程，也是现代交通运输体系的重要组成部分。做好油气管网规划的目标是促进国家现代运输体系完善和保障能源稳定供应，提高人民生活品质。

二、管道运输管理

（一）输油管道安全管理

输油管道安全管理包括投产前需要做好前期准备工作，如长输管道投产前应保留试运行期，保证全线管道安装、检查合格，所有设备调试完成，通信监测系统安全可靠，联络系统连续畅通，电力等能源供应充足。前期准备工作完成后再进行全线联合试运，全线试运期间要关注输油管道清扫、站间试压、管道预热（热油管道）。管道开始运行后，为保证运行安全，要做好工艺参数控制，严格执行安全规程，做好辅助设备的定期检修与维护等。同时需要对泵站和加热站试运投产，包括站内管道的压力测试，将站内所有管道系统进行有强度的、严密的试压，也要对站内各辅助设备如泵机组、加热炉、油罐等进行检查测试，试压和测试完成后，再对全站进行联合试运。

（二）天然气管道安全管理

天然气管道安全管理的重点是保证天然气置换阶段的安全性。天然气管道在施工中可能会残留石块、焊渣、铁锈等废弃物，在天然气冲击下它们会和管壁相撞并可能摩擦出火花，此时若在爆炸极限范围内，就会爆炸起火。因此天然气置换的操作一定要注意平稳，升压要缓慢，一般情况下应控制进气流速或进入清管器运行速度不超过5米/秒。起点压力应该控制在0.1兆帕左右。在天然气管道置换放空时，也要相应地控制降压速度，并搭配气体报警器实时监控天然气浓度辅助天然气置换。还要考虑清管器放空排污阀的开关尺度，切忌猛开猛关。除此之外，天然气管道安全管理还需要严格控制管道输送天然气的质量，定期排积水、排污废，定期检查管道的安全保护措施，定期进行管道检测，检查腐蚀程度。

（三）油气管道检测

油气管道检测分为管线外检测和管线内检测。

1. 管线外检测

管线外检测主要是对管外涂层和覆盖层的检测。管外涂层是指为了防腐绝缘而在钢管外表面涂上的防腐涂层或沥青绝缘层。覆盖层是指为防止管道受到机械损伤而外包的防护层（如混凝土或水泥砂浆层）。管线外检测有如下两种方法。

（1）电流信号衰减法

电流信号衰减法的原理是由发射装置将一种近直流信号施于被测的管线上，接收设备通过感应线圈或磁力仪来检测这一信号的电流强度。若管外涂层和覆盖层无破损点，信号的电流强度跌落程度一般会很小；若管外涂层及覆盖层老化或有明显破损点时，信号的电流强度跌落程度一般较大。

（2）电位差法

电位差法的原理是使用发射装置将一种特殊频率的近直流信号施加于管线上，若管外涂层或覆盖层出现破损，则破损点周围会形成一个球形电场。此时再通过两根接地探针测试，即可测得地表面的电位差，从而精准地测定出破损点，并可根据测量的电位差峰值定性判断破损区域的大小。

2. 管线内检测

管线内检测主要是对管线内部腐蚀和泄漏的检测。对于管线内腐蚀检测，工业类的主要应用有漏磁法、超声波法、涡流法和弹性波法检测器。对于管线泄漏的检测，有如下四种方法。

（1）直接观察法

直接观察法是请有经验的工人或经过特训的动物来巡查管线，通过看、嗅、听或其他肢体方式来判断管线是否发生泄漏，是一种主观经验检测法。

（2）检漏电缆法

检漏电缆法是通过专用的电缆来检查泄漏的方法，一般用于检查液体管道或烃类燃料管线的泄漏。该方法通常要求电缆和管线平行敷设，一旦管线发生泄漏，烃类物质或液体物质渗入电缆会引起电缆特性的相应变化，因而可根据这些变化来判断管线有无泄漏发生。

（3）实时模型法

实时模型法的工作原理是通过模型计算出定量的数据（上下游压力、流量值等），并和实际测量的数据进行对比，从而判断管线的泄漏情况。

（4）统计检漏法

统计检漏法是利用管线中流量和压力的关系来判断泄漏的方法。由于泄漏会影响流量和压力，若能根据测量的管线出口和入口处的流量、压力、测量值，连续计算其流量和压力的关系，即可根据这个关系的定量变化应用序列概率比试验方法和模式识别技术来判断泄漏是否发生。

管道运输
运行管理

复习讨论题

1. 什么是管道运输？

2. 谈谈如何用管道来运输煤炭。

复习题　　　课件

3. 管道运输规划应该遵循哪些原则？

第七章 综合运输与多式联运

发展综合运输可以满足社会对高质量运输的需求，多式联运成为世界各国在现代化发展中不断适应经济社会发展的必然选择。本章概述综合运输与多式联运的内涵、地位、作用和发展，介绍综合运输系统的构成、综合运输与多式联运的组织与管理。

第一节 综合运输的内涵

一、综合运输的定义

综合运输指以国家交通体系所提供的公共交通网络及设施和运载工具为依托，以现代联合运输工程管理技术和信息技术为基础，以便捷、安全、高效和经济为目标，通过多种交通运输方式的协调配合，组织实现客货运输过程的经济活动和社会活动。国外将综合运输定义为长途、全程、无缝、连续的运输过程。"长途"指其运距较长，是跨地方、跨区域、跨国家、跨大陆的，一般需要涉及两种或以上的运输方式。"全程"指一次托运或一次售票的"门到门"直达运输。"无缝"指运输的硬件和软件等实现无缝联结或对接等，包括技术装备、网络设施、运营方式、信息通信组织管理和制度规范等。"连续"指运输生产作业和其他相关作业实现不间断或不停顿运转或操作。

综合运输的本质是指在现有的技术经济条件下，以对社会经济发展贡献最大化为根本目标，以最恰当的运输方式最大限度地满足社会经济发展提出的运输需求的实践活动过程，具体来说，主要体现为以下几点。

综合运输
概述

（一）目标

更好地满足运输需求，创造更大的社会经济效益，是综合运输发展的根本目标。综合运输的发展不能过于追求自身资源利用效率的最大化，要跳出自身看待发展，充分体现运输在社会经济发展中的地位和作用。因此，必须结合整个社会经济发展，特别是资源开发利用来考虑综合运输的发展，彻底摒弃交通运输本位观。社会经济发展对运输的需求是对运输需求性质的定位，最大限度地满足社会经济发展的运输需求是综合运输的直接目标。

（二）发展关键

运输方式安排恰当程度，是综合运输发展的关键，对运输需求的满足程度有决定性的影响。综合运输就是要优化运输过程，按照运输需求特性完善综合运输体系的构建，并为需求主体根据效用最大化原则充分地选择运输资源，提供完善的运输服务。运输方式是否恰当，是基于运输需求的品质特性并通过比较优势来判断的，而各种运输方式的合理运用又是保证比较优势结论科学性的基础，是各种运输方式进一步发展的关键点。为此，每一种运输方式在寻求发展时必须充分分析自身及其他运输方式的动态技术经济特性，进而明确自己的服务对象及发展空间。

（三）支撑与约束

技术经济条件既是综合运输发展的支撑，也是综合运输发展的约束。整个社会经济发展的技术经济水平由技术经济条件决定，从而影响整个社会经济发展的运输需求、运输供给的技术经济特征。发展综合运输，既要充分利用现有的技术经济条件，又不能超越现阶段的技术经济水平，要根据社会经济与交通运输之间的相互联系实现协调，特别是把握好超前的"适度性"问题。

（四）需求与供给结合

从外在形式来看，综合运输必然由多种运输方式共同承担整体运输任务，但就具体的运输任务而言究竟由几种运输方式来完成则取决于该项运输需求的特性，不论是由一种运输方式来完成还是由多种运输方式来完成，都要实现"最适当"的运输需求与运输供给的有机结合。

二、综合运输的特点

（一）多种运输方式

综合运输是运输生产力发展到一定阶段的产物，是在五种运输方式的基础上构建起来的。由于各种运输方式之间在现实中存在一定的可替代性，在大多数情况下需求主体实现位移的过程中并不局限于某一种运输方式，至少存在两种技术经济特征不同的运输方式可供选择。因此，从综合运输的本质出发，运输需求主体完成一次运输过程，至少存在两种不同的可能选择的运输方式，具体选择应以效用最大化为主要原则。

（二）衔接顺畅

最大限度地满足运输需求是综合运输的基本前提，这就要求各种运输方式必须实现有效衔接，不仅是不同运输方式之间的连贯衔接，也包括同一方式内各环节的有效衔接，真正实现"人便于行，货畅其流"。

（三）分工明确、优势互补

各种运输方式具有不同的技术经济特性，具有各自的优缺点和适合的运输空间。综合运输就是要建立相对公平合理的分工合作机制，充分发挥各种运输方式的技术经济优势，优势互补，从而实现五种运输方式效用的最大化。

（四）衔接综合性

从综合运输的本质来看，优化运输资源配置是目的。理想的综合运输是全程、无缝且连续的运输过程。"全程"是一次售票或一次托运的"门到门"运输，而"无缝"是指运输过程所需要的硬件、软件的无缝衔接，包括技术、信息通信、法律法规、制度规范、运营方式、组织管理等。

（五）体系开放性

综合运输体系是一个不断发展变化的体系。迄今为止，综合运输体系有五种现代化的运输方式。但是随着科技的进步，现有的运输方式仍会不断发展，新的运输方式仍然可能诞生，因此综合运输体系具有开放性。

三、综合运输的地位与作用

综合运输的
发展历程与
趋势

　　综合运输对于国民经济的发展，特别是对整个国家交通运输业的发展有着举足轻重的作用。改革开放以来，随着我国经济的高速发展，交通运输发展迅速，交通运输网络布局和结构得到改善，设备装备水平有了较大提高，运输能力显著增强。但从总体上看，无论是交通运输的整体规模和数量，还是交通运输的质量都无法满足日益增长的经济发展要求，迫切需要加快建立便捷、畅通、高效、安全的综合运输系统，以最小的资源和环境代价满足经济社会对运输的总需求。这对促进我国社会和经济发展具有十分现实和深远的意义。

（一）有利于缓解交通运输紧张局面

　　随着经济的发展，交通运输的需求不断增长，供需矛盾日益突出，这严重阻碍了经济的发展。实践证明，传统的单一交通运输方式已无法解决我国交通供需矛盾。此外，投入巨大资源扩大交通运输基础设施规模来解决供需矛盾虽取得了一定效果，但以经济学的投入与产出之比来衡量，并没有达到预期的效果。发展综合运输，在既有基础设施的基础上整合交通运输资源，在尽量少增加投资或基本不增加投资的情况下，可将各种交通运输方式有机结合起来，使单一的交通运输能力组织形成综合运输能力，充分发挥各种交通运输方式的运输能力，提高交通运输系统的社会经济效益，大大缓解当前紧张的交通运输局面，进而促进综合国力的增强。

（二）有利于资源有效利用和能源节约

　　能源的日趋紧张迫使人们在寻求开发新能源的同时，不断寻求节约能源的途径和方法。交通运输的发展必然消耗大量的能源，比如基础设施的修筑就要花费巨大的财力和物力，同时要占用大量宝贵的土地资源。交通运输业的能源节约和资源有效利用问题，已成为国内外相关领域专家学者研究的重要课题。

　　交通运输节约能源和有效利用资源的途径大致有两种：一是通过发展新型交通运输工具和使用新技术来提高资源利用率，从而节约能源。二是开展综合运输，对各种交通运输方式进行协调，因地制宜、合理分工，以降低交通运输成本，使能源和资源消耗最少，运输效益最佳。开展综合运输，一方面可以在减少基础设施的资源投入量的条件下完成相同的交通运输任务，另一方面可以在尽量少增加或基本不增加基础设施和交通运输工具数量与规模的情况下缓解交通供需矛盾，对于资源的节约有着重要意义。

（三）维持生态平衡

交通运输的发展对环境和生态的影响非常明显。汽车的尾气、交通运输工具的噪声及振动、有毒气体的排放、水域的污染等都对生态环境造成了较大的影响，应尽量减少或消除环境污染。实践证明，开展综合运输、合理利用各种交通运输方式，使各种交通运输方式协调发展，可以使交通运输体系朝着减少或消除污染的方向发展。

（四）促进科学技术发展

在市场经济条件下，各种交通运输方式之间的竞争十分激烈，要想在竞争中立于不败之地，交通运输企业必须以满足客户的需求为宗旨，提高交通运输的服务质量。如提高营运速度，节省客货在途时间，实现装卸机械化，改善运输过程的安全设施，减少货物在运输过程中的货损货差，提高交通运输过程中的舒适度等。所有这些都使得各种运输生产活动主体在生产过程中不断地改善运输条件、改进交通运输工具、提高服务质量。新兴技术的交通运输工具和科学的管理方法在综合运输领域的广泛应用，不仅促进了交通运输体系效益的提高，而且有力地推动了科学技术的发展。

第二节　综合运输系统构成

综合运输系统是指各种运输方式在社会化的运输范围内和统一的运输过程中，按其技术经济特点组成分工协作、有机结合、联结贯通、布局合理的交通运输综合体。综合运输系统由三个子系统组成。一是具有一定技术装备的综合运输网及结合部系统。这是综合运输体系的物质基础，系统的布局要合理协调，运输环节要相互衔接，技术装备要成配套，运输网络要四通八达。二是综合运输生产系统，即各种运输方式的联合运输系统。这个系统要实现运输高效率、经济高效益、服务高质量，充分体现各种运输方式综合利用的优越性。三是综合运输组织、管理和协调系统。这个系统要有利于宏观管理、统筹规划和组织协作。基于这三个基本组成系统，以下分别从综合运输网及结合部系统、综合运输设备系统、综合运输网络和综合运输通道四个方面详细说明。

一、综合运输网及结合部系统

（一）运输线路

运输线路主要包括骨干线路、开发线路、给养线路、腹地线路和企业线路。骨干线路（主干线路）是全国综合运输网的骨干和大动脉，把全国主要工矿区、大城市、重要海港和主要粮食与商品、农产品基地联系起来，把各个大经济区、省（自治区、直辖市）联成一个有机的整体。骨干线路最明显地体现着这种物质基础的作用。开发线路是骨干线路向边疆地区和新开发区的延伸。开发线路对开发资源、改变原来生产力分布的不平衡性有重大意义，在国民经济中起先行作用。给养线路是联系主干线路和工业、农业以及矿产品地区，运入肥料、工矿设备、粮食和日用品等给养物资的线路。给养线路可以是铁路公路，也可能是大河的支流或运河。一般来说，工厂、矿山在开始建设前就要修建铁路或公路给养支线。腹地线路是分布在广大农村和工矿区内部的交通线，一般呈网状分布，像微血管一样贯穿全国各地区。腹地线路一般为二级以下公路和小河航线，在城市工矿区有时也采用铁路和高级公路。企业线路（又名专用铁道与专用线）是为工矿企业和乡镇、国有农场内部生产服务的交通线，既构成企业内部的生产线，又把企业外部的运输系统连通起来。

综合运输系统

（二）网络结构

综合运输体系构成的空间布局形成网络结构。各种运输方式的线路、航道、道路、航线构成网络的边，这些边的端点与交叉点，如车站、码头、机场和交通枢纽构成各种运输网络的节点。各种运输方式子系统内部也是由线路、道路、运输服务设施及库场、站台、出入口等组成的复杂的网络子系统，这是区域、城市及各种运输方式共同具有的网络结构点。综合运输网的层次结构是根据地理条件、行政区划、交通设施等状况确定的。根据我国的具体情况，综合运输网络分国家级、省级和地县级三个层次。国家级交通网络主要研究交通运输通道，省级和地县级的交通网络主要研究主干道以及与国家交通通道的接口。

（三）运输结合部

运输结合部是在运输生产经营活动中，出于共同的目的，几个系统和系统的几个要素共同负责、共同管理形成相互交叉、相互依存的区域和环节。综合运输中的各类结合部往往不是孤立的，而是相互联系、相互依存的。它们分布于管理的各个层次，贯穿于生产的全过程，处于变化之中。这些结合部呈现的基本特征是多重作业、多元集合、多级传递、多种形态。

（四）运输枢纽

运输枢纽是综合运输体系的重要组成部分，许多客货运输往往不是通过一种运输方式一次就能完成的，需要各种运输方式衔接，这种衔接要借助运输枢纽来完成。同时，运输枢纽对其所依托城市的形成和发展具有重要的带动作用，是城市对外交通的桥梁和纽带，并与城市交通系统有着密切的联系。

1. 运输枢纽的内涵

运输枢纽是多种运输方式（至少两种）衔接处或客货流重要集散地，是共同办理旅客与货物的发送、中转和集散等目的所需的各种运输设施及辅助功能的有机综合体。运输枢纽是国家或区域综合运输系统的重要组成部分，是不同交通运输方式的交通运输网络相邻路径的交会点，是融铁路、公路、水路、航空与城市交通等多种交通运输方式所连接的固定设备和活动设备于一体的综合运输空间结构，对所在区域的综合运输网络的高效运转具有重要作用。

运输枢纽具有以下三个方面的特征：①在地理位置上，运输枢纽地处两种以上交通运输方式的衔接地区或客货流重要集散地；②在交通运输网络上，运输枢纽是运输网络上多条交通运输干线通过或连接的交会点，是交通运输网络的重要组成部分，连接不同方向的客货流，对运输网络的畅通起着重要作用；③在交通运输组织上，运输枢纽承担着各种交通运输方式的客货到发、同种交通运输方式的客货中转，以及不同交通运输方式的客货联运等运输作业。

运输枢纽作为交通运输的生产组织基地和交通运输网络中客货集散、转运与过境的场所，具有运输组织、中转换乘及换装、物流功能、多式联运、信息流通和辅助服务六大功能。

2. 运输枢纽的组成

运输枢纽包括运输子系统、设备子系统、信息子系统、人员子系统和技术管理子系统。

（1）运输子系统

运输子系统包括外部运输子系统和内部运输子系统。外部运输子系统即运输枢纽与其所在城市外部区域间联系的干线运输方式。内部运输子系统即实现运输枢纽系统内部运输联系的运输方式，包括枢纽内部联络方式、城市交通运输方式和慢行交通等。

（2）设备子系统

设备子系统可分为枢纽外部运输方式交通设备和枢纽内部运输方式交通设备。枢纽外部运输方式交通设备主要包括各种运输方式的线路及相对应的运输站点；枢纽内部运输方式交通设备主要包括枢纽内仓储设备及联络线、换乘或转运设备及场所等各种转接设备。

（3）信息子系统

信息子系统包括交通信息服务、管控中心、综合枢纽旅客换乘引导、货运集疏引导、综合枢纽协调管理以及枢纽结合部的安全救援等功能，以此提高对枢纽用户的服务质量和综合效率。

（4）人员子系统

人员子系统组成要素主要有两类：一类是旅客，包括直通旅客、中转换乘旅客和集散旅客等，他们对系统运营有不同要求；另一类是系统内部职工，主要包括第一线的基层职工和后勤、管理及技术人员等，他们是服务的提供者。

（5）技术管理子系统

技术管理子系统主要包括各种作业技术、方法和管理制度，属于系统软件部分，主要是保证枢纽内部不同交通方式间运量合理分配、相互协调等功能的实现。

3. 运输枢纽的分类

（1）按辐射范围分

运输枢纽按辐射范围分为国际性、全国性、区域性、地区性运输枢纽。评价标准主要包括铁路干线通过数量、高速公路连接条数、客货运量（主要包括班轮航线条数、航线条数、外贸货物吞吐量、旅客运输量、货邮运输量等）等指标，具体如表7.1所示。

表7.1　我国运输枢纽辐射范围及分类

服务区域	枢纽类型	代表枢纽
国际	国际性运输枢纽	北京、天津、上海、广州、深圳、成都、重庆
国内	全国性运输枢纽	长春、沈阳、石家庄、青岛
	区域性运输枢纽	丹东、黑河、满洲里
	地区性运输枢纽	一般地级市

（2）按辐射半径分

运输枢纽按服务辐射半径分为超大型、特大型、大型、中型、小型运输枢纽，具体特征见表7.2。

表7.2　我国运输枢纽服务辐射半径及分类

类型	服务辐射半径/千米	代表城市
超大型	半径≥1500	北京、天津、上海、广州、深圳等
特大型	1000≤半径<1500	长春、沈阳、石家庄、青岛等
大型	500≤半径<1000	区域性中心城市
中型	200≤半径<500	一般地级市
小型	半径<200	县级

（3）按交通方式的组合分

运输枢纽按交通方式的组合可分为：①铁路—道路枢纽，由陆路干线组成，分布于内陆地区，在较长的时期中是运输枢纽的主要形式。②水路—道路枢纽，由河运或海运与道路运输方式组成，一般水运起主要作用，道路运输以集散客货为主。③水路—铁路—道路运输枢纽，因水路有海、河之分，此类枢纽又包括海运—河运—铁路—道路枢纽、海运—铁路道路枢纽、河运—铁路—道路枢纽。前两种都以海运为主，并有庞大的水陆联运设施系统，如我国的上海、荷兰的鹿特丹、俄罗斯的圣彼得堡；后一种有些以铁路大宗为主，有些以水运为主，如武汉。④综合运输枢纽，是交通运输发展的高级阶段。具体地，由铁路、公路、水路、航空、管道两种或以上干线组成。上海、北京、沈阳、天津、武汉等地均已形成了多方式组合的运输枢纽。

（4）按交通运输干线与场站空间分布形态分

运输枢纽按交通运输干线与场站空间分布形态可分为五种：①终端式枢纽，分布于陆上干线的尽端或陆地的边缘处，如乌鲁木齐、青岛。②伸长式枢纽，干线从两端引入呈延长式布局，如兰州。③辐射式枢纽，各种干线可以从各个方向引入，如郑州、徐州。④辐射环形枢纽，由多条放射干线和将其连接起来的环线构成，如北京。⑤辐射半环形枢纽，分布于海、湖、河岸边城市。

4. 运输枢纽发展趋势

在全球经济一体化和网络经济不断发展的背景下，运输枢纽的建设呈现出以下发展趋势。

（1）运输枢纽功能的复合性与多元化

运输枢纽的功能不是单一实现旅客或货物的集散，而是成为为客货运输提供全过程服务的中心和物流的后勤基地，运输枢纽成为物流、资金流和信息流的集散地。

（2）运输枢纽内涵不断演进

世界经济在不断发展，物流的规模和结构不断发生变化，运输枢纽的作用和功能也不断发生变化，运输枢纽的内涵随着全球经济及世界交通运输体系的变化呈动态的、与时俱进的变化态势。

（3）运输枢纽建设的立体化和综合化

为满足社会经济发展对综合运输系统的要求，使运输枢纽在较长时期内适应多方向、多方式、大规模客货交流的需求，运输枢纽的建设呈现立体化和综合化的发展趋势。

二、综合运输设备系统

综合运输设备系统包括固定设备子系统和移动设备子系统，这两个系统在综合运输能力的范围内协调配合，形成优化的综合运输能力。

（一）固定设备子系统

固定设备子系统又称为运输基础设施，包括各种运输方式的线路、港站的土木建筑及其相关的技术设备，具体地说包括铁路、公路、航道、管道、桥梁、隧道、车站、枢纽、港口码头、船闸、客货运设施、航空港、机场、管路、油气泵站以及相关的通信信号与控制等设备，也包括各种运输方式的联结，是实现运输方式转换的旅客换乘或货物换装枢纽。完善的现代化的换乘或换装枢纽，是综合运输固定设备现代化的重要标志之一，其特点是一经建成就不能移动。

（二）移动设备子系统

移动设备子系统包括动力装置和运载工具，具体包括铁路的机车车辆、公路的汽车、城市的电车、水上的船舶等。为发展综合运输系统，除了要有固定设施子系统，还必须有相应的移动设备子系统，特别是能够快捷方便地实现运输方式转换的货物运输的标准化载体，才能保证运输功能的实现。

三、综合运输网络

综合运输网络是由多种交通运输方式的线路、枢纽、设施设备等通过一体化衔接、优化交通网络结构等方式构成的功能清晰、衔接顺畅、运行高效的有机综合体，主要包括网络（综合交通网络）和节点（运输枢纽）两个组成部分。我国交通运输发展已从规模扩张迈入网络优化、功能完善的新阶段，各方式的交通运输网络功能日趋完善，不同空间层次的交通运输网络功能渐趋分化。具体来说，综合运输网络化建设主要体现在以下几个方面。

（一）以高铁枢纽站为中心

伴随着高铁的快速发展，高铁客运站规划和建设更加注重高铁与其他运输方式的衔接。由于新建的高铁客运站大多位于城市外围，相比位于城市中心的既有客站，具有更好的建设条件，能够同步建设城市轨道交通、公交车场、长途车场及相关配套设施，或至少预留必要的建设条件。

（二）以客运枢纽站为中心

一些地方从城市总体规划层面分层次布局了一批城市枢纽节点，包括全国客运枢纽、区域客运枢纽、城市换乘枢纽和分区换乘枢纽等，枢纽内部在设施布局、换乘设计、交通组织三个方面进行规划，并规划建设相应的轨道交通和道路交通系统。还有一大批城市建设了城市综合客运枢纽，注重与其他运输方式、城市公交的有效衔接。

（三）以航空枢纽站为中心

各地依托大型民航机场，改变过去机场地面集疏运方式依托高速公路单一方式的不足，引入城市轨道交通、城际高铁、长途客车等多种交通方式，大大缓解了机场地面集疏运的压力，方便了旅客出行。

（四）以不同方式多种枢纽站点为中心

一些地方依托大型机场和铁路集装箱中转站，建设国际性、全国性的空港物流园区、铁路集装箱物流园区、铁路散货物流园区，并建设一批区域性物流中心、货运集散中心，依托机场、铁路、公路、内河水运等多种运输方式，实现机场、港口、货站间的互联互通，以及多种运输方式间货物运输的无缝衔接、协调发展。

四、综合运输通道

综合运输通道是指在一定地理区域内，承担主要经济点、生产点、重要城市和交通网枢纽等交通发源地之间的具有一定规模的、共同的、稳定的交通流而建设的有几种交通运输方式可供选择的宽阔地带的集合，是综合运输的组成要素。综合运输通道一般是由两种以上运输方式线路组成的承担主要客货运输任务的运输走廊，构成综合交通网的主骨架，是国家的运输动脉。

综合运输通道分类

综合运输通道是一个运输地带，并非一条运输线路，它担负着重要且大量、稳定的客货运输任务。综合运输通道是连接客货流发源地与目的地的客货流的密集地带，具有较强的吸引力。综合运输通道不仅包括各种运输线路，而且包括枢纽、港口、车站、机场以及与运输生产相配套的服务设施，形成综合运输通道的统一体。

（一）综合运输通道的构成要素

从运输领域的角度分析，综合运输通道是一个高度集成化的运输系统，它主要由以下五大基本要素构成。

1. 联结的"点"

综合运输通道沿线联结着包括城市群在内的各大、中、小城市，交通网枢纽就是综合运输通道中的"点"。"点"与"点"之间经济联系、交流紧密。

2. 运输线路

综合运输通道一般由不同运输方式、走向大致平行的多条运输线路构成，而且同一种运输方式也可能存在多条线路，这些运输线路是支撑综合运输通道的线状交通基础设施。

3. 运输工具

运输工具是指在运输线路上用于承载货物或旅客并使其发生位移的各种设备装置，它们是运输能够进行的基础设备。

4. 要素流

综合运输通道的基本功能就是输送大量的交通流（包括人流、物流、资金流、信息流和技术流）。因此，综合运输通道内的要素流就由这些物质流（人流、物流）和非物质流（资金流、信息流和技术流）构成。

5. 外部环境

综合运输通道的外部环境是指支撑综合运输通道的地域经济实体。

（二）综合运输通道的作用

1. 综合运输通道是综合运输网络的骨干

综合运输通道承担着区域内大部分大宗客货运量，是综合运输网络的骨干。同时，综合运输通道能促进各种交通运输方式合理分工、协调发展，加速完善综合通道运输体系、不断提高综合运输能力，以比较少的社会劳动消耗获得社会运力供给的较快增长。

2. 综合运输通道有利于资源的开发和利用

资源开发的难易程度很大程度上取决于交通运输条件，而综合运输通道就具有强大的交通运输能力。我国晋煤外运的几大通道的建设，是这一能源基地发展的重要条件。

3. 综合运输通道是实现生产力布局的重要手段

综合运输通道是生产力布局的基础，是地区开发的重点。综合运输通道的建设，会大大促进地区生产专业化与协作发展。在综合运输通道沿线地带，辅以其他条件，就会形成连绵的交通运输经济带。

4. 军事、政治等社会意义

综合运输通道对加强中央与地方、发达与不发达地区的政治、经济交流有很大作用。如澳大利亚的横向大铁路、我国的进藏公路与青藏铁路等。此外，综合运输通道有助于人们树立"大交通"观念，把握综合运输活动的总目标，避免各种交通运输方式片面追求自我利益，有利于提高整个综合运输系统的经济效益和社会效益。

第三节 多式联运

一、多式联运的概念

根据《联合国国际货物多式联运公约》，国际多式联运是指按照多式联运合同，以至少两种不同的运输方式，由多式联运经营人将货物从一国境内接管货物的地点运到另一国境内指定交付货物的地点。国际贸易意义上的多式联运，强调要有"多式联运提单"或"多式联运合同"。《中华人民共和国海商法》中的多式联运合同是指多式联运经营人以两种以上的不同运输方式，其中一种是海上运输方式，负责将货物从接收地运至目的地交付收货人，并收取全程运费的合同。总的来说，多式联运由多式联运经营人、发货人、契约承运人和实际承运人、收货人、多式联运合同、多式联运单据（票据）等要素构成，其核心理念在于通过协同运输，克服各种运输方式的局限性，以提供更灵活、高效、可靠的货物运输服务。

多式联运具有以下特点：①根据多式联运的合同进行操作，运输全程至少使用两种运输方式，而且是不同方式的连续运输。②多式联运是一票到底，实行单一运费率的运输。发货人只要订立一份合同，一次付费、一次保险，通过一张单证即可完成全程运输。③多式联运是不同方式的综合组织，全程运输均是由多式联运经营人组织完成的。无论涉及几种运输方式，分为几个运输区段，都由多式联运经营人对货运全程负责。

二、多式联运的形式

多式联运的组织形式主要有：①海陆联运，国际多式联运的主要组织形式，常见于远东至欧洲之间的运输。海陆联运主要由航运公司负责，签发联运提单，并与陆地运输部门合作提供联运服务。②陆桥运输，使用列车或卡车，将横贯大陆的铁路或公路作为连接海运航线和陆上专用运输路线的"桥梁"，从而实现运输。③海空联运，也称空桥运输，以海运为主，但最终的交货运输区段则由空运完成。

三、多式联运的组织

多式联运的组织主要包括运输方式的选择与货物组织形式。

（一）运输方式的选择

1. 基于运输成本的选择方法

运输成本法是一种在运输方式选择上非常重要的方法。运输成本法可以帮助企业合理评估各种运输方式所涉及的成本，并根据成本数据来作出最佳运输方式的选择。在多式联运之中，可以依据运输成本来选择利用哪种方式进行运输。以下就各种运输方式的成本作简单介绍。

（1）公路运输成本

公路运输成本是指公路运输企业为完成货位移而产生的一切费用总和。一定时期内的运输支出总额称为该时期的运输总成本，包括人力成本、车辆运营成本和其他成本三个基本部分。人力成本是公路运输成本的重要组成部分，包括司机的工资、奖金、福利、管理成本等。车辆运营成本包括燃料成本、车辆的维护和修理成本等。其他成本主要指保险费用。完成一次公路运输的总成本为人力成本、车辆运营成本和其他成本的总和，见式（7.1）：

$$C = C_P + C_V + C_O \tag{7.1}$$

式中：C——总人本；

C_P——人力成本；

C_V——车辆运营成本；

C_O——其他成本。

（2）铁路运输成本

铁路运输成本是指铁路运输过程中产生的成本。铁路运输企业对一定时期内发生的费用按一定成本计算对象汇集，以计算其运输总成本和单位成本。铁路运输成本计算以客货运输业务为成本计算对象。其中，客运成本的计算单位是千人千米，货运成本的计量单位是千吨千米，见式（7.2）、式（7.3）：

$$T_客 = Plt_客 \tag{7.2}$$

$$T_货 = Hlt_货 \tag{7.3}$$

式中：$T_客$——铁路客运成本；

$T_货$——铁路货运成本；

P——一段时间内铁路客运总人数；

H——一段时间内铁路货运总吨数；

l——运输距离；

$t_客$——单位客运成本；

$t_货$——单位货运成本。

（3）航空运输成本

航空运输成本包括运输费用、起降费用、包装与装卸费用和存储与保管费用。因此，航空运输成本的计算见式（7.4）：

$$A = Y + Q + B + D \tag{7.4}$$

其中，A表示航空运输成本。运输费用（Y）是航空物流运输中最直接和重要的成本，包括航空公司的运输费用、保险费用和其他附加费用等。起降费用（Q）是航空物流运输中一个重要的附加费用。当货物被装载或卸载时，航空公司会收取一定的起降费用。起降费用的多少取决于货物的数量、起降次数和航空公司的政策等。包装与装卸费用（B）是指将货物进行包装和装卸的费用。包装与装卸费用的多少取决于货物的特性和包装形式、装卸的复杂程度，以及航空公司的政策等。存储与保管费用（D）是指货物在航空集散中心或仓库中的存储与保管费用。

（4）水路运输成本

水路运输成本包括货物装卸成本、运输成本、码头费用、保险费用和税费。货物装卸成本（S_Z）是在货物从船上上下装卸时额外支付工人的工资，以及设备的使用费用。运输成本（S_Y）包括油费、船舶租赁等费用。码头费用（S_M）包括卸货费、装船费、泊位费等。保险费用（S_B）是船舶、货物或运输保险费。税费（S_S）包括运输税、油税等。因此，水路运输成本（S）计算如式（7.5）所示：

$$S = S_Z + S_Y + S_M + S_B + S_S \tag{7.5}$$

（5）管道运输成本

管道运输成本包括工资及附加费，外购燃料、材料，基本折旧，大修理折旧，外购电力，其他费用及输油损耗等。管道运输成本以单位输油吨数和单位吨千米为计算单位。由于不同管线的设备情况、输油量、原油的黏度不同，其成本水平也相差很大，其基本计算见式（7.6）：

$$H = RLh \tag{7.6}$$

式中：H——管道运输成本；

$\quad\quad R$——运输吨数；

$\quad\quad L$——运输里程；

$\quad\quad h$——单位运输成本。

综上，基于运输成本的运输方式的选择方法使得总运输成本（N）最小化，见式（7.7）：

$$N = \min(C + T + A + S + H) \tag{7.7}$$

2. 基于运输时间的选择方法

基于运输时间的选择方法是以所需的运输时间为基础，哪种运输时间最短就选择哪种运输方式，具体见式（7.8）：

$$X = \min \sum_{I}^{i} l_i / v_i \qquad (7.8)$$

式中：X——运输时间；

l_i——i类运输方式所运输的距离；

v_i——i类运输方式的运输速度；

I——公路、铁路、航空、水路和管道五种运输方式。

在实际操作中，还需要综合考虑货物的重量、大小、价值、运输的紧急性等因素，为选择最合适的运输方式提供参考。货物的远近是影响运输时间的重要因素。货物的价值也是影响运输时间的重要因素。如果货物的价值比较高，则需要选择一种更为安全、可靠的运输方式，比如航空运输或铁路运输。货物的大小也会对运输时间产生影响。如果货物很大，则需要选择合适的运输方式，例如通过水路或铁路进行大件货物的运输。

（二）货物组织形式

货物组织形式有零担和整箱两种，合理选择货物组织形式有助于提高运输效率。当一批货物的重量或容积不满一辆货车时，可与其他几批甚至上百批货物共用一辆货车或一节车厢装运，这叫零担运输。零担运输是一种针对小批量货物、散装货物的运输方式，通常涉及多个发货人和收货人，是一种灵活且适用于小规模货物运输的运输方式。零担运输具有较高灵活性和及时性。由于零担运输不需要等待货物，可以根据客户需求随时发车，这缩短了货物的等待时间，提高了运输的及时性，对于一些对时间较为敏感的货物具有明显的优势。零担运输也存在一些挑战，如较高的货损。由于存在多次装卸的过程，货物容易受到挤压、碰撞等损伤，也更易有遭盗窃和丢失等风险。

整箱运输是指将一整个货柜（通常是20英尺或40英尺）用于运输单一客户的货物。整箱运输通常在单位货物运输成本上相对较低。因为整个货柜被用于运输单一客户的货物，运输成本可以在货物量大的情况下得到充分的利用，从而降低每单位货物的运输成本。整箱运输通常具有较高的装卸效率，装卸过程相对简单快捷，可以缩短货物在装卸站的停留时间，提高货物的运输速度和及时性。然而，整箱运输也存在一些要求，如货物的数量要达到一定的规模，有时需要等待，货物等待时间是一个重要考虑因素。

综上所述，零担运输适用于小规模、零散货物的运输需求，为客户提供了灵活、便利、及时的运输解决方案。整箱运输具有成本相对较低、装卸效率高、货物损伤风险较低、安全性较高等特点，适用于大批量货物的长途运输需求，为客户提供了稳定、高效、安全的运输解决方案。

第四节 综合运输规划与管理

一、综合运输规划

综合运输规划是指在一定地域范围内（一个国家或地区）对交通运输系统进行总体战略部署，即根据国民经济发展的要求，从当地具体的自然条件和经济条件出发，通过综合平衡和多方案比较，确定交通运输发展方向和地域空间分布。综合运输规划是实现国民经济对交通运输要求的重要手段，也是编制各种交通运输方式总体规划的基本依据。

综合运输
规划与管理

（一）综合运输规划的总体目标

1. 适应现实国情需要，促进可持续发展战略实施

交通运输在促进经济发展的同时，具有高度的资源依赖性，大量占用土地和消耗能源，同时带来比较严重的环境污染。我国不重复西方发达国家交通发展的老路，应在确保交通运输供求总量均衡、普遍服务的总体目标前提下，优化交通运输资源配置，建立资源节约型和环境友好型的适应性综合运输网，以最小的资源和环境代价满足经济社会的运输总需求，促进经济与社会协调发展。

2. 缩小地区经济差异，促进国土资源合理均衡开发

通过综合运输规划，综合考虑我国资源分布、工业布局、城市分布和人口分布的特点，特别是我国未来可能形成的经济区划及经济中心布局，着力于形成沟通东西和南北的国家级综合运输大通道，引导和促进国土均衡开发，为缩小我国地区间差距提供基础条件。

3. 大力推进各种运输方式协调发展，充分发挥综合运输系统优势

通过综合运输规划，将各种交通运输方式有机衔接，成为不可分割的整体，从系统固有的空间特征和资源约束的角度，分析研究运输资源的最优配置，实现运输系统的整体优势和综合效益，使各种运输方式在基础设施的规划之初就做到衔接优化和协调发展。

4. 提升运输能力

运输能力是指交通运输供给满足社会经济对其需求的能力，它至少包括两方面含

义：一是与社会经济对交通运输的需求在功能上的平衡；二是与社会经济对交通运输的需求在经济上的平衡。交通运输只有在功能上和经济上协调发展，满足社会经济的需要，才能真正体现出运输能力。

（二）综合运输规划的层次划分与基本内容

按照行政区划和不同范围区域综合运输发展特点，综合运输规划可划分为国家、省（经济区）、城市群、市县四个层次。国家级综合运输规划主要研究国家发展综合运输体系的战略取向和总体部署。省级综合运输规划的重点是落实国家总体部署。经济区是我国经济发展的重要区域。近年来，国家陆续出台了有关长江三角洲地区、环渤海地区、东北老工业基地等的一系列经济区发展规划，以经济区为范围开展综合运输规划研究符合我国发展实际，经济区综合运输规划的特点总体与省级规划类似，可归为一类。城市群具有大区域和城市节点的双重特点，把城市群作为一个类型区域开展综合运输体系规划有利于打破行政区域界限，促进城际及各种运输方式间一体化运输体系的形成，有利于提升区域竞争力。市县级研究本区域内交通基础设施布局和一体化运输发展等具体问题。

虽然不同层次的综合运输体系发展规划关注的重点不同，但规划的基本内容大致相同。总的来说，区域综合运输体系规划主要包括发展现状评价、运输需求分析、发展定位与目标确立、规划方案制定和政策措施建议五个方面的内容。

1. 发展现状评价

发展现状评价是综合运输体系发展规划的逻辑起点，发展现状评价主要从综合交通网络规模及结构、综合运输通道、运输枢纽及集疏运、各种运输方式之间和城际交通与城市交通之间相互衔接等方面对综合运输的基础设施发展水平进行评价；从客货运输组织、客货运输发展、基本公共服务覆盖面等方面对综合运输的服务效率和水平进行评价；从安全应急保障能力、交通运输科技与信息化水平、绿色低碳交通运输发展等方面对综合运输的现代化水平进行评价。在此基础上，总结评价综合运输体系发展对国民经济社会发展的适应程度，分析综合运输体系发展中存在的突出问题。

2. 运输需求分析

运输需求分析是综合运输体系发展规划的理论依据，从经济社会发展总体趋势出发，从对外贸易、产业布局、城镇化、新农村建设、"两型社会"建设等方面分析综合运输体系发展的影响和需求，以及新形势下客货运输发展的新特点，并对部分客货运输指标进行定量预测，作为制定区域综合运输体系发展规划方案的重要依据。

3. 发展定位与目标确立

发展定位与目标确立是综合运输体系发展规划的战略导向，从经济社会发展战略的高度、区域整体利益的广度、交通运输自身发展需要的深度出发，研究制定适合区域特点和实际的综合运输体系发展指导思想和基本原则，提出规划期内综合运输体系发展的目标和主要指标。

4. 规划方案制定

规划方案制定是综合运输体系发展规划的核心内容，主要从基础设施、运输服务、支持系统三方面进行设计。

5. 政策措施建议

政策措施建议是综合运输体系发展规划的实施保障，从体制机制、投融资渠道、政策引导与支持等方面提出支撑和保障综合运输体系发展规划实施的主要政策措施。

（三）综合运输通道规划

1. 综合运输通道规划概述

综合运输通道规划是在对现有综合运输通道形成过程及其缺陷进行分析的基础之上，从建设、使用的角度出发，对综合运输通道的发展需求和硬件条件进行分析和明确，建立与运输业发展规律相协调、与社会经济发展需求相一致的通道运输格局，包括通道内不同运输方式的线路走向、衔接方案的拟订与方案技术经济性能的比较、优化工作。

2. 综合运输通道规划的基本要求

综合运输通道布局规划应该满足如下基本要求：①连通我国所有的直辖市、省会城市和计划单列城市及其他50万人口以上的城市，连接我国主要的陆路、海上和航空口岸。②连接区域经济中心、重要工业和能源生产基地。③为西部、中部、东部地区之间和省际沟通提供多条走廊，满足国土开发和国防功能。④构成通道的铁路干线、公路干线、内河高等级航道、航空主航线及油气主管道有机衔接和相互协调，并与国际运输网络充分衔接，体现我国运输的多样性和集约性，促进形成以优势互补为基础的一体化运输体系。

3. 综合运输通道规划的内容

综合运输通道规划的内容包括以下方面：综合运输通道的影响区、功能、地位分析；综合运输通道节点与枢纽点分析；综合运输通道区位线分析

综合运输通道规划内容

及其重要度分析；综合运输通道路线衔接方案拟订；综合运输通道方案比选、优化；综合运输通道工程规划方案形成。

二、综合运输组织管理

（一）综合运输管理

综合运输管理是通过贯彻综合运输的思想、应用综合运输的理论和采取综合运输的方法，使交通运输在发展中形成规划、建设、运营上的综合协调机制，实现交通运输在各种运输方式之间和不同区域之间的合理分工、有机衔接和密切合作，提高综合运输整体发展效率，降低综合运输成本和提高综合运输服务水平，实现不同运输方式从中央到地方的有效衔接。

按照建立综合运输体系的要求对各种交通运输方式进行综合管理，需要在国家或地方政府的层面，建立将各种运输方式纳入一个统一的部门中进行管理的交通运输管理体制，或在既有运输管理基础上形成完善、高效的综合协调机制，实现在交通运输发展上的统一规划、系统建设和建立统一的运输市场目标，实现交通运输的全面、协调和可持续发展。由于综合运输管理具有跨行业、跨地区的特点，管理的难度较大，因此，需要国家在宏观层面对综合运输管理的系统目标、职能和运行机理进行明晰和确定。

（二）综合运输体系的协调

综合运输体系的协调主要包括综合运输系统与外部大环境之间的协调、综合运输系统各子系统之间协调和各子系统内部协调。综合运输系统对外部系统之间的协调性主要受其与社会经济系统之间的矛盾影响。综合运输系统各子系统之间的协调度目前上升趋势较弱且存在着明显的反复，稳定性较差，综合运输系统协调性的提高还有一定的空间。要把握好各运输方式未来的发展趋势，加快调整运输结构，根据各种运输方式的技术经济特性调整运输设备结构并加强各运输方式间的有效衔接。

各子系统内部的协调是指各种运输方式自身的协调。公路运输作为我国客货运输的主体部分，其运输需求仍将继续保持快速增长，这对其内部协调性提出了较高的要求，但同时公路运输子系统内部协调性是五种运输方式中最低的。近年来我国铁路运输子系统内部逐渐趋于协调发展。随着铁路技术的不断突破，应在良好的基础上加快实现铁路在客货运方面的现代化。水路运输子系统内部曾一度有投入规模不足的现象，但其协调性近10年来提升较快，目前处于较高水平。随着我国不断加大对管道运输基础设施的建设力度，近年来中国管道运输子系统的内部协调性得到了一定程度的提升。航空运输子系统内部的规模效率一度波动很大，近些年来才趋于稳定，其内部协调性目前处于较高水平。

（三）运输协作的组织

运输协作是指参与运输生产经营活动的各方式、各部门、各企业之间的协作，按照层次可分为：①运输企业与货主之间的协作，主要发生在货物的发送和到达环节。②各种运输方式或各个运输企业之间的协作。如路港协作，港、站与短途疏运企业之间的协作，主要发生在客货运输的中转和集散环节，这些环节是多种运输方式的结合部。③产、供、运、销各部门、各企业之间运输过程的协作，也是第一、二层次运输协作的深入和提高，涉及运输线和运输网络，而不只限于运输过程的某个环节。

运输协作是由运输业生产的系统特点决定的。货物运输是生产过程在流通领域的继续，货物的批量、品种、去向与时间都取决于产品生产流通和消费。要在保证生产和满足消费的前提下，合理利用运输能力，消耗最短的时间，运行最短的里程，经过最少的环节，支出最少的费用，安全、准确、及时地把货物从产地运送到消费地。运输全过程一般需要长途和短途、干线和支线、多种运输方式的协调与合作，才能良好地完成运输功能。旅客运输同样也要通过运输企业与相关部门的协调才能提高服务质量。

复习讨论题

复习题　　　课件

1. 什么是综合运输？

2. 什么是多式联运？

3. 综合运输通道的作用主要有哪些？

第八章 城市交通运输

伴随着城镇化进程，城市人口日益集聚，城市交通运输为城市发展助力，影响着城市居民的生活品质。本章就城市交通运输的基本概念、构成要素、基础设施、规划与管理进行系统论述。

第一节 城市交通运输概述

一、城市交通运输的定义

城市交通运输是指在城市范围内借助交通基础设施（交通运输网络、枢纽节点和交通设施设备等）、交通工具、交通运营管理和交通服务等完成乘客或货物空间位置移动的活动。广义的城市交通运输包括城市道路交通系统、城市轨道交通系统、城市水运系统、城市航空运输系统等内容。狭义的城市交通运输仅指城市道路运输，是指城市各功能用地之间人和物的流动。这些流动都是依靠一定的城市道路进行的，是城市道路上的交通运输。城市道路交通是城市社会、经济和物质结构的基本组成部分，是城市交通运输的主体。城市道路交通运输主要由道路系统、流量系统和管理服务系统三个部分组成。道路系统包括各种交通基础设施（各等级的道路、交叉路口和城市交通管理设施），流量系统主要包括使用道路的车辆及行人，管理服务系统则是指管理交通网络和流量的各种规章制度及为交通使用者提供的各项交通服务。

城市交通
运输定义
与构成

二、城市交通运输与城市发展的关系

城市是人类社会生产力发展到一定阶段的产物，城市人口较多，居住密

城市交通
运输与城市
发展的关系

集，是经济社会生产活动较为密集的社会有机体，是区域经济社会发展的中心。城市与交通运输的关系密切，城市交通运输促进了城市的形成与演变，城市的发展也带动了城市交通运输的发展。从内在关系上说，城市交通运输与城市发展是相互影响、相互制约的。城市的发展离不开城市的交通运输。城市交通运输则是城市生产生活得以进行的重要依赖条件，也是城市与城市运动过程的组成部分。

三、城市交通运输的特点、现状与趋势

（一）城市交通运输特点

城市交通运输主要具有以下特点。

城市交通运输的特点、现状与趋势

1. 交通方式具有综合性

城市交通运输相比于公路、水路、铁路、航空、管道等单一运输方式，其交通方式具有很强的综合性。尽管在整个运输网络中城市通常只是一个节点，但它往往是作为运输枢纽而存在的，多种运输方式在城市汇集、转换。城市交通的综合性具体表现为在以道路交通为主的同时，包含铁路（含对外铁路及市内地铁）、水路、航空等多种运输方式的转换与协调。

2. 研究对象具有复杂性

在城市交通运输中，除了需要考虑比其他运输系统更为多样的载运工具和更为复杂的交通基础设施，还需要同时考虑不同的交通工具运用者。不管交通参与者采取何种交通方式，如步行、自行车、公交、摩托车、小汽车、地铁、轮渡等，其活动都将对城市交通运输产生影响，都是城市交通运输的研究对象，因此城市交通运输的研究对象更为多样与复杂。

3. 研究目标具有多样性

城市交通运输不仅涉及人与物，又涉及工程，还与交通工具的运营直接相关，因此研究目标多样。归纳来说，城市交通运输的研究目标从五个方面（5E）展开：①工程（engineering），研究能满足交通需求的各种交通基础设施，包括这些交通设施的规划与设计；②法规（enforcement），由于城市交通运输的复杂性及综合性，完善的交通法规是保障城市交通运输正常运转的必要条件；③教育（education），由于所有城市居民都是城市交通运输的直接参与者，对于广大居民（特别是少年儿童）的交通意识教育是非常必要的；④能源（energy），交通工具是能源消耗大户，低能耗交通工具的研究一直是

各个国家的研究热点；⑤环境（environment），交通运输在便利居民交通的同时也带来了一系列包括废气、噪声等在内的污染问题。因此，城市交通运输的另一研究目标就是尽可能减少交通污染，保护环境。

（二）中国城市交通运输的特点

1. 交通基础设施规模与总量快速增长，但人均交通资源较低

随着我国城镇化的快速推进，城市交通基础设施建设规模不断扩大。例如城市道路总长度从2014年的35万千米增长至2022年的55.22万千米，道路面积从2014年的683028万平方米增长到2022年的1089330.1万平方米，在城市道路基础设施建设方面已取得了突出成就。但由于我国人口基数大，城市人口多，人均交通资源相对较少。2022年我国城市人均道路面积为19.28平方米，36个主要城市道路网总体平均密度为6.4千米/平方千米，与"8千米/平方千米"的国家发展目标仍存在一定差距。

2. 城市职住空间分离，通勤距离与时间较长

随着我国城镇化进程的不断加快，城区的快速扩张使得居民居住地与工作地的距离越来越远，职住空间的不平衡导致许多城市普遍存在上班出行距离较长、局部地段或高峰时段交通量大、交通严重堵塞的现象。

2023年，我国住房和城乡建设部城市交通基础设施监测与治理实验室、中国城市规划设计研究院发布了《2023年度中国主要城市通勤监测报告》，其中选取了45个中国主要城市的3.46亿人的职住和通勤样本，发现超大城市、特大城市的平均通勤半径分别为37千米、30千米，Ⅰ型和Ⅱ型大城市为27千米。解决城市通勤问题已经成为城市交通发展的重要目标之一，多项国家层面的规划都将45分钟通勤比重达到80%以上作为重要目标。2022年，中国主要城市45分钟以内的通勤比重的总体平均水平为76%，其中超大城市69%、特大城市77%，距离目标尚有较大提升空间。

3. 道路交通机非混行普遍，交通事故多发

不同于发达国家，我国是自行车、电动车大国，道路交通流中非机动车占有很大比重，机动车、非机动车混合行驶（机非混行）的现象在城市道路中十分普遍。在我国城市老城区次干道、支路，机非混行普遍，由于非机动车行驶速度可变性强、行驶路径灵活多变、不易预测，加上交通参与者的交通意识弱，交通事故多发，易造成交通堵塞。

4. 居民出行结构复杂

我国的城市居民出行结构较为复杂，主要的出行方式有轨道交通和小汽车、摩托车、公交车、电（助）动车、步行、出租车等。随着社会经济的发展，传统的自行车出行减少，而相应的私人小汽车出行增多。2022年北京市域一日出行的方式结构中，绿色出行方式比例约70%。对比各交通方式，非机动化出行占比约40.3%，地面公交占15.5%，地铁占13.2%，小汽车占27.5%，其他出行方式占3.5%。

5. "以人为本"服务不断优化

围绕以人为本的发展理念，我国城市致力于打造全方位的交通服务体系，提高交通服务质量。例如北京、上海、广州、深圳等超大城市积极构建以轨道交通为骨干、常规公交为主体、步行和自行车等多种方式为补充的相互协调的一体化公共交通出行体系。此外，不少城市借助于互联网的发展，持续推进差异化服务，全国有超过50个城市提供了基于互联网的定制公交服务，如广州市辅助交通"如约巴士"有效缓解了重点枢纽、重要时段旅客集疏运难题。随着信息技术的发展，公交智能化深入推进，移动支付、智能公交电子站牌等有效地提升了顾客的乘车体验。车辆装备也进一步提档升级，城市公共汽电车中空调车比例不断上升，更新的公交车辆也基本配备了车载视频监控和无障碍设备。

（三）中国城市交通运输的发展趋势

1. 向"以人为本"转变

目前，我国越来越注重交通公平和包容性发展，老年人、儿童、残疾人、低收入者等特殊群体有同等权利享受可达、可靠、可支付的城市交通服务，获得满足自身生存、生活和发展的机会。我国将步入老年社会，老龄化对我国城市交通将是一个新的挑战。我国不断将老龄人口的出行需求纳入城市交通规划和相关法规政策的制定之中，打造对老年人友好的无障碍出行环境。

2. 从单纯注重基础设施建设向提供高质量出行服务转变

随着我国从全面建成小康社会向社会主义现代化强国迈进，人民生活水平不断提高的同时，对城市交通出行的要求也逐渐提高，城市交通发展的出发点逐渐从单纯注重基础设施建设，满足人民基本出行需求转移到实现人民对高质量出行服务的需求上来。近年来，部分城市居民通勤道路拥堵严重，通勤时间过长，通勤过程体验不佳。因此，我国将进一步优化城市交通方式之间的衔接，充分发挥各种交通方式的优势，提高交通服务质量。我国许多城市已制定了优先发展公共交通、有计划发展轨道交通、适当限制小汽车、鼓励自行车等出行措施，缓解道路拥堵，提高出行质量。另外，我国将进一步强化土地规划，促进职住空间平衡。不少城市在新一轮交通发展战略及规划中均强调就业岗位和生活服务设施的可达性，将出行时间作为关键指标。我国《交通强国建设纲要》提出到2035年基本形成"全国123出行交通圈"（都市区1小时通勤、城市群2小时通达、全国主要城市3小时覆盖）和"全球123快货物流圈"（国内1天送达、周边国家2天送达、全球主要城市3天送达）。

3. 从交通方式相对独立发展向一体化数字化融合发展转变

党的二十大报告强调，要加快建设交通强国、数字中国。《数字交通"十四五"发展规划》明确提出，交通要全方位向"数"融合。城市交通是数字化、多方式融合发展的重要领域，在各类政策加持下，数字交通建设迎来关键发展期。例如将不同交通方式一体化融合，形成以提供综合服务为依托的一体化的"出行即服务"（MaaS）平台，为不同交通方式一体化数字化发展提供契机，依托MaaS平台打破各交通方式之间的规划、建设、监管、运营服务壁垒，为用户提供个性化、定制化、"门到门"的全链条服务。

4. 绿色出行越来越凸显

《交通强国建设纲要》《国家综合立体交通网规划纲要》《"十四五"现代综合交通运输体系发展规划》《绿色交通"十四五"发展规划》等文件接连发布，均对加快构建绿色交通运输发展体系作出了部署。"十四五"时期，我国要重点创建100个左右绿色出行城市，引导公众出行优先选择公共交通、步行和自行车等绿色出行方式，不断提升城市绿色出行水平。到2025年，60%以上的创建城市绿色出行比例要达到70%，绿色出行服务满意率要不低于80%。

随着我国的绿色出行政策制度不断健全，公共交通和慢行交通等城市绿色出行基础设施逐步完善，绿色出行服务品质显著提高，绿色出行理念深入人心。在公众普遍熟知的公交、地铁、骑行等绿色出行方式的基础上，绿色出行的内涵也在不断扩大，出行企业积极探索，致力于为公众带来更加绿色、低碳的出行体验。为适应全球环保和我国碳达峰、碳中和的要求，未来的城市交通必然是绿色、低碳的。

第二节　城市交通运输设施与设备

一、城市道路及附属设施

（一）城市道路

1. 城市道路分类

城市道路是指通达城市的各地区，供城市内交通运输及行人使用，便于居民生活、工作与文化娱乐活动，并与市外道路连接承担对外交通职能的道路。城市道路是担负城市交通的主要设施，是行人和车辆往来的专用地，是连接城市中心区、住宅区、文教区、工业区与对外交通枢纽等各个城市功能区，并与郊区各级公路、铁路场站、港口码头、航空机场等相连接贯通的交通纽带。城市道路不仅是组织城市客货运输的基础，而且也是布置城市公共管线、街区沿街绿化和划分街区的基础。因此，城市道路是城市市政设施的重要组成部分。

根据道路在城市道路系统中的地位和交通功能，我国城市道路可分为快速路、主干路、次干路和支路四类。

（1）快速路

快速路是指主要为交通通过功能服务，解决城市长距离快速交通的主要道路。道路中间设有中央分隔带，具有单向双车道或以上的多车道，进出口全部或部分采用立体交叉并设有配套的交通安全与管理设施。城市快速路有两个重要特点：一是快速路没有红绿灯，可以连续通行，因此进出口全部或部分采用立体交叉；二是只服务于城市内部。如果一条快速路已连接其他城市，则不能叫城市快速路，应该叫城际快速路。北京二环就是典型的快速路，它是北京市第一条环城快速公路，于1992年9月建成通车，也是中国第一条全封闭、全立交的城市快速环路。

（2）主干路

主干路是以交通功能为主，设计规格、行车速度低于城市快速路的城市干道。它是城市道路系统的主骨架，连接着城市的各个分区，并与城市的快速干道相交或相接。主干路上机动车与非机动车分道行驶，路幅宽度为30～60米，计算行车速度为30～60千米/时，平面交叉口间距为800～1200米。主干路上公交站点多，沿线平面交叉口多，一般采用信号灯控制。此外，主干路不宜设置公共建筑物出入口。主干路在各城市都有，一般城市都有东西方向和南北方向的几条主干路。

（3）次干路

次干路是服务于城市内部中距离出行，以区域性交通功能为主的交通干路，兼有服务功能。次干路与主干路组成路网，起到连接城市各区与集散主干路交通的作用。次干路可设置非机动车道，为了行车的安全性，一般采用机非分离的形式。次干路的两边可设人行道，也可设置吸引人流的建筑物出入口。对于次干路的交叉口，根据需要可实施信号控制并对交叉口进行渠化。

（4）支路

支路是一个地区内的道路，是联系各居住小区的道路，也是地区通向干道的道路。此外，支路可连接次干路和街坊路，以服务功能为主，直接与两侧建筑物出入口相接。同时，支路可弥补城市道路网的不足，条件允许时可设置公交线路，也可供非机动车通行。

2. 城市道路横断面

道路横断面是指垂直于道路中心线方向的断面。城市道路横断面的构成一般有车行道（路面）、人行道、路缘石、绿化带、分隔带等，在高路堤和深路堑的路段，还包括挡土墙。横断面作为道路交通流载体，其设计类型将直接影响道路安全水平和通行能力。下面介绍几种典型的城市道路横断面。

（1）单幅路

单幅路占地面积小，工程造价低，其中间不设分隔带，可利用标志标线来区分机动车和非机动车交通流，但单幅路存在各种车辆混合行驶现象，不利于交通安全，易引发交通事故。一般适用于机动车交通量不大、非机动车较少的次干路、支路，以及用地不足或拆迁困难的旧城市道路。图8.1为单幅路横断面。

（2）双幅路

双幅路是在车道中心用分隔带或分隔墩将行车道分为两部分，上下行车辆分向行驶，各自根据需要决定是否划分快、慢车道，减少对向干扰，提高车速。此外，中央分隔带上还可布置相应的绿化植被，减轻驾驶员心理紧张及眩光的不利影响，提高行车安全。双幅路也存在机非混行现象，相互干扰较大，既影响机动车行车速度，也影响行车安全。一般适用于单向两条机动车车道以上、非机动车较少的道路。图8.2所示为双幅路横断面。

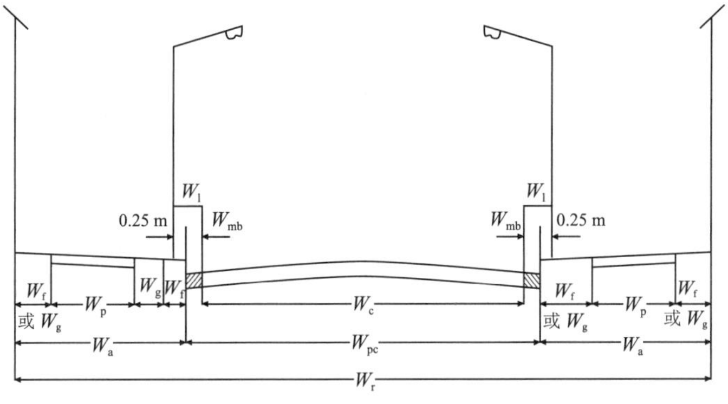

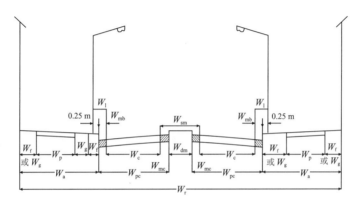

图 8.1 单幅路横断面

图 8.2 双幅路横断面

（3）三幅路

三幅路中间为双向行驶的机动车道，两侧为靠右行驶的非机动车道，机动车和非机动车道间用分隔带或分隔墩分隔。三幅路较好地缓解了机非混行所产生的交通事故，同时隔离绿化带还能起到行人过街的安全岛的作用。此外，隔离绿化带还能遮阳防晒，减少对居民区的噪声影响。此断面占地较多，未消除对向机动车之间的干扰，驾驶员易受对向车辆的眩光影响，从而影响安全驾驶。三幅路适用于各种交通量均较大的主、次干路。图8.3所示为三幅路横断面。

（4）四幅路

四幅路在三幅路的基础上将中间的机动车道部分用中央分隔带分隔为两幅分向行驶。四幅路在将机动车和非机动车隔离分开的同时，也将对向行驶的机动车隔离开来，安全效果最好，但相应的占地宽度和造价也更高。适用于机动车速度高、单向两条机动车车道以上、非机动车较多的快速路及主干路。图8.4所示为四幅路横断面。

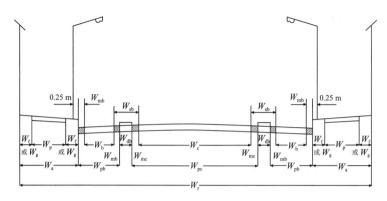

图 8.3　三幅路横断面

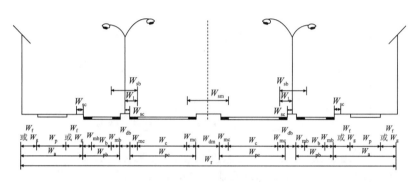

图 8.4　四幅路横断面

（二）城市道路交叉口

城市道路与道路相交的部位称为城市道路的交叉口。由于城市内的车辆与行人是通过由不同等级和不同方向的道路所组成的交通系统到达目的地，因而道路交叉口就成为城市交通快速畅通的关键部位。

城市道路交叉口可分为平面交叉和立体交叉两类。

1. 平面交叉

平面交叉是指各相交道路的中心线在同一高度相交的道口。平面交叉的形式受道路的系统规划、交通流量、交通组织、交叉口用地及其周围建筑的布局等因素的影响，常见的形式有十字形、"X"形、"T"形、"Y"形、错位交叉和复合交叉等。

进入交叉口的车辆，由于行驶方向不同，车辆与车辆相交的方式亦不相同。当行车方向互相交叉时可能产生碰撞的地点称为冲突点。当车辆从不同方向驶往同一方向或成锐角相交时可能产生碰撞的地点称为交织点。选择和设计交叉口时，应尽量减少冲突点和交织点。通常来说，产生冲突点最多的是左转弯车辆。消除冲突点和交织点可以从以下方面入手。

（1）规划方面

从规划方面着手，可以设置平行道路，在交通量大的路段设置单行车道，减少交叉口的冲突点。特大城市可规划非机动车专用道路系统，减少非机动车对机动车的影响。

（2）交通管制方面

从交通管制方面着手，可以设置信号灯来控制交通，限制大型载货汽车进入中心街道，定时限制非机动车交通，禁止左转弯交通，封闭多路口交叉的某条支路或次要道路的交通，组织单向交通等措施。

（3）工程设施方面

从工程设施方面着手，可以采用环形交叉和渠化交通。环形交叉，即在交叉口中央设置圆形或椭圆形交通岛，进入交叉口的车辆按一定速度绕岛，通常为逆时针单向行驶，一般无信号控制。渠化交通，即通过道路画线或利用绿化带分隔车道，组织车流分道行驶，使不同性质、不同速度的车辆能像渠内水流一样不受干扰地沿规定方向行驶，减少车辆行驶时的相互干扰。

2. 立体交叉

立体交叉是指交叉道路的中心线在不同标高相交的道路交叉口。其特点是各相交道路的车流互相不干扰，可以各自保持原有的行车速度通过交叉口。根据相交道路上行驶的车辆能否相互转换，立体交叉又可分为分离式和互通式两种（见图8.5）。分离式立体交叉，是指上下道路之间不设匝道，因此在上、下道路上行驶的车辆不能相互转换的交叉方式。当快速干道与城市次要道路相交时，可采用分离式立交，保证干道交通快速畅通。互通式立体交叉是指设跨线构造物使相交道路空间分离，且上、下道路间通过匝道

（a）分离式立交　　　　　　　　　　（b）互通式立交

图8.5　立体交叉

连接，以供转弯车辆行驶的交叉方式。这种立交使车辆可以转弯行驶，全部或部分消灭了冲突点，各方向行车相互干扰小，但立交结构复杂，占地多，造价高。互通式立体交叉适用于高速公路与其他各类道路相交处。

（三）停车场

停车场是城市交通的基本基础设施之一。城市中的车辆大部分时间都处于停放状态。因此，为了满足城市交通的需要，除了有足够多的道路，还要有一定数量的停车场进行配套。停车场一般由通道、泊位、出入口、管理设施等组成。通道是指停车场内供汽车行驶和行人通行的道路。泊位是为停放汽车而专门划分设立的停车空间。出入口是指停车场与城市道路相衔接的点。管理设施则包括停车引导设施、收费设施、标志标线等。

停车场

（四）道路交通隔离设施

为了严格交通管理，在城市道路的车行道与人行道之间、机动车道与非机动车道之间，以及两条对向行驶的机动车道之间的界线位置应安装隔离设施。道路交通隔离设施主要起到分隔（功能区域、施工区域等）、阻拦（施工、危险或其他特殊功能区域）、警示（异常区域）和装饰等作用，主要有物理隔离、标线隔离两种常见形式。

道路交通隔离设施分永久性隔离设施与临时性隔离设施两种。临时性隔离设施是指出于临时原因，一些道路为防止行人与车辆过分集中引发交通事故而安放的隔离设施，当道路恢复正常运行后，应及时予以搬除。而有一些道路在正常运行情况下，行人和车辆始终处于相当繁忙状态时，可安装永久性隔离设施。临时性隔离设施多数由移动式墩座和链条组成，以便于装卸和运送。永久性隔离设施多数采用铸铁格栅式、钢管护栏式等，并固定安装在道路分界线位置，长期使用。

（五）道路交通标志标线

1. 交通标志

道路交通标志是一种以特定图形符号和文字传递信息，用以管理道路交通的设施。一般设置在路侧或道路上方（跨线式），道路交通标志给道路使用者以确切的道路通行信息，促使道路交通实现安全、畅通、低公害和节能。按《道路交通标志和标线 第2部分：道路交通标志》（GB 5768.2—2022）规定，道路交通标志按作用分为主标志和辅助标志，主标志分类如表8.1所示。

表8.1　主标志分类

类型	作用	示例
警告标志	警告车辆驾驶人应注意前方有难以发现的情况、需减速慢行或采取其他安全行动的情况。其形状为三角形或矩形，颜色为黄底、黑边、黑图案。	
禁令标志	禁止、限制及相应解除车辆、行人交通行为的标志。其形状为圆形或矩形，颜色为白底、红圈、红杠、黑图案。	
指示标志	指示车辆、行人行进的标志。其形状采用圆形和矩形，颜色为蓝底白图案。	
指路标志	道路信息的指引，为驾驶人提供去往目的地所经过的道路、沿途相关城镇、重要公共设施、服务设施、地点、距离和行车方向等信息。指路标志不应指引私人专属或商用目的地信息。其形状为矩形，颜色为蓝底白图案或绿底白图案。	

　　辅助标志共五种，是附设在主标志下，起辅助说明作用的标志，这种标志不能单独设立和使用。辅助标志按其用途又分为表示时间、表示车辆种类、表示区域距离、表示警告和禁令理由的辅助标志以及组合辅助标志等几种。其形状为长方形，其颜色为白底、黑字、黑边框。此外，目前还出现了一种可变交通信息标志，它根据检测到的道路实际交通状况（如占道施工、阻塞、气候变化等），把各种信息及时显示出来，传达给车辆驾驶人员和行人。

2.交通标线

　　道路交通标线是由各种路面标线、箭头、文字、图案及立面标记、实体标记、突起路标和轮廓标等构成的交通设施。交通标线是一种路面法规，其作用是管制和引导交通，可以和各种交通标志配合使用，也可以单独使用。道路交通标线能够将道路的各种固定情报传递给车辆和行人。因此，在道路行驶过程中，熟练地区分各种标线，对正确控制行车方向，快速驾驶，减少交通事故，保护车辆和人身安全具有十分重要的作用。

　　标线颜色除少数注明可用黄色外，大多使用白色。道路交通标线按其不同的功能大致可划分为三个类别：①指示标线，是指示车行道、行车方向、路面边缘、人行道、停车位、停靠站及减速丘等的标线；②禁止标线，是告示道路交通的遵行、禁止、限制等特殊规定的标线；③警告标线，是促使道路使用者了解道路上的特殊情况，提高警觉准备应变防范措施的标线。

（六）城市交通工具

1.公共汽车

公共汽车（见图8.6），即巴士或大巴，是客车类中大、中型客车的典型车型，是为解决城市和城郊运输而专门设计使用的商用车。与其他客运交通工具相比，公共汽车在线路设置和车辆运行等方面具有高度的机动灵活性。公共汽车的分类有很多种，按照运行区间分，可以分为短途（市区内）和长途（市区间）公共汽车。按照车型结构分，可分为单层、双层、铰接式公共汽车等。按照燃料种类分，可以分为燃油、燃气和电动公共汽车。根据工业和信息化部制定的《推动公共领域车辆电动化行动计划》，到2035年，我国城市公共汽车将全面实现电动化。

图 8.6　公共汽车

2.公共电车

城市公共电车（见图8.7）是一种以电力为动力，由导线导向的公共汽车，是一种运量较大、运距较长、环境友好的公共交通方式，在我国获得了比较多的应用。

3.出租车

出租车（见图8.8）是指供人临时雇用的汽车，多按里程或时间收费，在城市客运交通中起到辅助作用，因而也被称为准公共交通。出租车的车型有大、中、小和微型，可根据租用者的不同需要而提供服务。由于出租车可以随时提供"门到门"服务，因而比其他公共交通更为迅速、方便。

图 8.7　公共电车

图 8.8　出租车

4. 小客车与载货车

小客车，又称"轿车"，一般指乘坐9人以下的小型轻便载客汽车。小客车是小型车大范畴的统称，并非专指运营载客汽车。根据车厢座位数量，可分为5座以下、5座、5座以上9座以下小客车。小客车具有乘坐舒适、行驶迅速、使用方便和外形美观等特点，最高车速一般可达150～200千米/时，同时机动性强，可以实现"门到门"运输，它行驶路线相对自由、灵活方便，无须换乘，舒适随意，宜个人使用。载货车又称货车或卡车，是主要用于运送货物的汽车，按照载重量分重型与轻型两种，是城市货物运输的主要载运工具。小客车与载货车如图8.9（a）～（b）所示。

（a）小客车

（b）载货车

图 8.9　小客车与载货车

5. 自行车

自行车是一种"门到门"、连续性的个体、健康交通工具。它对道路无特殊要求，适宜在一切道路和小巷内行驶，是适合距离在中速骑行半小时以内的短程代步工具。自行车可以连续骑行，单独完成出行活动，也可短途骑行至公共交通站点（备有自行车存放场地的公交站点），停车换乘公交车辆，协作完成出行活动。此外，自行车具有节约能源，没有空气污染且有益身体健康，年龄的适应性较大等优势。自行车可分为电动自行车和人力自行车，其中电动自行车由于其速度快、电力驱动、灵活方便，成为城市交通短途出行的一种常用交通工具。自行车如图8.10（a）～（b）所示。

（a）人力自行车　　　　　　　　　　（b）电动自行车

图 8.10　自行车

6. 摩托车

摩托车是由汽油机驱动，靠手把操纵前轮转向的两轮或三轮车，轻便灵活、行驶迅速，广泛用于客货运输的一种交通工具。摩托车机动灵活，可以实现"门到门"运输，适用于城市内部中短距离的出行。我国将摩托车分为轻便摩托车和摩托车两类。发动机工作容积小于50毫升，最大时速小于50千米/时的摩托车属于轻便摩托车。最大速度超过50千米/时或发动机工作容积大于50毫升的两轮或三轮机动车属于摩托车。图8.11（a）～（b）所示分别为轻便摩托车和摩托车。

（a）轻便摩托车　　　　　　　　　　（b）摩托车

图 8.11　摩托车

二、城市轨道交通及附属设施

（一）城市轨道交通

城市轨道交通设备

根据《城市公共交通分类标准》（CJJ/T 114—2007）中的定义，城市轨道交通是采用轨道结构进行承重和导向的车辆运输系统，依据城市交通总体规划的要求，设置全封闭或部分封闭的专用轨道线路，以列车或单车形式，运送相当规模客流量的公共交通方式。城市轨道交通作为城市交通的重要组成部分，具有运量大、速度快、安全准时、成本低，以及缓解城市道路拥堵和保护环境等优点。因此，城市轨道交通是解决城市人口密集、住房紧缺、道路交通拥堵、环境污染严重、能源缺乏等"城市病"的重要途径，发展城市轨道交通对于城市的可持续发展具有重大意义。

（二）城市轨道交通的主要类型

1. 地铁

城市轨道
交通分类

地铁是由电气牵引、轮轨导向、车辆编组运行在全封闭的地下隧道内，或根据城市的具体条件，运行在地面或高架线路上的大运量快速轨道交通系统。地铁适用于大城市城区、客流需求较大的骨干线路，是目前各国大城市公共交通系统的一种较好选择，如图8.12所示。地铁线路通常设在全封闭的地下隧道内，但有

图 8.12　地铁

时也会延伸到地面或设在高架桥上。地铁采用全封闭线路、专用轨道、专用信号且独立运营，具有容量大、速度快、安全、准时、舒适、运输成本低、不占城市用地等众多优点。但是地铁造价昂贵，目前我国地铁每千米造价高达4亿～5亿元。

2. 轻轨

轻轨是指采用钢轮钢轨体系的中运能的、以地上敷设为主的，在有轨电车的基础上发展起来的城市轨道交通系统，主要通过敷设方式和运能等级来区分线路是否属于轻轨系统。轻轨车辆无噪声、无尾气排放，可以行驶在隧道与行人专用区域，对乘客吸引力较大。轻轨适用于中等运量，和道路坡度

轻轨类型及
应用

较大或弯曲的大中城市，也可在特大城市配合地铁在郊区延伸，多采用全封闭或半封闭的方式。在运输能力上有较大的灵活性，其造价仅为地铁的1/5 ～ 1/3。

3. 磁悬浮

磁悬浮交通是指利用电磁力实现列车与轨道间无接触悬浮导向的交通运行系统。在《城市轨道交通分类》（T/CA MET 00001—2020）推荐的速度范围内，无论长短定子，城市交通系统中采用的磁悬浮均为中低速磁浮交通。磁悬浮系统的轨道往往采用轨道梁的高架结构，最高速度可达到500千米/时以上，是当今世界最快的地面客运交通工具，同时具有爬坡能力强、能耗低的优点，每个座位的能耗仅为飞机的1/3、汽车的70%，运行时噪声小、安全舒适，不烧油、污染少。世界上第一条高速磁悬浮商业运行线是2001年3月1日开工建设、2003年10月11日开放运行的上海磁悬浮列车示范线，线路总长30千米，运营速度可达430千米/时，总投资89亿元。

4. 跨座式单轨

单轨系统是一种车辆与特制轨道梁组合成一体运行的中运能或低运能胶轮导轨交通系统。跨座式单轨为单轨的一种，是通过单根轨道支持、稳定和导向，车体采用橡胶轮胎骑在轨道梁上运行的轨道交通制式。跨座式单轨的速度可以达到80千米/时，属于中等运量轨道交通系统，其特点是适应性强、噪声低、转弯半径小、爬坡能力强，能更好地适应复杂的地形地貌环境。跨座式单轨在建设过程中投资少、周期短、智能环保、适用性强，其高架桥桥墩宽度平均不到2米，桥墩占地宽度比其他高架轨道交通节省近一半，在城市道路中央或道路两旁的绿化带即可立柱、占地面积小、遮挡少、选线灵活、对现有城市道路的交通干扰很轻微。跨座式单轨建设周期仅为地铁的一半，造价成本仅为地铁的1/3。日本轨道交通系统是最先将单轨交通用作城市轨道交通并进行规模化修建的轨道交通系统（如图8.13所示）。

5. 悬挂式单轨

悬挂式单轨也是单轨的一种，与跨座式单轨系统的区别在于其所依靠的轨道位于列车的上方（如图8.14所示）。悬挂式单轨铁路以高架兴建，地面上只需很小的空间来建造承托轨道的桥墩，并且列车下方的空间很大，没有其他高架铁路的庞大桥身，可以自由通车，因此可以建在城市CBD（中央商务区）等交通拥堵严重的地方以缓解城市交通压力。悬挂式单轨铁路能有效利用道路中央隔离带和城市低空，适用于建筑物密度大的狭窄街区，其还可以通过列车表面装饰来增加游览观光的趣味性，更好地融入当地文化特色，成为一道流动的、亮丽的风景线。

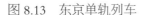

图 8.13　东京单轨列车　　　　　　　　　图 8.14　武汉光谷空轨

第三节　城市运输

一、城市运输的概念

城市运输是在城市范围内借助于交通基础设施（运输网络、枢纽节点和运输设施设备等）、运载工具、运输运营管理和运输服务等完成货物空间位置移动的活动。城市运输是城市运行的重要支撑，物资的快速流动使得城市经济高效运转。根据运输货物的不同，城市运输主要分为工业品运输、日用品和食品运输、建筑材料运输、能源运输等。城市运输以城市道路为主体，同时包括水路运输、铁路运输等运输形式。城市运输以短途配送为主，行驶里程相对较短，但城市运输频繁，运输路线的合理规划与车辆调度对运输效率有着重要影响。

二、运输路径的选择

（一）运输路径选择的原则

运输路径选择是城市运输管理中的重要内容，对货物快速、安全、经济地到达目的地有直接影响。一般来说，运输路径的选择需要遵循以下原则。

1. 最短路径原则

选择最短路径是城市运输的基本原则之一。最短路径不仅可以减少运输时间，提高货物的及时性，同时也有助于降低运输成本。

2. 最低成本原则

运输成本是城市运输路径选择的关键，选择最低成本的路径，可使整体运输更具竞争力。

3. 最安全原则

安全是城市运输的首要任务，最安全原则强调避免高风险区域、陡坡、恶劣天气等因素，确保货物在运输过程中不受损坏或丢失。

4. 最环保原则

随着环保要求的提高，城市运输路径选择需要考虑减少对环境的负面影响，选择最环保路径，避免污染敏感区域，促进可持续发展。

（二）运输路径选择的方法

1. 最小树法

最小树法用于在一个路线加权连通图中找到一棵生成树，使得树的所有边权值之和最小。常见的最小生成树算法有普里姆（Prim）算法和克鲁斯卡尔（Kruskal）算法。在运输路线中找出最小生成树，可以将运输路线看作一个加权连通图，每个节点表示一个运输点，每条边表示两个运输点之间的运输路线，边权值表示运输路线的长度或费用。

最小树法具体步骤如下：①将运输路线表示为一个加权连通图，每个节点表示一个运输点，每条边表示两个运输点之间的运输路线，边权值表示运输路线的长度或费用。②使用Prim算法或Kruskal算法找到最小生成树。③最小生成树即为运输路线中的最小树。如果运输路线中存在多个起点或终点，需要将它们合并成一个节点，以保证图的连通性。另外，如果运输路线中存在环路，需要将其转化为树形结构，可以使用最小树形图算法解决。

2. 节约里程法

节约里程法是用来解决运输车辆数目不确定的问题的启发式算法，又称节约算法或节约法，通过并行方式和串行方式来优化行车距离，使得运输距离最短而找到最佳运输路线。根据配送中心的运输能力和配送中心到各个用户以及各个用户之间的距离来制定使总的车辆运输的吨千米数最小的配送方案。使用节约里程法应满足以下条件：①所有用户的要求；②不使任何一辆车超载；③每辆车每天的总运行时间或行驶里程不超过规定的上限；④用户到货时间要求。

如图8.15所示，假设O点为配送中心，它分别向地点A和B送货。设O点到地点A和地点B的距离分别为a和b，地点A和地点B之间的距离为c，现有两种运输方案。

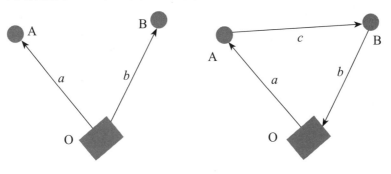

（a）两个地点单独运输　　　　（b）两个地点合成一个回路进行运输

图 8.15　节约里程法

在图8.15（a）中运输距离为$2(a+b)$，（b）中运输距离为$a+b+c$，合并后的总运输距离节约里程为$2(a+b)-(a+b+c)=(2a+2b)-a-b-c=a+b-c$。

三、车辆调度

（一）车辆调度的原则

在城市运输中，车辆调度是至关重要的，直接关系到运输的顺畅和效率。车辆调度需要遵循一定的原则。比如选择运输车辆时，首先要求车辆满足载货量和货物尺寸。其次是根据运输距离和路况合理选择以确定适用的车型和运输量。在城市拥堵的情况下，电动车辆可能更为经济和环保。货物运输调度也要考虑成本效益，选择成本效益最高的调度方案，可以提高整体运输系统的竞争力和盈利能力。环保、安全性、运输效率等也是考虑车辆调度的要素。

（二）车辆调度的方法

1. 经验调度法

经验调度法是一种基于经验和规则的调度方法，通常适用于中小型运输企业，其核心思想是依靠调度员的经验和规则来安排运输任务。经验调度法具有简单、灵活、快速的优点，可以提高调度员的工作效率，但依赖人工经验的调度方法存在一定的局限性和误差，很难适应复杂的运输需求。

例如某建材配送中心，某日需运送水泥580吨、盘条400吨和不定量的平板玻璃。该中心有大型车20辆，中型车20辆，小型车30辆。各种车每日只运送一种货物，运输定额如表8.2所示。

表8.2　某中心车辆运输定额

单位：吨/（日·辆）

车辆种类	运送水泥	运送盘条	运送玻璃
大型车	20	17	14
中型车	18	15	12
小型车	16	13	10

根据经验派车法确定车辆安排的顺序为大型车、中型车、小型车。货载安排的顺序为水泥、盘条、玻璃，得出派车方案如表8.3所示。

表8.3　经验派车法车辆调度

车辆种类	运送水泥	运送盘条	运送玻璃	车辆总数
大型车/辆	20	—	—	20
中型车/辆	10	10	—	20
小型车/辆	—	20	10	30
货运量/吨	580	400	100	—

注："—"表示无数据。

2. 运输定额比法

运输定额比是用来衡量运输效率的一种指标，通过计算运送能力的比值得出。运输定额比越小，说明单位距离所需的运输时间越短，运输效率越高。为了计算运输定额比，首先需要确定一个基准定额比。基准定额比是指在一定的运输条件下，通过实测的运输时间和距离计算得出的运输定额比。基准定额比可用来评估和比较不同运输方案的效率。

3. 图上作业法

图上作业法是在运输图上求解线性规划运输模型的方法，也是运输部门在实际工作中创造出来的一种货物运输规划方法。在一张运输图上通过一定步骤的规划和计算来完成物资调运计划的编制工作，以使物资运行的总吨千米数最小，可降低物资运费，并缩短运输时间。

城市运输图上作业法步骤如下。首先，编制物资平衡表（如图8.16所示）。需要确定三点：①需要调出物资的地点（即发点）及发量；②需要调进物资的地点（即收点）及收量；③总发量＝总收量。

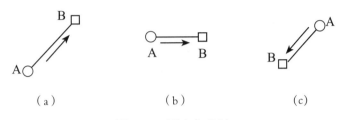

（a）　　　　　　　　（b）　　　　　　　　（c）

图8.16　图上作业法

其次，根据物资平衡表和收、发点间的相互位置绘制交通图。交通图就是表明收、发点间的相互位置以及联结这些点的交通线路的简要地图。在交通图上，用圆圈"○"表示发点，将该发点的发量填入圆圈"○"内。用方框"□"表示收点，将该收点的收量填入方框"□"内。两点间的距离，记在运输线路的旁边。

运输图绘制好后，即可在其上面进行物资调运，找出初始调运方案（初始基可行解），作物资调运流向图。用箭头"→"表示物资调运的方向即称流向，并规定流向"→"必须画在沿着线路前进的右侧。把运送物资的数量记在流向"→"的旁边并加括号"（ ）"，以区别于两点之间的距离数。为了保持图面的整洁，流向量最好不要通过收、发点和交叉路口。

第四节　城市交通运输规划

一、城市交通规划概念

城市交通规划是指根据城市交通系统的现状和特点，用科学合理的方法预测未来交通需求的发展趋势，制定一段时间内交通供给的建设任务，确定合理科学的交通管理策略，实现交通需求与供给之间的平衡，使整个交通系统高效、安全、绿色地运行。

二、城市交通规划类别

由于城市交通规划是城市发展规划中的一个部分，从宏观上看，城市交通规划可以划分为两个部分：一个是交通战略规划，即通过研究城市交通现状、城市经济发展，总结城市交通发展的优劣势，确定城市交通系统发展方向、发展目标、发展理念，确保其与城市发展规划相吻合；另一个是交通系统规划，是对交通战略规划进行深化和细化，包括城市道路系统规划、公共交通系统规划、城市停车系统规划、对外交通规划、客货运枢纽规划等，以及各系统的近期建设与治理规划。这里将主要介绍城市道路系统规划。

三、城市道路系统规划

城市道路交通系统是城市正常生产生活必不可少的重要设施。为了使城市合理高效地运转和良好发展，为人们的活动和物资的运输提供安全、高效、经济、绿色的交通条件，必须对城市道路系统进行科学、合理的规划。

城市交通道路系统规划

城市道路规划一般分城市道路发展战略规划、城市道路交通综合网络规划、城市道路近期治理规划三类。规划年限分别为20～50年、5～20年、3～5年。特大城市、大城市一般应完成三类规划，中小城市只需进行后两类规划。其主要规划内容包括：①城市道路规划工作整体设计；②城市道路系统现状调查与分析；③城市道路需求发展预测；④城市道路网规划方案设计；⑤城市道路网规划方案实施计划。

（一）城市道路规划工作整体设计

城市道路规划涉及面较广、工作量较大，是一项复杂的系统性工程。因此，在规划工作开展之前，应进行整体设计。整体设计应该包括以下内容：①建立工作机构，由于城市道路规划涉及的面较广，为了使规划工作顺利推进，需要建立专门的工作机构，协调多方事宜，确保道路合理布局、有序协调发展，防止建设决策的随意性、盲目性。一般包括规划领导小组、规划办公室、规划工作课题组三个层次。②确定该城市道路规划的指导思想与规划原则。③确定道路系统规划的范围与期限。④对规划区（直接影响区与间接影响区）进行交通小区的划分。⑤确定城市道路规划所要达到的目标。⑥规划过程总体流程设计。

（二）城市道路系统现状调查与分析

在进行城市道路规划前，需要对城市道路系统进行合理详细的调查。城市道路规划的交通调查包括以下内容。

1. 城市社会经济基础资料调查

为了分析、预测未来的城市社会经济发展变化情况，调查中应包括历史和现状的资料：①城市人口资料，包括城市人口总量和各交通区人口分布量，城市人口年龄结构、性别结构、职业结构、出生率、死亡率、机械增长率等；②国民经济指标，包括地区生产总值、各行业产值、产业结构、人均收入等；③运输量，包括客货运输量、周转量、各运输方式比例等；④交通工具，包括各方式、各车种的交通工具拥有量。

2. 城市土地使用调查

城市土地使用与城市道路交通有着密切的关系，不同性质的土地使用可产生或吸引不同性质的交通。交通与土地使用的关系是进行交通需求预测的基础。服务于交通规划的土地使用调查应包括以下内容：①土地使用性质，即各交通区主要土地使用类别的土地面积，如工业、商业、居住、科教卫等土地使用类别的面积；②就业、就学岗位数，即全部交通区或典型交通区的就业、就学岗位数；③商品销售额，即全部交通区或典型交通区的商品销售额。

3. 城市居民出行O-D调查

城市居民出行O-D调查即居民出行起讫点调查。居民出行是构成城市交通的主要部分，因此对居民出行O-D状况进行全面调查在城市交通规划中占有十分重要的地位。其目的在于了解城市居民出行的源和流，发现居民出行的发生规律，更好地进行交通预测和规划。居民出行O-D调查的内容应包括居民的性别、年龄、职业、收入、文化程度、家庭地址等基础情况，以及各次出行的目的、起点、终点、出行时间、距离、所用交通工具等出行情况。居民出行O-D调查常采用的方法有家庭访问法、电话询问调查法、明信片调查法、职工询问法等。

4. 城市流动人口出行O-D调查

流动人口作为城市总人口中较为特殊的组成部分，其出行规律如出行次数、方式等一般与城市居民出行规律有较大的差异。流动人口的组成一般较为复杂，按其在城市中停留的时间可分常住、暂住、当日进出等三种情况，按其来城市的目的又可分为出差、旅游、探亲、看病、经商、中转等。因此，流动人口出行O-D调查难度较大，对不同类别的流动人口应采取相应的调查方法。常住、暂住流动人口一般可采用与居民出行O–D调查类似的旅馆调查访问、电话询问等方法，对当日进出的流动人口则可采用在城市的出口，如车站、机场等通过直接询问等方法进行调查。

5. 机动车出行O–D调查

机动车出行O–D调查包括公交车出行O–D调查和非公交车出行O–D调查两类。城市公交车出行O–D调查的内容包括行车路线、行车次数、行车时间等，可直接由公交公司的行车记录查得。城市境内除公交车外的其他机动车辆境内出行O–D调查的内容包括车辆的种类、起讫地点、行车时间、距离、载客载货情况等。城市公交车外的其他机动车出行O–D调查的方法一般有发（收）表格法、路边询问法、登记车辆牌照法、车辆年检法、明信片调查法等。

6. 城市道路流量调查

城市道路流量资料是进行交通网络评价、交通阻抗函数标定和未来路网方案确定的重要依据。城市道路流量调查包括以下内容：①道路机动车流量，即在主要道路进行分车型、分时段的交通流量调查，重要路段应连续调查24小时，一般路段可调查16小时或12小时；②交叉口机动车流量，即在主要交叉口进行分车型、分时段、分流向的交通流量调查，流量调查持续时间应为16小时或12小时，流向调查应调查高峰小时道路交通流量；③道路自行车流量，即在主要道路进行分时段的交通流量调查，重要路段应24小时连续调查，一般路段调查16小时或12小时；④交叉口自行车流量，即在主要交叉口进行分时段、分流向的交通流量调查，调查时间应为16小时或12小时，流向调查应调查高峰小时道路交通流量；⑤核查线流量，用于校核交通预测模型，每条核查线把规划区分为两部分，尽可能利用天然障碍线如河流、铁路、城墙等，核查线与道路相交处需进行流量调查。

7. 城市道路设施调查

城市道路设施调查包括以下内容：①道路，如各道路路段的等级、机动车道及非机动车道路面宽度、机非分隔方式、长度、坡度、交通管理方式（如单行线、公交专用线）等；②交叉口，如各交叉口类型、控制方式等；③停车场，如停车场位置、停车场类型、停车容量等。

（三）城市道路需求发展预测

道路需求发展预测是城市交通运输规划的核心内容之一，是交通网络体系和断面结构设计的依据。服务于道路交通规划的城市道路需求发展预测应包括城市社会经济发展预测、城市客运需求发展预测、城市货运交通发展预测三大部分。这里将简单介绍前两者。

1. 城市社会经济发展预测

城市社会经济发展预测是城市交通客运、货运预测的基础。城市社会经济发展预测一般包括以下内容。

（1）城市经济发展预测

城市经济发展预测就是要确定各规划特征年城市经济发展指标，包括各规划特征年地区生产总值及在各交通区的分配等指标，以此作为城市客货运量预测的依据。

（2）城市人口发展预测

城市人口发展预测就是要确定各规划特征年的城市常住人口、暂住人口、流动人口规模，以此作为城市客运预测的依据。与经济发展指标一样，一般情况下市政府部门制定的城市发展纲要已经包含城市各规划特征年的人口指标。城市人口发展预测的主要任务是根据既定的人口模型和当前的人口特征资料，确定各规划特征年的人口年龄结构和人口在各小区的分布。

（3）劳动力资源与就业岗位预测

劳动力资源是指城市常住人口、暂住人口中具有劳动能力的人数。各规划特征年的劳动力资源以各规划特征年人口指标为基础，根据当前劳动力资源占总人口比例、人口的年龄结构变化（老龄化问题）、未来的退休年龄等因素确定。一般不计未来特征年的失业率，即认为劳动力市场是平衡的，那么，就业岗位数就等于劳动力资源数。

取得全市的劳动力资源数和就业岗位数后，还需将其分配到各个交通区。劳动力资源数在各交通区的分配，可根据各交通区人口数按比例进行。就业岗位数在各交通区的分配，需根据各交通区内所包含的工业、商业、科教卫等用地的面积、密度而定。

（4）学生人数与就学岗位预测

城市学生总人数的确定类似于劳动力资源预测，以各规划特征年人口为基础，根据当前学生人数在总人口中的比例、人口的年龄结构变化、义务教育的普及和高等教育的发展等因素综合确定。不考虑失学问题，可以认为未来各规划特征年的就学岗位数等于学生人数。未来各特征年学生人数在各交通区的分布，可根据各交通区人口数比例确定。就学岗位数在各交通区的分布，应根据各交通区教科卫用地的面积与密度确定。

2. 城市客运需求发展预测

城市客运需求发展预测一般包括城市居民出行生成（出行发生、出行吸引）预测、城市居民出行分布预测、城市居民出行方式结构预测和城市居民出行线路交通量预测（即交通分配）四部分，常称四阶段预测法或四步法，如图8.17（a）~（d）所示。四阶段预测法是目前最为经典的方法，它将分析区域划分成若干个交通小区，运用数理统计的方法，以单一出行、小区出行等为统计单元，基于一定时空范围内系统平衡的考虑，从出行生成、出行分布、方式划分和交通分配等环节对规划年的交通需求状态进行分析。

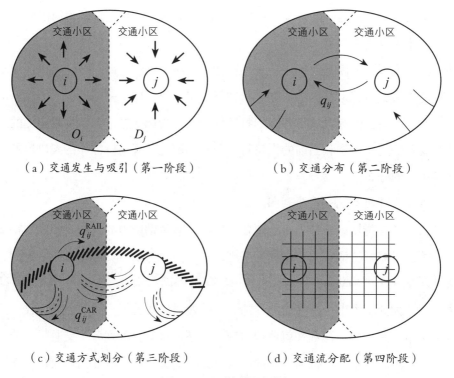

（a）交通发生与吸引（第一阶段）　　　　（b）交通分布（第二阶段）

（c）交通方式划分（第三阶段）　　　　（d）交通流分配（第四阶段）

图 8.17　四阶段预测法

（1）居民出行生成预测

城市居民出行生成预测主要计算各交通区出行所产生的发生量和吸引量。发生量与吸引量的预测方法可采用原单位法、增长率法、交叉分类法和回归分析法等。这里将简单地介绍回归分析法。

回归分析法主要通过建立回归模型，根据现有的调查数据，提取交通区交通发生量和吸引量的主要影响因素，预测规划年各小区的发生量和吸引量。这里介绍基于出行目的的回归分析方法。首先是城市居民出行发生预测。根据交通调查,将居民出行按出行目的进行划分,分析每个出行目的的主要影响因素。可采用式(8.1)计算:

$$Y_{ij} = a + bX_{ij} \tag{8.1}$$

式中:Y_{ij}——i类交通区相应于j类出行目的的出行发生量;

X_{ij}——i类交通区相应于j类出行目的的出行发生量影响因素;

a,b——回归系数,根据居民出行调查和经济调查得出。

城市居民出行吸引预测与城市居民出行发生预测一样,将城市居民出行吸引量按不同目的建立相应的模型,并采用相同的基本模型。可采用式(8.2)计算:

$$Y_{ij} = a + bX_{ij} \tag{8.2}$$

式中:Y_{ij}——i类交通区相应于j类出行目的的出行吸引量;

X_{ij}——i类交通区相应于j类出行目的的出行吸引量影响因素;

a,b——回归系数,根据居民出行调查和经济调查得出。

将各类出行目的的城市居民出行发生量和吸引量相加,便形成了城市居民全目的出行生成,它们分别是出行O-D矩阵中的行和(发生量)与列和(吸引量)。

(2)居民出行分布预测

城市居民出行分布预测就是根据前面预测的各交通区发生量及吸引量,确定各交通区之间的出行量分布,即计算未来特征年居民出行量在O-D表中的各元素值,所以出行分布模型是一种空间相互作用模型。城市居民出行分布预测模型主要分两大类:增长系数法和重力模型法。

增长系数法较为简单,首先给定一个先验的O-D矩阵,并假设未来分布量与现状分布量具有基本相同的分布形式,模型的计算主要是解决交通需求的增长和交通区之间的平衡问题。重力模型法考虑了两交通区之间的吸引强度与吸引阻力,认为两交通区之间的出行吸引与两交通区的出行发生量及吸引量成正比,与交通区之间的交通阻抗成反比。与增长系数法相比,重力模型预测考虑的因素比较全面,尤其是强调了局部与整体之间的相互作用,比较切合实际,即使没有完整的O-D表,也能预测O-D矩阵。但重力模型短程O-D分布偏大,尤其是区内出行,在预测时必须给予注意。

(3)居民出行方式结构预测

城市居民出行方式结构预测是将居民全目的出行量分解成各种交通方式的出行量,并转换成各种交通工具的出行量。在城市道路交通规划中,交通方式可分为步行、自行车、公交、出租车、摩托车、单位车、私家车及其他几类。

从目前国内城市交通预测的实践来看，在进行居民出行方式划分的预测中，一个普遍的趋势是定性分析和定量分析相结合，从宏观上考虑该城市居民出行方式结构及其内在原因，定性分析城市未来布局、规模变化趋势、交通系统建设发展趋势、居民出行方式选择决策趋势，并与可比的有关城市进行比较，初步估计规划年城市交通结构可能的取值。然后在此基础上进行微观预测，根据该城市居民出行调查资料计算出不同距离下各种方式的分担率，进而考虑各交通方式特点、最佳服务距离、不同交通方式之间的竞争等，对分担率进行修正，经过若干次计算，使其落在第一步所估计的可能取值范围内。

（4）居民出行线路交通量预测

居民出行线路交通量预测，即交通流分配，就是将预测得出的居民出行O-D交通量，根据已知的道路网描述，按照一定的规则符合实际地分配到路网中的各条道路上去，进而求出路网中各路段的交通流量、所产生的O-D费用矩阵，并据此对城市交通网络的使用状况作出分析和评价。其主要的方法包括最短路径法、系统分析方法和平衡分析方法、随机分配法，以及动态交通流分配模型。

（四）城市道路网规划方案设计

城市道路网既是组成城市各种功能用地的"骨架"，又是城市进行生产生活的"动脉"。城市道路规划是否合理，直接关系到城市发展是否合理，以及经济的运行和发展情况。城市道路规划基本遵循以下原则：①城市道路规划应结合城市自然地理特征，在一定程度上反映出城市风貌、历史和文化传统，要根据现有道路现状，因地制宜。此外，也要能适应今后城市用地的扩展、交通结构的变化和快速交通的要求。②城市道路的布局、主要线路的走向应尽量与交通流量流向一致，尽可能满足人流、货流的安全畅通。③城市道路规划和城市轨道交通线路布置应相互联系，各自发挥优势，尽可能减少相互间的交叉和冲突。④道路规划要与城市周围地区的道路网相衔接，协调一致，避免出现断头路和设计车速的急剧变化。⑤道路规划要注意道路等级的合理布置，规划的道路网络系统必须"功能分清，系统分明"，使城市各交通区之间有安全、方便、迅速的交通联系。

1. 道路空间布局规划

受社会经济、自然地理条件的影响，不同城市的道路系统有着不同的发展形态，从形式上看，常见的城市道路规划布局有四种典型类型：方格网式道路规划布局、环形放射式道路规划布局、自由式道路规划布局、混合式道路规划布局。由于每种道路规划布局有着各自的优缺点，规划时应尊重已经形成的道路规划格局，考虑对原有道路规划进行改造和发展，从城市地理条件、城市布局形态、客货运流向等方面确定城市的道路规划布局。

2. 城市各级道路设计规划

（1）快速干道设计

快速干道是为车速高、行程长的汽车交通连续通行设置的重要道路，一般在大城市、带形城市或组团式城市内设置，并与城市出入口道路和城际高等级公路相连。快速干道应设置中央分隔带，以分离对向车流，并限制非机动车进入。快速干道上出入道路的间距以不小于1.5千米为宜。快速干道与快速干道、主干道及交通量较大的次干道相交时，应采用立体交叉口。与交通量较小的次干道相交时，可采用进口拓宽式信号控制，但应保留修建立交桥的可能，原则上支路不能与快速干道直接相接，快速干道两侧不应设置吸引大量人流和车流的公共建筑出入口。

（2）主干道设计

主干道是城市道路网络的骨架，是连接城市各主要分区的交通干线，以交通功能为主，与快速干道共同承担城市的主要客货流量。主干道上的机动车与非机动车应实行分流，主干道两侧不宜设置吸引大量人流、车流的公共建筑物出入口。主干道与主干道相交时一般采用立交方式。近期采用信号控制时，应为将来修建立交桥留出足够的用地空间。主干道与次干道、支路相交时，可采用信号控制。

（3）次干道设计

次干道是介于城市主干道与支路之间，车流、人流主要交通集散的道路，广泛联系城内各区。次干道两侧可以设置吸引人流与车流的公共建筑物出入口、机动车和非机动车停车场地、公交车站和出租车服务站。次干道与次干道、支路相交时可采用平面交叉口。

（4）支路设计

支路是次干道与街坊内部道路的连接线，其上可设置公交线路。在城市分区规划时必须保证支路的路网密度，支路与支路相交可不设管制或信号控制。

（五）城市道路网规划方案实施计划

1. 城市道路网规划方案评价

城市道路网规划方案评价应遵循以下原则：①科学性。建立的评价指标必须科学、合理、客观，要保证指标内容符合路网布局规划的实际情况，能够较为准确地反映城市道路网性能及其影响。②系统性。城市道路网是一个较为复杂的系统，评价指标的选取必须充分考虑各种影响因子，按照系统性原则进行选取，能够真实反映城市道路网规划方案的效果。③可比性。方案的评价必须在平等的可比性价值体系下进行，否则就无法判断不同城市交通网络的相对优劣。④可行性。评价指标必须定义确切，便于理解，力求简明实用且方便计算。

由于城市道路网是一个复杂的系统，其有多个评价指标，解决多个指标的综合评价问题，一般是利用各种模型把所有指标值融合成一个综合值。下面介绍几种主要的评价方法。

（1）专家评价法

专家评价法主要有专家调查法、德尔菲法、访谈法等。该类方法的主要特点是通过反复询问专家意见并使专家的意见尽可能趋于一致的方式得到最终结论。比如专家调查法就是每次都请调查专家回答内容基本一致的问卷，并要求他们简要陈述自己的看法以及理由和根据，一般进行3～5轮，每轮次调查的结果经过整理后，都在下一轮调查时向所有被调查者公布，以便他们了解其他专家的意见，以及自己的看法与大多数专家意见的异同，并再次形成自己的意见。该类方法操作简单，结论易于获得，但由于主观性比较强，专家意见最后不一定收敛。

（2）经济模型评价法

经济模型评价法是通过费用效益法、投入产出法、蒙特卡罗模拟法等经济模型方法来评价方案。比如费用效益法就是按照资源合理配置的原则，从国家整体角度考察项目的费用和效益，用货物的影子价格、影子工资、影子汇率和社会折现率等经济参数分析、计算项目对国民经济的净贡献，从而在宏观上评价项目的经济合理性。该方法具有客观性，也有一定的实用性，但建模困难，而且只适合于评价经济效益和效能效益。

（3）数学评价法

数学评价法包括数据包络分析、层次分析法、模糊综合评价法、因子分析法等。比如层次分析法是将决策问题按总目标、各层子目标、评价准则直至具体备选方案的顺序分解为不同的层次结构，然后用求解判断矩阵特征向量的办法，求得每一层次的各元素对上一层次某元素的优先权重，最后采用加权和的方法确定总目标的最终权重，此最终权重最大者即为最优方案。

2. 城市道路网规划方案调整与优化

在道路网规划方案经过评价和检验后，就需要对方案进行调整与优化。检验的标准是拟定的道路规划方案是否满足道路交通需求和环境质量要求。道路规划方案的调整与优化可分为两个层次。当方案的道路服务水平质量和环境质量的状况不符合规划要求时，首先调整道路布局规划方案，对调整后的道路布局规划方案重新进行检验；如经过多次调整后仍不能满足规划要求时，应对城市总体交通规划进行反馈，提出优化意见。

3. 城市道路网规划方案实施

在规划方案调整和优化之后，需要制订道路规划方案的实施计划，拟定实施规划的步骤和措施，保证交通运输系统各项建设按照交通运输系统整体规划方案逐步实现。如果规划时间较长，就需要对计划进行滚动，在计划实施一段时间后，按照计划的执行情况和环境变化，调整和修订未来的计划，并逐期向前移动，把短期计划和中期计划结合起来。

第五节　城市交通运输管理

城市交通运输管理

一、城市交通运输管理概念

城市交通运输管理是以保证交通安全通畅，充分发挥城市交通系统最大效益，促进社会经济发展和社会文明进步为目的，由国家行政管理部门通过相关法律规范，采取各种科学合理的管理手段，在公众的参与下，对城市交通运输活动进行有效的计划、协调、管理、控制。

二、城市交通运输管理分类

根据交通运输管理的性质与内涵，交通运输管理可以分为行政管理、执法管理和运行管理。

（一）行政管理

行政管理是指政府和交通行政机构在有关法律规定的范围内，对整个交通运输系统进行计划、组织、领导、监督和控制的行政管理活动。行政管理是最高层次的交通管理。在宏观层面，它主要从社会的整体利益出发，根据全体成员的需求，对整个交通系统进行协调管理，通常与交通体制、交通政策、交通规划等有关。在微观层面，它主要体现在交通行政主管部门通过发布规范、命令、指示等形式，对交通事务进行直接协调、指挥和控制，其本质特征是强制性。行政管理的常用措施有：①行政的方法，即通过发布命令、指令、决定对交通进行管理、干预和控制；②法律的方法，即通过行政立法和行政司法管理社会交通事务；③经济的方法，即依据经济规律，运用经济杠杆管理社会交通事务。

（二）执法管理

执法管理又称交通秩序管理，是指按照交通法律法规对道路上的车流、人流及与交通有关的其他活动进行引导、限制和组织管理，包括：①交通指挥信号控制；②设置交通标志标线；③合理规划、使用现有道路；④调整、疏导交通流量；⑤纠正、取缔交通违章；⑥调查处理交通事故等，使车辆、行人各行其道，有秩序地通行。

（三）运行管理

运行管理是指运用交通技术措施对交通系统实施有组织的协调和管理活动。运行管理的目标是最大可能地发挥交通系统的效力，以保持并改善交通的基本功能。运行管理从管理模式的角度可以分为道路行车管理、步行管理、停车管理、平面交叉口管理等内容。从管理思想方法的角度可以分为系统管理、需求管理、运行组织管理和特殊事件交通管理等。下面将从管理思想方法的角度介绍不同的管理方法。

1. 系统管理

系统管理是指从城市交通运输的整体出发，将系统科学思想、理论、方法应用到交通资源开发和管理上来，通过一系列的交通管理方式和硬件管制来提高整个交通网络的运输安全与效率，使整个城市交通系统获得最大的交通效益。根据我国国情及发达国家的经验，可采用节点交通管理（如交叉口优化）、行车管理（如单行道）、区域交通管理等。

2. 需求管理

需求管理广义上是指通过交通政策的导向作用，促进交通参与者交通选择行为的变更，以减少机动车出行量，减轻或消除交通拥堵的管理；狭义上是指为削减高峰期一人乘车的小汽车通勤交通量而采取的综合性交通政策。需求管理强调从源头上对人的出行需求进行引导和调控，达到交通生成与设施供应的平衡；强调对出行结构的优化管理，减少对小汽车出行的依赖；强调促进公交优先与慢行交通保障，引导人们绿色、高效、安全出行。根据管理的性质和内容，可以将交通需求管理分为以下几类。

（1）城市规划

该方式主要通过城市规划与设计方面的措施来影响城市未来的交通发展模式，减少人们对小汽车的依赖。例如增加公交站点及沿线住宅区和商业区的开发密度是土地利用规划领域最有效的措施之一，支持这项计划的系列政策被称为公交导向型发展战略（TOD）。另一个比较典型的例子是"密路网、小街区"的规划模式，它通过创建高密度的方格路网，发展紧凑型、小尺度、高密度、混合型的城市空间，引导可持续社区交通发展。

（2）多元化出行选择

该方式主要通过增加人们的绿色出行方式，引导小汽车使用者选择其他交通工具或提高小汽车载客率。这类措施可以为市民提供可选择、可替代的出行方式，减少对小汽车出行的过度依赖。一般包括公交优先政策、慢行系统建设及空间保障、鼓励合乘、班车、校车等。

（3）市场调节

将经济措施与出行外部成本挂钩，可以很好地提高资源使用效率。这类措施尽管不受小汽车使用者的欢迎，实施难度大，影响因素多，但对交通系统的改善作用非常明显。一般包括服务价格改革、道路设施管理收费等，如拥堵收费、差别化停车收费和低排放区收费。

（4）行政强制

该方式指政府通过实施行政性措施限制小汽车的保有和使用，主要包括控制小汽车保有量增长、区域尾号限行和低排放区限行等措施。

（5）信息服务

通过为出行者提供多模式的信息服务、动态路径诱导服务和小汽车共享信息服务，引导公众绿色出行，提高载客率，并有效促进交通网络的流量均衡，提高路网运行效率。例如基于应用软件的多模式交通信息服务和电动汽车共享服务等措施。

3. 运行组织管理

运行组织管理是系统管理策略、需求管理策略等管理措施的综合运用，即运用现代化的管理方法和手段，对已有道路规定其使用方式，并对各种车辆的运行进行优化组织，使道路的交通量与道路通行能力相协调，充分发挥路网的效能。运行组织管理的关键理论基础与方法是交通流分配和模拟分析，根据现有城市路网结构与已推算出的车辆起讫点出行分布，通过交通流分配和模拟分析，在所限定的路线通行能力下，以车辆出行延误总时间最小为准则，找出较优的城市道路交通组织管理方案。

4. 特殊事件交通管理

特殊事件交通管理是指对由自然灾害、事故等原因引发的公路交通突发事件进行的管理措施。这些事件可能导致公路交通运行中断，需要及时进行抢修保通、恢复通行能力，或者由于重要物资、人员运输的特殊要求，需要提供公路应急通行保障。特殊事件交通管理的目的是确保交通系统的正常运行，保障公众出行安全，减少交通拥堵，以及在突发事件发生时，能够迅速有效地应对，最大限度地减少损失。

 复习讨论题

1. 什么是城市交通运输？

2. 谈谈你对交通运输与城市的发展关系的认识。

3. 简述交通系统管理和需求管理的不同。

复习题　　课件

第九章　智能运输系统

本章从智能运输系统的基本内涵出发，全面阐述智能运输系统构成要素与特征、现状与发展，以及交通运输全方位向"智"融合的应用实例。

第一节　智能运输系统的内涵

智能运输
系统概述

智能运输系统（intelligent transportation system，ITS）是通过对关键基础理论模型的研究，将先进的信息技术、通信技术、电子控制技术和系统集成技术等有效地应用于交通运输系统，从而建立起在大范围内发挥作用的实时、准确、高效的交通运输管理系统。ITS利用现代科学技术在人、车、路之间建立起智能的联系。车辆借助智能系统可以在道路上安全行驶，靠智能化手段将车辆运行状态调整到最佳，保障人、车、路的和谐统一，在极大地提高运输效率的同时，充分保障交通安全，改善环境，提高能源利用率。由于该系统可以使交通的功能智能化，是目前国际公认的解决城市及公路交通拥挤、改善行车安全、提高运行效率、减少空气污染等的最佳途径，也是全世界交通运输领域研究的前沿课题。ITS是解决交通问题的根本途径，也是目前世界交通运输领域研究的前沿课题，它是在当代科学技术充分发展进步的背景下产生的，是目前国际公认的解决城市交通拥挤、改善行车安全、提高运行效率、减少空气污染等的最佳途径。

第二节　智能运输系统的发展

一、日本的 ITS 发展

日本的 ITS 研究开始于 20 世纪 70 年代。1973 年，日本国际贸易与工业省发起了全面的车辆交通控制系统的研究，从而拉开了国际 ITS 研究的序幕。日本最初正式投入的系统有综合汽车控制系统（comprehensive automobile control system，CACS）。通过 CACS 实验，日本积累了汽车在城市公路网的动态路线引导方法及相关技术方面的经验，但由于完成过早，没有投入实际使用。

20 世纪 80 年代前半期，继 CACS 之后的各项工作取得了扎实的成果。日本警察厅从 20 世纪 70 年代开始，在全国设置了交通控制中心，成立日本交通管理技术协会（JTMA），开展汽车交通信息控制系统（ATICS）。1978 年，CACS 的实地试验以连接东京都中心部和成田机场接送旅客的大客车为对象，通过路、车间的通信，利用车辆自动识别（AVI）功能进行了行程时间的测定。另外，通产省设立了汽车行驶电子技术协会，任务是对改进路、车间的通信（汽车间的直接或中继数据通信）进行研究。

20 世纪 90 年代前半期，日本的 ITS 走向国际化，参加了汽车技术和自动化国际会议（ISATA）、车辆导航与信息系统会议（VNIS）、ITS 美国年会等 ITS 领域的国际会议。1994 年 1 月，成立了道路车辆智能化推进协会（Vehicle, Road and Traffic Intelligence Society, VERTIS），现改称为日本智能交通协会（ITS Japan）。

二、欧洲的 ITS 发展

从 1986 年开始，欧洲逐渐开展 ITS 领域的研究。由欧洲主要汽车公司发起的欧洲高效安全道路交通计划（Programme for European Traffic with Highest Efficiency and Unprecedented Safety，PROMETHUS）旨在以汽车为主体，利用先进的信息通信自动化技术来改善运输系统，解决交通问题；由欧洲社团委员会（European Community，EC）发起的欧洲汽车安全专用道路设施计划（Dedicated Road Infrastructure for Vehicle Safety in Europe，DRIVE）主要涉及公路和交通控制技术的研究。在 1991 年成立的欧洲道路交通通信信息实施协调组织（European Road Transport Telematics Implementation Coordination

Organization，ERTICO）作为民办的公共组织，负责监督和协调欧洲的ITS研究、发展和实施。

欧洲ITS研究的特点主要有以下五点：①在ITS领域有着广泛的研究与开发；②EC发起组织的ITS研究着重技术的部署与评价，具有高度的研究连贯性，但是与实际的应用部署尚存在差距；③欧洲在公路上广泛部署了车辆专用电台，可以向用户提供声音或编码信息（由多种语言广播，可接收实时交通状况报告）；④公共交通作为重要的研究内容，公交优先和公交乘客信息系统已投入使用；⑤无论哪个国家或企业提出的交通信息系统方案，都可以在环境不同的12个国家分别进行现场试验。因此，欧洲的ITS具有可适应各种环境的技术与发展新技术的可能性。20世纪80年代，欧洲开始推广智能交通系统，最早的智能交通系统是在德国汉堡建立的。该系统主要是通过电子设备和计算机技术，对交通流量进行监测与控制，以提高交通运输效率和安全性。此后，欧洲各国纷纷推广智能交通系统，如英国的交通管理系统、法国的智能公路系统等。下面介绍几种系统。

1. 交通效率与安全蜂窝式通信系统（System of Cellular, Radio for Traffic Efficiency and Safety, SOCRATES）

这是一种有效发挥传统的蜂窝无线电话基础设施（地面站）的作用，使交通控制中心与行驶中车辆进行双向通信的系统，它构成了DRIVE项目的核心。德国的黑森州、英国的伦敦、瑞典的哥德堡是试验项目的对象地区。

SOCRATES的下行线路可通过"广播方式"向行驶在各种地面站网络内装有SOCRATES车载装置的车辆，提供道路交通状况的详细数字信息。这些信息可与存储在车载导航计算机中的数据连接，并可用于驾驶员最佳路线的计算。上行线路利用多频存取协议经过基地台向交通控制中心发送信息。它主要用于通报行程时间、紧急事态信息等。因此，多数车辆可利用SOCRATES，不会给蜂窝式移动电话系统的能力带来影响。

2. 欧洲侦察（EURO SCOUT）

EURO SCOUT是以德国西门子公司为主开发并推向市场的系统，也是以红外线信标为媒体的动态路线引导系统。由于车辆和信标间的红外线通信是双向进行的，因此汽车变为一个探头，可将行程时间、排队等待时间及O-D信息等交通信息数据传输给中央引导计算机，并可经常更新中央数据。

EURO SCOUT车载装置由导航装置、红外线收发信号机、车辆位置测定装置及显示器、键盘等组成。红外线信标是装有车载装置车辆与中央引导计算机之间的通信频道，中央引导计算机装有道路交通图及交通信息的数据库，用该装置计算的路线基本上是行驶时所需时间最短的路线。

3. 交通主人（Trafficmaster）

Trafficmaster主要是以伦敦为中心的大范围高速公路使用的系统，是采用袖珍传呼机网络提供交通信息的系统，由名为"GENERAILOGISICS PLC"的民间企业经营。该系统由传感器、控制中心和车载终端装置三部分组成。传感器检测车辆的速度。控制中心的微型计算机计算每隔3分钟车辆的平均速度，当平均速度在30英里/时（约48千米/时）以下时，便向控制中心发出信息。车载终端装置类似于一种在收音机上安装显示器那样的装置，可显示全区域及分割放大区域的速度下降区域（交通堵塞区）。如转换成文本格式看指定页的话，便可详细了解事故、施工等特殊信息。这种车载装置如果事先登记取得ID号码，与一般的分页系统一样可以接收面向特定个人的信息，并在显示器上显示。

三、美国的ITS发展

美国的ITS研究始于20世纪60年代末期，当时被称为电子路线引导系统（electronic route guidance system，ERGS）。由于当时美国土地资源充足，且没有发生严重的交通拥堵问题，在20世纪60年代之后到80年代，美国的ITS研究并没有取得太多进展。但是，受到日欧进展的刺激和日益严重的交通问题的影响，在1987年成立了Mobility 2000组织，在其推动下，建立了全国性组织——美国智能交通协会（ITS America）。ITS America不仅是美国交通部的国家ITS研究发展规划的咨询机构，而且还负责协调美国工业部门和大学、科研机构的ITS研究。20世纪90年代初，美国开始推广智能交通系统，最早的智能交通系统是在加利福尼亚州建立的。该系统主要是通过车载设备和计算机技术，对交通流量进行监测和控制，以提高交通运输效率和安全性。此后，美国各州纷纷推广智能交通系统，如纽约州的智能公路系统、华盛顿州的智能交通系统等。美国智能交通协会是美国交通系统技术现代化的主要倡导者，专注于推进智能交通技术的研究和部署。美国智能交通协会近年来的政策分为六大类：智能基础设施、V2X和互联交通、自动驾驶汽车、按需出行性、新兴技术，以及可持续性和弹性。

四、中国的ITS发展

相比于发达国家，我国的智能交通系统起步较晚，但进展迅速，在某些领域取得了一定的成果。随着我国社会经济的发展进步和科学技术的不断突破，我国开展智能交通系统研究已具备技术基础、国家政策倾向和极具潜力的市场需求。科技部于1999年11月批准成立了国家智能交通系统工程技术研究中心。该中心以国民经济需求、行业需求和市场需求为目标导向，针对智能交通系统存在的重大技术问题，对有市场价值的重要应用科技成果进行后续工程化、产业化及系统集成的研究开发。

交通部在"九五"期间提出"建立智能公路运输的工程研究中心"，同时指出"结合我国实际情况，分阶段地开展交通控制系统、驾驶员信息系统、车辆调度和导航系统、车辆安全系统以及收费管理系统五个领域的研究与开发、工程化和系统集成。在此基础上，尽可能地将成熟的科技成果转化为实用的技术和产品"。

科技部于2000年3月组织全国交通运输领域专家组成专家组，针对"九五"国家科技攻关项目"中国ITS体系框架研究"，采用面向过程的方法，起草了中国智能交通系统体系框架。中国的ITS体系框架研究基本上是按确定用户服务内容，建立逻辑框架、物理框架，明确标准化内容这几个步骤进行，分为8个服务领域、34项服务内容、138项子服务，如表9.1所示。

表9.1　中国智能交通系统体系框架中的服务领域与服务体系

服务领域	服务
1. 先进的交通管理和规划（advanced traffic management and planning）	（1）交通运输规划支持（transportation planning support）
	（2）交通法规监督与执行（policing/enforcement traffic regulations）
	（3）基础设施维护管理（infrastructure maintenance management）
	（4）需求管理（demand management）
	（5）紧急事件管理（incident management）
	（6）交通控制（traffic control）
2. 电子收费（electronic payment service）	（7）电子收费（electronic payment service）

续表

服务领域	服务
3. 先进的出行者信息（advanced traveler information system）	（8）出行前信息服务（pre-trip information）
	（9）行驶中驾驶员信息服务（on-trip information）
	（10）在途公共交通信息服务（on-trip public transport information）
	（11）路径诱导及导航服务（route guidance and navigation）
	（12）个性化信息服务（personal information）
4. 先进的车辆安全与辅助驾驶（advanced vehicle safety and driving assistance）	（13）横向防撞（lateral collision avoidance）
	（14）纵向防撞（longitudinal collision avoidance）
	（15）交叉路口防撞（intersection collision avoidance）
	（16）视野范围的扩展（vision enhancement）
	（17）碰撞前乘员保护（pre-crash restrain deployment）
	（18）安全状况（检测）（safety condition [inspection]）
	（19）自动驾驶车辆（automatic vehicle drive）
5. 紧急事件和安全（emergency and security）	（20）紧急车辆管理（emergency vehicle management）
	（21）紧急情况的确认及个人安全（emergency notification and personal security）
	（22）易受伤害道路使用者的安全措施（safety enhancement for vulnerable road users）
	（23）公共出行安全（public travel security）
	（24）危险品及事故通告（hazardous material & incident notification）
	（25）交会处的安全服务（junctions' safety）
6. 运营管理（transport operation management）	（26）一般货物运输管理（common freight transport management）
	（27）特种运输的管理（special transportation management）
	（28）公交规划（public transport planning）
	（29）车辆监视（vehicle monitoring）
	（30）公交运营管理（public transport operation management）

续表

服务领域	服务
7. 综合运输 （inter-modal transport）	（31）提供旅客联运服务（passenger inter-modal transport）
	（32）提供货物联运服务（freight inter-modal transport）
	（33）交换客货运信息资源（exchange passenger and freight information resources）
8. 自动公路	（34）自动公路（automatic highway system）

　　逻辑框架是对系统功能的一种分类，中国的智能运输系统逻辑框架可以分为四个层次，最主要的内容就是描述系统功能和系统功能之间的数据流，如图9.1所示。在交通管理与规划服务领域，国内许多大城市（如北京、上海、大连、沈阳等）已经引入国外先进的自适应城市交通控制系统，并逐步开发出自己的新系统。

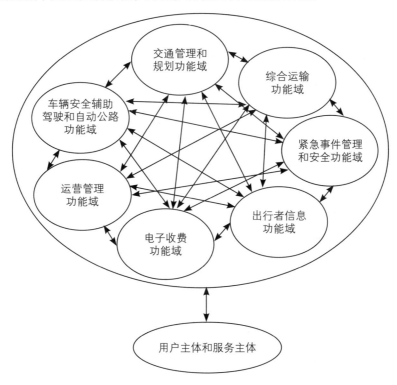

图 9.1　逻辑框架顶层设计

第三节 智能运输系统的应用

智能运输系统在国际上受到各国重视，国际ISO标准已经制定。本节介绍国际ISO标准服务领域中涉及的领域，如车联网、出行即服务（MaaS）、运输智能调度。

智能运输
系统应用

一、车联网

（一）车联网的概念与内涵

车联网的概念源于物联网，即车辆物联网，是以行驶中的车辆为信息感知对象，借助新一代信息通信技术，实现车与人、车、路服务平台之间的网络连接，提升车辆整体的智能驾驶水平，为用户提供安全、舒适、智能、高效的驾驶感受与交通服务，同时提高交通运行效率，提升社会交通服务的智能化水平。

车联网的内涵主要体现为车辆上的车载设备通过无线通信技术，对信息网络平台中的所有车辆动态信息进行有效利用，在车辆运行中提供不同的功能服务。车联网提供一个网络，使得车辆与车辆、车辆与设备、车辆与管理人员之间能够实时传播信息，能够为车与车之间的安全距离提供保障，降低车辆发生碰撞事故的概率；能够帮助车主实时导航，并通过与其他车辆和网络系统的通信，提高交通运行的效率。

（二）车联网的特征

车联网的主要特征是三网融合，即车内网、车际网和车载移动互联网的融合。车联网通过新一代信息通信技术，实现车与云平台、车与车、车与路、车与人、车内设备等全方位网络连接，主要实现"三网融合"。

1. 车与云平台间的通信

车辆通过卫星无线通信或移动蜂窝等无线通信技术实现与车联网服务平台的信息传输，接收平台下达的控制指令，实时共享车辆数据。

2. 车与车间的通信

车辆与车辆之间实现信息交流与信息共享，包括车辆位置、行驶速度等车辆状态信息，可用于判断道路车流状况。

3. 车与路间的通信

借助地面道路固定通信设施实现车辆与道路间的信息交流，用于监测道路路面状况，引导车辆选择最佳行驶路径。

4. 车与人间的通信

用户可以通过Wi-Fi、蓝牙、蜂窝等无线通信手段与车辆进行信息沟通，并能通过对应的移动终端设备监测并控制车辆。

5. 车内设备间的通信

车辆内部各设备间的信息数据传输，用于对设备状态的实时检测与运行控制，建立数字化的车内控制系统。

（三）车联网的构成

车联网主要由四个模块构成：车辆和车载系统、车辆标识系统、路边设备系统和信息通信网络系统。

1. 车辆和车载系统

通过在汽车上装载各种传感器设备，车辆不仅可以实时了解自己的位置、朝向、行驶距离、速度和加速度等信息，还可以通过各种环境传感器感知外界环境的信息，包括温度、湿度、光线、距离等。这不仅方便驾驶员及时了解车辆和相关信息，还可以使其对外界变化做出及时的反应。此外，这些传感器获取的信息还可以通过无线网络发送给周围的车辆、行人和道路，同时上传到车联网系统的云计算中心，加强了信息的共享能力。

2. 车辆标识系统

车辆标识系统由车辆上的标识和外界的标识识别设备构成，其中以射频识别（radio frequency identification，RFID）和图像识别系统为主。

3. 路边设备系统

路边设备系统沿交通路网设置，一般会安装在交通热点地区、交叉路口或者高危险地区，通过采集特定地点的车流量，分析不同拥堵段的信息，给予交通参与者避免拥堵的建议。

4. 信息通信网络系统

信息采集完成后还需要信息通信系统对各种数据进行传输，这是网络链路层的重要组成部分。目前车联网的通信系统以Wi-Fi、移动网络、无线网络、蓝牙网络为主，车联网的大部分网络需要和网络运营商合作，以便与用户的手机随时连接。

（四）车联网发展的关键技术

车联网发展的关键技术主要有以下几种。

1. 射频识别技术

射频识别是通过无线射频信号实现物体识别的一种技术，具有非接触、双向通信、自动识别等特征，不但可以感知物体位置，还能感知物体的移动状态并进行跟踪。射频识别定位法目前已广泛应用于智能交通领域，成为车联网体系的基础性技术。

2. 传感网络技术

车辆服务需要大量数据的支持，由各类传感器进行采集，组成一个庞大的数据采集系统，动态采集车联网服务所需要的原始数据，例如车辆位置、状态参数、交通信息等。

3. 卫星定位技术

导航卫星系统是车联网技术的重要技术基础，为车辆的定位和导航提供了高精度的可靠位置服务，成为车联网的核心业务之一。在我国，北斗导航卫星系统日益完善并投入使用，将成为我国车联网体系的核心技术之一，成为车联网核心技术自主研发的重要开端。

4. 无线通信技术

考虑到车辆的移动特性，车联网技术只能采用无线通信技术来进行数据传输，因此无线通信技术是车联网技术的核心组成部分之一。

5. 大数据分析技术

信息管理系统、分布式数据库、数据挖掘、聚类分析等技术，成为不断推动大数据在车联网中应用的强大驱动力。

6. 标准及安全体系

车联网的发展必须有一套统一的标准体系来规范，从而确保数据的真实性和完整性，完成各项业务的应用。建立一套高效的标准和安全体系，已经成为决定未来车联网技术发展的关键因素。

（五）车联网的发展历程与现状

车联网在国外起步较早。在20世纪60年代，日本就开始研究车间通信。2000年左右，欧洲和美国也相继启动多个车联网项目，旨在推动车间网联系统的发展。2007年，欧洲六家汽车制造商（包括宝马等）成立了车辆间通信联盟（Car2Car），积极推动建立开放的欧洲通信系统标准。2009年，日本的道路交通情报通信系统（VICS）车机装载率已达到90%。2010年，美国交通部发布了《智能交通战略研究计划》，内容包括美国车辆网络技术发展的详细规划和部署。与国外车联网产业发展相比，我国的车联网技术2009年才刚刚起步，最初只能实现基本的导航、救援等功能。随着通信技术的发展，2013年国内汽车网络技术已经能够实现简单的实时通信，如实时导航和实时监控。2014—2015年，第3代移动通信技术（3G）和无线数据通信技术标准（LTE）开始应用于车载通信系统以进行远程控制。此后发展很快，在2021中国互联网大会上发布的《中国互联网发展报告（2021）》指出，中国车联网标准体系建设基本完备，车联网成为汽车工业产业升级的创新驱动力。

二、出行即服务（MaaS）

（一）MaaS系统的内涵

MaaS是"Mobility as a Service"的缩写，意为"出行即服务"。MaaS的概念在2014年芬兰赫尔辛基举办的欧洲ITS（智能交通）大会上首次被提出。大会将其定义为只通过一个服务提供商所提供的电子交互界面来整合多种交通方式，满足客户不同的出行需求，提供量身定制的出行套餐。对这一体系的有效利用，可使人们充分了解和共享整个城市交通所能提供的资源，实现无缝对接的安全、舒适、便捷的出行服务。MaaS的核心是从拥有车辆转变为拥有交通服务，通过一体化交通出行和一站式服务，改善市民公共出行体验，属于先进的出行服务系统部分。

MaaS的整体目标是整合区域内各种交通（地面公交、轨道交通、共享汽车、共享单车）资源及城际交通（民航、高铁、长途客运）的出行方式，接入餐饮、住宿、购物、旅游等信息，基于公共交通智能调度、个人习惯分析、绿色出行优先等，结合互联网的支付能力，实现出行行程预定、路径一键规划、公共交通无缝衔接、费用一键支付等功能，整体提升公众公共交通出行满意度，提高公众绿色出行良好体验。与MaaS相关的主要系统平台分为政府部门、城区出行服务商、城际出行服务商、支付系统、个性化服务商等。图9.2所示为MaaS所连接的北京各交通服务提供商主体。

图 9.2　MaaS 连接的北京各交通服务提供商主体

（二）MaaS 系统的特征

1. 共享

MaaS 更注重交通服务的提供，而不是对交通工具的拥有，将重心全部集中于交通整体提供的服务。乘客既是交通服务的受益者，同时也是交通数据的提供者与分享者，并受益于 MaaS 对数据的挖掘分析，使整个出行服务得以优化。

2. 一体化

MaaS 基于时间或费用等敏感因子，帮助用户在各种出行模式中自动组合成多种可选的交通方式，以统筹交通、综合管理的模式统一调控交通需求，实现最优出行方案的动态推荐，并完成支付体系的一体化。从用户角度出发，MaaS 的一体化很大程度上体现在"四个一"：①一个平台。这个平台整合了多种交通出行方式，出行者无须使用不同平台切换交通方式。②一次出行规划。出行者在一个整合多种交通方式的平台上，通过输入起点和终点，一次完成整个出行规划，该出行路径可能涉及多种交通方式，但出行者无须根据交通方式的不同，自行将起终点切分为若干段。③一键支付。当出行路径规划完毕之后，涉及的多种交通方式的出行费用可以一键支付，无须区分不同交通服务提供商，在不同平台分段支付费用。④一票（码）通行。支付完成后，获得统一的通行车票（码），持有该票（码）可以自由乘坐所涉及的所有交通方式，无须根据不同交通方式选择不同票据。

3. 人性化

Maas提倡以人为本，强调为人服务，从出行者角度出发，为其提供更好的出行服务，包括舒适性的提升、时间的节约、安全的增强等。MaaS能够分析并满足各类用户不同的需求，提高用户对于交通出行的"获得感"。它的主要目标是为民众提供更高效率、更高品质、更加安全的出行服务和无缝衔接的出行体验。

4. 绿色化

从社会角度出发，MaaS的一个重要职能就是引导绿色出行。当前，城市交通拥堵正在不断蔓延，MaaS服务的提供，能够引导出行者选择绿色出行方式。MaaS将更多地鼓励民众使用公共交通方式出行，提升绿色出行的比例，减少私人机动化的出行，节能减排。共享、一体化、人性化、绿色化的MaaS是出行的未来趋势。

（三）MaaS系统的主要功能

1. 出行行程规划

（1）行程预定

行程预定是MaaS系统最基本也是最基础的功能，行程预定系统集成了所能提供的所有运输供应商，用户不再需要单独向不同运输供应商预定。行程预定系统还能通过应用程序（app）将不同运输方式的时间和价格都呈现给用户，以便他们做出决定。当用户确认行程预定后，系统能够自动将用户行程进行分解，并分别向各运输服务提供商提交订单，进行预约，同时也能自动接收各服务商反馈的预定信息并整合发送给用户，无问题则提示预定成功，并向用户发送具体的行程流程。若服务预定失败，则向用户发送提示信息并提供备选方案。

（2）路径一键规划

出行用户可以在app中输入出发地、目的地、出行时间、预算等基本信息，平台将根据用户提供的信息规划相应的行程，每一个阶段的行程都会提供可用的出行服务供用户选择，并对提供的路线行程进行排序，选出最适合用户的路线。出行计划可选的运输方式包括公交、出租车、网约车、轨道交通、共享单车、飞机、长途客运等。当出行服务可由多个运营商提供时，MaaS平台能够基于用户的个人数据推荐"最佳"选项，但同时保持其他选项可见，让用户自由选择，提供交互式行程地图，提供所有站点的位置信息覆盖，告知用户到特定站点的距离、持续时间和方向。在出行规划和出行进行阶段，用户还可以实时了解交通状况。当出现延误、取消和其他意外中断时，平台将提供可行的替代模式或路线的建议，以保持运输效率。

2. 公共交通无缝衔接

公共交通包括地面公交、轨道交通、出租车/网约车等。MaaS系统可以将各类公共交通出行体系融为一体，实现出行的无缝衔接。

（1）地面公交服务

对于MaaS系统来说，地面公交不再仅仅是单一的常规公交线路，还包括日夜班、高峰快线、商务专线、节假日旅游观光专线等多种响应式公交服务形式。多种公交运行方式可以通过MaaS平台实现运行时间接驳协同、运量运力协同，无缝衔接。通过公交预约服务，使用者可以实现"发起需求、订购座位、在线支付"的一站式公交服务。此外，平台还可以提供地面公交的运营时间表、价格信息、站点位置等各种信息。

（2）轨道交通服务

轨道交通作为大运量、快速高效、准时、绿色环保的公共交通方式，既可以弥补地面公交运量短缺的短板，也可以与地面公交无缝衔接。MaaS平台可以提供车辆运行时间表、车票价格、出入口站点位置等信息。

（3）出租车/网约车服务

MaaS平台可以结合用户定位信息以及用户的个性选择需求，向用户提供价格、行车路线、预订情况、车辆类型等方面的信息，使用户能够更加快捷安全地获得出租车/网约车服务。

3. 出行无障碍服务

MaaS平台可以为残障人士提供更有针对性的出行无障碍信息服务，彰显人道主义情怀，实现真正的出行无障碍。MaaS平台可以采集区域内盲道建设情况并导入高精度地图，通过最新的图像识别技术实现周围环境信息的精准识别和导航。视障人士可全程通过语音进行控制和操作，系统则通过终端设备进行语音提示或设备振动等多种方式为其提供导航服务，可提供公共交通、出租车乘降点、车辆到达时间、道路交通情况等出行信息。

4. 费用一键支付

出行路径规划确认完毕后，MaaS系统可以将涉及的多种交通方式的出行费用一键支付，无须区分不同交通服务提供商，在不同平台分段支付费用。支付完成后还能实现一票（码）通行，获得统一的通行车票（码），持有该票（码）可以自由乘坐所涉及的所有交通方式，无须根据不同交通方式选择不同票据。

5. 附加服务

附加服务系统可为用户提供出行地区的住宿、餐饮、购物、旅游等服务支持。用户可以预订行程中餐馆的餐位并点餐，系统根据到达时间向餐馆提交订单，用户到达后即可直接用餐，节约在途时间。在行程过程中，系统将显示行程途经地点的购物平台，满足用户的购物需求。到达后，平台还可以提供酒店预订等住宿服务，到店凭身份信息即可快速入住。此外，MaaS还支持旅游服务，提供景区信息、旅游信息、旅游攻略等，使用户在出行过程中可体会当地的人文与自然景观。

（四）MaaS系统的发展

公认的世界上第一家实现MaaS的平台——芬兰Whim平台，结合了多样化的交通方式，用户只用Whim就可以完成从出行计划、路线规划到预订购票和支付的所有事务。Whim平台集成了出租汽车、汽车租赁、公交、共享单车等服务，在具体应用过程中操作便捷，针对不同需求制定了相应的套餐内容和收费标准。除了开放接口与出租车公司、城市公共交通公司、共享单车服务商、共享汽车服务商等交通服务商进行互通，Whim与其国内数据提供商（地图服务提供商、通信运营商、大数据平台等）、当地政府和国外服务商共同构成了MaaS生态系统。可以说，MaaS在赫尔辛基的公共交通系统上体现得淋漓尽致。

2019年11月，北京市交通委员会与阿里巴巴旗下高德地图签订战略合作框架协议，共同启动了北京交通绿色出行一体化服务平台。平台以高德地图为基础，接入北京公交车、地铁、市郊铁路、网约车、长途大巴等多种交通行业大数据。在此平台框架下，2020年9月，北京市交通委、市生态环境局联合高德地图、百度地图共同启动"MaaS出行　绿动全城"行动，推出绿色出行碳普惠激励措施，为国内首次以碳普惠方式鼓励市民全方式参与绿色出行。在北京，绿色出行碳交易依托MaaS平台开展，市民可以通过高德地图体验MaaS平台的服务，使用骑行导航、步行导航或公交地铁出行，获得相应的碳减排能量，可用于兑换公共交通优惠券等礼品。从2020年9月上线到2022年

3月，在高德地图上参与北京MaaS碳普惠活动的用户数超过100万，其汇集的碳减排能量交由有关部门审核批准后，还在北京碳市场进行了交易。

2022年10月，上海市绿色出行一体化平台随申行app上线，上海MaaS系统正式面向公众提供服务。随申行集合了公交、轨道交通、轮渡等公共交通以及一键叫车、智慧停车等出行服务，公共出行服务覆盖了上海1500多条公交线路和17条轮渡线路，打车服务接入了上海市出租车统一平台，停车服务覆盖了上海89万个公共泊位。随申行还将逐步接入网约车、共享单车、省际客运等服务，进一步覆盖江苏、浙江、安徽等长三角地区。上海MaaS系统可以为用户提供智能行程规划服务，市民不仅可以根据实际需求和偏好生成最优的出行方案，还可以通过公共出行方式获得绿色积分。

广州、济南等多地均开展了MaaS系统应用探索。各地的MaaS系统应用领域非常丰富，不仅包括地铁、公交等公共交通场景，广州甚至还推出了自动驾驶MaaS平台，提供自动驾驶出租车、公交车、巡检车等多类型服务。2021年2月，广州黄埔区与百度Apollo联手打造了全球首个服务多元出行的自动驾驶MaaS平台。未来以自动驾驶、车路协同、共享化为主的MaaS模式，有望解决城市交通运力不足、交通拥堵、停车位紧张等难点。

三、运输智能调度

运输智能调度是指利用先进的信息技术、算法和数据分析，对运输系统中的车辆、船舶、飞机等运输资源进行有效调度，以提高运输效率、降低成本、缩短运输时间，同时满足不同客户运输需求的一种智能化管理方式。通过对实时数据的监测和分析，智能调度系统能够实现实时动态调整，适应运输环境的变化，提高整个运输系统的灵活性和适应性。要实现智能调度，需要将数学模型、网络优化和人工智能等主要理论方法灵活应用，并且，在运输智能调度系统中，常常采用算法优化、实时监测与控制和人工智能技术等方法对系统进行升级。运输智能调度系统具有实时性和动态性、优化效益、多样性应用、协同性的特点，提高运输效率和可靠性，优化运输网络，促进企业数字化转型。随着全球经济的集成和数字化技术的不断发展，智能调度正在成为运输领域中越来越重要的技术和趋势。

Uber（优步）旗下的物流服务平台Uber Freight（优步货运）致力于为托运人和承运人提供运输服务。自2017年5月发布智能调度平台以来，Uber Freight为多家公司的运输方案提供了优质运输服务。首先，Uber Freight能提供准确的市场价格，该价格基于司机状态、货运距离、地点、季节、货物类型等因素实时生成。Uber Freight借助机器学习来评估这些动态因素并最终给出从下单时间到两周后期间的市场报价。其次，通过分析大量历史数据、实时交通状况和货运需求，Uber Freight的智能调度系统利用先进的算法，实现对运输过程的智能优化。系统能够动态规划最优路径，避免拥堵和交通事故，以最短的时间和最经济的方式完成货物运输。这种智能算法的优化使运输资源得到更加高效的利用，降低了运输成本，提高了整个货运系统的效率。再次，Uber Freight的智能调度系统还能实时监控货运流程的各个环节。从货物发货、运输过程到最终交付，系统通过全球定位系统（GPS）、传感器等技术实时追踪货物位置、运输车辆状态和交通情况。实时监控不仅提高了货物追踪的准确性，也为运输过程中的问题提供了迅速响应机制。同时，系统为货主和运输商提供实时运输信息，增加了运输过程的透明度。最后，Uber Freight的智能调度系统积累了大量的运输数据，通过数据分析为企业提供了更科学的决策支持和更合理的运输计划。这种数据驱动的智能调度方式使得企业在竞争激烈的市场中更具优势，也促进了整个货运行业的数字化转型。

复习讨论题

复习题　　　课件

1. 什么是智能运输系统？

2. 智能运输系统的核心内容主要包括哪些？

3. 谈谈我国智能运输系统的发展历程和主要服务领域。

第十章　可持续交通运输

可持续发展是当今世界的发展目标，可持续交通运输是交通的发展方向。本章从可持续发展的内涵出发，对可持续交通运输的定义、性质、发展历程、趋势、要求、对策等进行了系统阐述。

第一节　可持续交通运输概述

可持续与
可持续交通

一、可持续的内涵

关于可持续性概念的提出，最早可追溯到1980年由世界自然保护联盟（International Union for Conservation of Nature，IUCN）、联合国环境规划署（United Nations Environment Programme，UNEP）、野生生物基金会（World Wide Fund for Nature，WWF）共同发表的《世界自然保护大纲》。1981年，美国环境思想家莱斯特·布朗（Lester R. Brown）出版了《建设一个可持续发展的社会》，提出以控制人口增长、保护资源基础和开发再生能源来实现可持续发展。1987年，世界环境与发展委员会（World Commission on Environment and Development，WCED）在《我们共同的未来》中正式提出可持续发展概念，并将其定义为："既能满足当代人的需要，又不对后代人满足其需要的能力构成危害的发展。"1992年6月，联合国在里约热内卢召开的环境与发展大会上通过了以可持续发展为核心的《里约环境与发展宣言》《21世纪议程》等文件，指出可持续发展的重要性，提出"为了可持续发展，环境保护应是发展进程的一个整体部分，不能脱离这一进程来考虑"。1994年，中国政府编制了《中国21世纪人口、环境与发展白皮书》，首次把可持续发展战略纳入我国经济和社会发展的长远规划。1997年，党的十五大把可持续发展战略确定为我国"现代化建设中必须实施"的战略。目前，可持续发展已经成为世界各国的共识。

可持续发展是一个内涵丰富的概念，涉及自然、环境、社会、经济、科技、政治等诸多方面，包括多个维度、要素和方法。狭义的可持续发展侧重于经济发展与环境保护，是指既满足当代人的需要，又不对后代人满足其需要的能力构成威胁的发展。广义的可持续发展是指一种发展思想和发展战略，目标是保证社会具有长期的持续性发展能力，确保环境、生态的安全和资源基础的稳定，避免社会、经济大起大落的波动。

可持续内涵
和可持续
发展目标

二、可持续交通运输

交通运输与可持续发展密切相关，交通方式与交通运输系统对经济、环境、社会有巨大影响。交通运输在为人们提供便利、促进经济增长的同时，也消耗了大量资源和能源，产生污染物排放、造成道路交通事故，给交通参与者带来了健康乃至生命安全的威胁。可持续交通与联合国《2030年可持续发展议程》的多个目标直接相关，对适应气候变化、消除贫困、缓解城市拥堵、减少大气污染、改善人民生活等都具有重要作用。

（一）可持续交通运输的内涵

可持续交通运输是从可持续性发展中演变出来的一部分，用来描述交通运输方式和交通运输规划系统。关于可持续交通运输的定义有很多，有将其描述为"在交通领域的可持续发展"。联合国可持续交通问题高级别咨询小组在《动员可持续交通促进发展》报告中将其定义成"为人员与货物的流动提供服务和基础设施——以安全、负担得起、可获得、有效的和有弹性的方式促进经济与社会发展，造福当今和未来几代人，同时最大限度地减少碳和其他污染物排放以及对环境的影响"。欧盟运输部长理事会认为可持续交通运输是以人类和生态系统健康的方式来满足个人、团体和社会的基本需要，并促进几代人的公平发展，而且是经济实惠、公平高效运营的，既能促进经济竞争又能协调区域发展。在能源利用方面，能够使排放量和废弃物在地球的可承受范围内，以低于可再生的速度使用可再生能源，以低于可再生替代品的开发速度使用不可再生资源，同时尽量减少土地使用和噪声产生。总体来说，可持续交通运输是建立在环境、经济、社会和科技可持续发展理念的基础上，有效利用环境资源，满足社会和经济发展的交通运输。

（二）可持续交通运输的特点

1. 经济可持续性

可持续交通运输与经济可持续发展密切相关。国际经济发展表明，决定一个国家参与国际竞争能力的关键因素是尽可能完备的基础设施。形成公路、铁路、航空、海运等多维立体的交通运输网络，能够减少社会经济的运行成本，带动地区就业增长，从而促进整体经济可持续发展。

2. 资源可持续性

交通运输是对资源高度依赖的产业之一，尤其是对土地资源的占用和化石能源的消耗，比如道路、停车用地扩建对其他类型用地的挤占，高硫燃料的使用等。可持续交通通过供给管理等手段减少交通土地占用，提高发动机燃油效率，研制节能型机动车，促进环保型新能源机动车的应用，减少化石能源消耗。目前正在推广的混合动力汽车将内燃机与电动发动机结合，提高了燃油效率。天然气逐渐成为新的运输燃料，生物燃料虽然成本明显高于能源效率措施，但基本不排放温室气体，其潜力正待发掘。

3. 环境可持续性

交通运输是温室气体的主要排放者，其产生的温室气体占全球总排放量的20%～25%。公路运输还是造成当地空气污染和烟雾的主要原因。据统计，运输能源中约有95%来自石油。可持续交通是交通与自然生态的和谐共生，要求实现高燃料效率、低二氧化碳排放，同时减少有害污染物排放，帮助实现全球控温1.5 ℃的目标。此外，可持续交通也要减少噪声，创造一个安静的运行环境。因此要努力形成绿色低碳交通方式，推广新能源、智能化、数字化、轻量化交通装备，鼓励引导绿色出行。比如韩国科学技术学院开发的一种在线电动汽车，可以在静止或驾驶时充电，消除了在充电站停车的需要。未来要将电动火车、有轨电车和电轨电车在内的绿色公共交通与可持续交通运输结合起来，大力发展绿色交通。

4. 社会可持续性

由于汽车的发展，道路开始扩建，人们对公共交通、步行、自行车的使用开始减少。随着中心城市交通拥堵的加剧，学校、图书馆等为了有更好的服务质量，逐渐远离中心城区，整体上增加了交通出行，同时也加剧了久坐不动的生活方式，带来了肥胖等健康问题，使得医疗费用增加。在可持续交通运输的驱动下，人们越来越关心它所带来的社会公平问题。比如汽车噪声污染和安全风险这些负面影响，无论是否拥有汽车，每个人都需要承担。可持续交通体现以人为本，支持改善人的健康状况，做到交通排放不对人体健康造成伤害，以及交通不会造成死亡或者严重伤害事故。此外，可持续交通运输能够保障社会公平，充分考虑低收入者和弱势群体的可得性。

5. 科技可持续性

交通运输是技术创新的重要载体，也是科技革命和产业变革的重要领域。无论是以可再生能源为动力的电动汽车、航空工具、零排放船只，还是基础设施的迭代，或是交通安全性的提高，都要依靠科技推动。

近年来，中国在智慧高铁、自动驾驶、智慧港口、智慧机场、智慧邮局等可持续交通领域作出了诸多尝试。截至2022年底，中国城市公交车、巡游出租车和新能源汽车数量分别达到70.3万辆、136.2万辆和1310万辆。新能源装备设施推广应用不断加快。关于智慧港口，厦门远海码头采用差分高精度定位与多传感器融合技术，实现无人货车自动识别规避障碍物，精确定点装卸作业，实现了货物装卸无人化。

三、可持续交通运输的发展历程、现状与趋势

可持续交通
发展及趋势

（一）可持续交通运输的发展历程

交通运输在可持续发展中的作用最早可追溯到1992年联合国地球问题首脑会议。《21世纪议程》第7章的"促进人类住区的可持续发展"和第9章的"保护大气层"分别提出"促进人类住区可持续的能源和运输系统"和"审查现有运输系统，并更有效地设计和管理交通运输系统"。随后在1997年的第十九届特别会议上对《21世纪议程》执行情况进行五年期审查时，联合国大会指出交通预计将成为世界能源需求不断增长的主要推动力。2002年联合国可持续发展问题世界首脑会议上通过的《执行计划》在基础设施、公共交通系统、货物运输网络、交通的可负担性、效率和便利性，以及改善城市空气和健康、减少温室气体排放等方面，为可持续交通运输的发展提供了多个立足点。

2012年联合国可持续发展大会上世界各国领导人一致认为，可持续交通可以促进经济增长并改善可达性，在尊重环境的同时实现更好的经济一体化，也会改善社会公平、卫生、城市复原力、城乡联系和农村地区生产力，交通和移动运输对可持续发展至关重要。随后，联合国在《五年行动议程》中确定了交通运输是可持续发展的一个主要组成部分，提出可持续交通包括公路、铁路、航空、海运、轮渡和城市公共交通等所有交通方式，并于2014年8月启动了可持续交通问题高级别咨询小组。2016年，咨询小组

在首届全球可持续交通大会上提交了《动员可持续交通促进发展》的全球可持续交通展望报告。此次大会围绕城乡交通运输、多模式交通、公共交通、可持续交通与气候变化及能源之间的关系、道路运输安全等议题进行讨论，与会各方达成一致共识，即没有可持续的交通，气候行动就不会有长足的进展；没有可持续交通，可持续发展目标就不会有长足的进展。会后通过的总结性文件《与时俱进暨可持续交通宣言》为打造现代交通模式指明了方向。2021年10月，第二届联合国全球可持续交通大会在北京举行，主题为"可持续的交通，可持续的发展"。大会主要聚焦可持续交通与减贫脱贫、民生、国际互联互通合作、绿色发展、区域发展、创新发展、安全发展、可持续城市、政府治理等九项议题，同时适当增加了保障国际交通运输畅通对促进全球经济复苏的重要作用方面的内容，旨在推动各国在交通领域加快落实联合国《2030年可持续发展议程》。

（二）可持续交通运输的发展现状

自可持续交通运输被提出以来，各国积极参与，尤其在基础设施与设备、服务管理和政府政策等方面迅速发展。全球积极推进可持续交通，交通运输基础设施与装备不断取得突破，各种能耗效率高、智能化的基础设施与设备得到迅速发展。据统计，2022年全球新能源汽车的销量为1065万辆，同比增长63.6%。随着可持续交通的深入实施，能耗效率高、环境友好型汽车越来越受欢迎。2022年，全球电动汽车（包括全电动汽车和插电式混合动力汽车）销量达到了780万辆的规模，比2021年增长约68%。同时各交通运输基础设施与设备方兴未艾，比如中国的海工机械特种船舶、大型自动化专业化集装箱成套设备的制造，美国、德国的电力、氢气和天然气的充电及加氢站的基础设施的建设，为可持续交通注入新的活力。智能铁路、智能公路、智能航空等迅速发展，其中智能公路是通过交通信息的收集和传递，实现对车流在时间、空间上的引导与分流，避免公路堵塞，改善交通运输环境，从而安全、快速、畅通、舒适地运行。欧洲国家起步较早，已经取得了一定的进展。英国智慧高速公路建设成效显著，有效地应对了自2000年以来23%的增长交通量，最繁忙的高速公路通行能力提高了1/3，运行可靠性明显提高。瑞典在一段公路上安装了太阳能传感器，可以对路面结冰等危险情况作出预警，有效地减少了事故和拥堵。我国交通运输部先后印发了《关于加快推进新一代国家交通控制网和智慧公路试点的通知》《数字交通发展规划纲要》等重要文件。2022年2月10日，杭绍台高速公路实现全线通车。该高速打造了以"准全天候通行""智慧隧道""车路协同""智慧服务区"为核心的四大特色应用场景。全球很多城市开始大力推动骑车出行，从而减少交通拥堵，促进交通的可持续性，比如利马、巴黎、亚的斯亚贝巴等数百个城市在新冠疫情防控期间不断增加新的自行车和步行设施。截至2022年4月，哥伦比亚波哥大已建立500千米的自行车道。目前，可持续交通运输基础设施与设备受到各个国家的关注。

随着"互联网＋"交通的发展，交通运输服务与现代信息技术不断融合，满足人们对快捷、便利、个性化的出行需求，提高交通效率、安全性和服务质量，促进可持续发展。欧盟19个国家联合开发的欧洲交通安全道路体系等智能交通项目，有效地缓解了城市道路过度拥堵的情况。美国智能交通服务发展成果显著，比如开罚单智能化管理、车辆个人财产税使用、网络银行支付新选择，车辆排气及安全两项年检在有维修车辆服务的加油站进行，再由修车行通过电脑把检验结果报告给车辆管理部门等，使公民出行方便快捷，节省时间金钱。此外，美国交通部在2020年3月正式启动完整出行项目，提出三年实现无障碍公交的残疾人出行满意度80%，出行者的时间减少40%，路口事故率减少20%等目标。中国作为最大的发展中国家，正在积极推动交通的云计算、大数据等新技术发展，铁路、公路、水路、民航客运电子客票、联网售票日益普及，刷脸进站、"无纸化"出行等不断涌现，公众出行品质逐步提高。截至2022年底，全国254个机场实现"无纸化"出行，41家大型机场开放了95条"易安检"通道。在服务水平提高的同时节约了资源，减少了环境污染。截至2022年底，全国不停车收费系统（electronic toll collection，ETC）客户累计超过2.5亿。

互联网、大数据等新技术的应用，不仅使可持续交通的服务水平得到提升，管理智能化水平也在不断提高。在欧洲，如瑞士苏黎世和荷兰阿姆斯特丹，自行车道和人行道均埋设特定的检测线圈，非高峰时期交通信号会根据自行车和行人的流量动态调整。瑞士公共交通准点率常年位居世界第一，87.7%的旅客可准时或者以3分钟以内的误差到达目的地，这与瑞士各城市发达的公交信号优先系统、智能化调度系统以及针对乘客的实时信息发布平台密不可分。在高速公路方面，欧洲以主动交通管控为基本路径推进智慧建设，通过跨国数据交换，构建覆盖27个国家和地区、3万千米公路的同步管理体系，实现欧洲统一标准的车路合作系统，使得拥堵减少25%、死亡和重伤人数减少25%、二氧化碳排放减少10%。除了欧洲，日本也在积极推进可持续交通发展，其融合道路交通信息通信系统和ETC功能，推出专用短距离通信（dedicated short range communication，DSRC）大容量双向通信设备，提供拥堵预测及路径规划、特殊车辆运行规律及轨迹追溯、动态费率调整、异常驾驶行为识别等智能出行引导及运营管理服务，从而提高交通安全，改善拥堵和环境等。在交通管理上，可持续交通运输体现为智能化、全局最优、个性化的标准。

国际组织和各个国家不仅在基础设施与设备、技术、管理服务方面不断发展，在政策层面也作出了诸多努力。比如2020年10月联合国欧洲经济委员会发布的《可持续城市交通和空间规划指导手册》，指导欧洲城市为交通系统和空间规划制定全局性政策。2021年，56个欧洲国家部长和代表共同通过的《维也纳宣言》以及首份《泛欧自行车出行总体规划》，推动了交通系统向更加清洁、安全、健康和包容转型，并重点在全欧洲推广自行车出行。一些城市制定更广泛的交通政策来管理出行需求，例如伦敦的拥堵费2019年总收入接近3.03亿美元。中国政府2019年发布的《交通强国建设纲要》、2021年发布的《国家综合立体交通网规划纲要》等文件，为交通可持续发展明确了方向。为充分发挥交通"先行"作用，团结世界各国积极落实联合国《2030年可持续发展议程》，中国于2021年10月在第二届联合国全球可持续交通大会上发布了《中国交通的可持续发展》白皮书，总结了中国可持续交通发展的成就、经验和做法。2022年党的二十大报告提出"推动绿色发展，促进人与自然和谐共生""统筹产业结构调整、污染治理、生态保护、应对气候变化，协同推进降碳、减污、扩绿、增长，推进生态优先、节约集约、绿色低碳发展""推进工业、建筑、交通等领域清洁低碳转型"[①]。根据党的二十大精神，2023年交通运输部等部门单位联合印发《加快建设交通强国五年行动计划（2023—2027年）》，提出要推进交通运输高水平对外开放，加强交通基础设施互联互通，着力推动国际运输便利化，加快建设中国国际可持续交通创新和知识中心，推进交通双边、区域和多边合作，促进全球交通合作。

（三）可持续交通运输的发展趋势

在经济、资源、环境、社会和科技可持续发展目标约束下，交通运输业制定新目标，把握新机遇，顺应新形势，呈现出智能化、低碳化、综合联通化三大趋势。

1. 智能化

智能化发展一直是可持续交通运输的助推剂，是促进经济发展、节约资源、实现社会公平的重要基础。各方正在积极推进交通运输智能化的发展。世界工程组织联合会指出，正在进行中的新一轮科学技术革命，各种新的能源、材料和技术不断产生，为发

---

① 习近平.高举中国特色社会主义伟大旗帜　为全面建设社会主义现代化国家而团结奋斗——在中国共产党第二十次全国代表大会上的报告 [R]. 北京：人民出版社，2022：49-51.

展可持续交通提供了不可多得的机遇。第二届联合国全球可持续交通大会成果《北京宣言》提出，恰当采用新兴技术是解决诸多挑战的关键，鼓励各国开展国际合作、能力建设和知识交流，推进技术发展和创新。完善科技创新体制机制，建立起产学研用深度融合的技术创新机制，建设一批具有国际影响力的实验室、实验基地、创新中心等创新平台，加大资源开发共享的力度，推动形成科技创新、促进可持续交通发展的良好格局。中国在交通运输领域已经布局建成22个国家重点实验室。在第二届联合国全球可持续交通大会互动区中"复兴号"模拟驾驶、5G云代驾座舱、绿色机场、5G智慧港口系统、智慧停车等可持续交通技术引起了世界的关注。可持续交通的智能化发展已成为共识。

2. 低碳化

强化交通运输节能减排，减少交通运输对能源消耗和环境影响，是推动交通运输可持续发展的重要内容。联合国报告显示，交通运输约占全球温室气体排放量24%，因此向绿色低碳转型，加快实现净零排放，是全球交通行业的重要方向，也是实现可持续发展的长久之策。联合国呼吁所有交通工具脱碳，在2050年前实现全球净零排放。2030年前将零排放船舶投入市场，在2050年前实现航运业零排放，同时在2050年前实现航空业每位乘客的碳排放减少65%。《北京宣言》也提出加快研究开发，寻求新方案，改进现有方案，从而促进交通脱碳，实现循环经济和提升交通普惠性等。建设绿色低碳交通体系已是全球各界的共识。从最初的共享单车和拼车，到越来越多使用由可再生能源驱动的电动汽车和公交车，如今各个国家、企业和社区都在加速过渡到更环保的交通模式。比如，阿根廷积极推动城市规划制定，鼓励使用公共交通，推动运输部门提高效率、使用可再生能源、发展电动汽车，并为经济发展创造了优质就业机会。澳大利亚彼得·纽曼教授表示，随着零碳经济的出现，绿色低碳转型进程将会加快。中国正从交通大国向交通强国迈进，发展节约集约、低碳环保是未来交通发展的重要任务之一。目前中国的新能源汽车数量已占全球总量一半以上，接下来将大力发展绿色交通装备，加大新一代动力电池、燃料电池等技术创新，积极推进高等级自动驾驶车辆的商业化应用。

3. 综合联通化

当今世界变局给全球各国发展带来了巨大挑战。互联互通、公平惠普，实现交通综合联通化是全球各国、各地区共同发展的美好期待，也是可持续交通运输迫切需要实现的目标。在推进可持续交通全球互联互通的进程中，各国不仅需要加快制定国内的政策措施，推动可持续交通基础设施的发展，尤其关注满足农村及偏远地区的需求；还要加强国际合作，促进协同发展，保证全球层面的交通可持续性。2023年举办的第六届中国国际进口博览会提出了完善科技创新体制机制，建立起产学研用深度融合的技术创新机制，建设一批具有国际影响力的实验室、实验基地、创新中心等创新平台，加大资源开发共享的力度，推动形成科技创新、促进可持续交通发展的良好格局。目前中国已经在国际合作中迈出坚实的步伐，和66个国家签订了双边海运、河运协定，与128个国家和地区签署了双边政府航空运输协定，还积极参与一系列国际组织事务，推动搭建多个国际合作平台，积极倡导、推进共建"一带一路"。交通可持续发展，需要全球交通合作、全球产业链供应链安全畅通运转，从而实现互联互通、公平惠普。

第二节 可持续交通运输的发展要求

从可持续交通运输的定义和联合国可持续发展的目标可以看出，可持续交通运输是实现环境、资源、经济、社会、科技的可持续发展，主要体现在能源消耗及碳排放、土地及其他空间资源的利用、交通安全等方面。

一、能源消耗及碳排放

（一）交通运输能源消耗的现状

交通运输领域是能源消耗的重点领域之一。能源消耗贯穿始终，从交通基础设施建设到投入运营再到服务管理，方方面面都会产生能源消耗，全球交通运输领域的能源消耗约占全球能源总消耗的32%。交通运输不仅是能源消耗的主要部门，也是能源依赖性最强的部门之一。发达国家交通运输能源消耗平均约占其能源消费总量的30%和石油消费总量的95%。2019年，我国

可持续交通
运输发展
要求

交通运输行业能源消耗约4.49亿吨标准煤，交通能耗已占全社会总能耗的20%，如不加以控制，将达到总能耗的30%，超过工业能耗。交通行业主要依赖石油、天然气、煤等化石能源，这些化石燃料是不可再生资源，若不加节制地使用，总有一天会消耗殆尽。而且其在燃烧过程中会排放出大量污染物，造成严重的大气污染，使用后的燃料废渣任意排放会造成水污染和土地污染等环境问题。未来随着人们生活水平的提高和机动车保有量的快速增长，交通能耗和碳排放将增长迅速，能源问题和环境问题形势严峻。国际能源署2023年10月发布的《世界能源展望》评论认为到2030年，能源需求总量的年均

增长率为0.7%，约为过去十年能源需求增长率的一半；到2050年，需求将继续增加。

（二）交通运输节能减排现状

节能减排指的是降低能源消耗和减少污染物排放。交通运输节能减排主要是指通过对交通基础设施的建设与运营、交通工具的设计与使用、运输企业的管理与控制来提高交通运行的能源使用效率，降低燃油消耗和减少尾气排放。交通节能减排措施可从国外和国内两部分展开。

1. 国外交通运输节能减排

国外对交通运输节能减排的政策实施较早。美国是人均能源消耗量最多的国家，在20世纪60年代就颁布了《洁净空气法案》，后陆续出台了《21世纪清洁能源的能源效率与可再生能源办公室战略计划》《国家能源政策》等十多项政策来推动节能，鼓励使用可再生能源和无污染能源，以减税等优惠政策和技术手段达到节能降耗的目的。2007年12月的《能源独立和安全法案》是美国第一次以立法的形式规定汽车工业的能耗标准和可再生燃料的年产量。美国对能源消耗和污染标准进行严格和详细的限制，通过法律法规来监管节能减排的执行情况。2015年，美国与中国签署了《中美元首气候变化联合声明》，之后在两国合作推动下，巴黎气候变化大会终于达成了《巴黎协定》，共同促进全球范围内应对气候变化工作的推进。2017年，美国政府签署了《能源独立行政令》，撤销了部分与气候相关的减碳政策法案，最重要的是废止了《清洁电力计划》，并且在政策上向化石能源倾斜，限制了清洁能源的发展。2021年2月发布了《应对国内外气候危机的行政命令》《清洁未来法案》等，通过推动新能源技术创新、实施绿色清洁能源解决方案、加大清洁能源投资、利用绿色金融优化市场资源配置等途径来促进能源转型，将发展清洁能源与美国经济发展相结合，加速各部门的低碳发展。2021年11月，美国众议院通过《重建更好法案》，面向风电、光伏的延期投资抵税免税、生产抵税免税政策计划延期至2034年，并对新能源汽车推出更高的税收抵免和补贴额度。2022年夏天签署的《通胀削减法案》（IRA）被称为"美国历史上最大、最重要的气候投资法案"，该法案旨在通过"升税、降本、增补"的方式解决美国高通胀，引导美国未来十年向能源安全和气候变化产业投资。其中包含3690亿美元用于支付电动汽车税收抵免、可再生能源和电池制造。预计到2030年，该法案将使美国的温室气体排放量比2005年的水平减少40%。2022年10月，拜登签署了《关于消耗臭氧层物质的蒙特利尔议定书》基加利修正案，要求美国逐步停止使用常用作制冷剂的氢氟碳化物等化学用品。

据统计，交通运输业对欧盟GDP的贡献率超过5%，全行业雇员超过1000万人，在欧盟经济体系中的影响举足轻重。同时，交通碳排放也占欧盟排放总量的1/4，且呈现不断上升的趋势。欧盟委员会于2019年底启动了"绿色新政"，在工业、农业、能源、建筑和交通等主要经济领域提出了一系列政策措施，期望到2030年实现温室气体排放较1990年减少55%的阶段性目标，到2050年实现温室气体达到净零排放，并且实现经济增长与资源消耗脱钩的气候中和最终目标。为了向零排放、可持续发展的交通转变，2020年12月发布了《可持续与智能交通战略》，提出包含10项目标及82项举措的计划，包括推广零排放汽车，推动可再生能源和低碳燃料及相关基础设施的使用，如在2030年前安装300万个公共充电站。2021年6月，欧洲议会通过《欧洲气候法》，使减排55%的阶段性目标具备法律强制性。7月，正式公布了名为"减碳55"的一揽子减排计划，推出12项关键低碳发展政策。"减碳55"以碳定价为市场基础，以2030年减碳目标为政策基础，以规范和标准为发展导向，以支持措施为激励手段，四方面工具相互衔接，力求发挥政策的最大效益，推动实现主要领域减碳目标。在这一揽子计划中，欧盟委员会将交通减碳视为核心任务之一，贯穿于"减碳55"的各项安排之中。

欧盟交通运输业主要依赖于石油及石油产品，欧盟交通运输能源消耗中，石油约占94%，高于其他任何部门。仅公路运输石油消耗就占欧盟石油总消费量的67%左右，而小汽车石油消耗则占交通运输业石油消费量的50%左右。为此欧盟委员会推动可再生燃料在交通领域的应用，分别于2003年、2009年通过了《生物燃料指令（BD）》《可再生能源指令（RED）》，对可再生能源在交通领域的强制性利用进行了规定。其中，《可再生能源指令》要求截至2020年，每个成员国确保国内交通用途的可再生能源消耗量至少占总交通能源消耗量的10%。目前欧盟各国的节能减排主要是在《京都议定书》框架下履行的，2006年公布实施的"提高能源效率行动计划"，提出了覆盖建筑、运输和制造等行业的75项具体措施，围绕限制汽车排放量、鼓励能源效率投资、提高发电站能效和建立刺激节能的税收制度等十大优先领域。2007年确立了《能源与运输发展战略》，规定提高交通运输领域的能效，支持替代能源和可再生能源的研究。多年来欧盟一直积极推行《欧洲绿色协议》，希望可以提供清洁、可负担和安全的能源，加速向可持续智慧交通转变，构建零污染的无害环境等。

德国于1998年就开始加大对可再生能源的扶持力度，从《可再生能源促进法》《可再生能源优先法》《可再生能源法》到《国家氢能战略》等，对可再生能源作出了细致的规划。虽然之前德国交通领域可再生能源利用水平较低，直到2003年才占交通领域能源消费总额的1%，但之后在政策措施指导下迅速发展，2007年达到7.3%，并制定了在2030年之前实现交通领域可再生能源份额达到28%的目标。此外还不断完善车辆能耗标准体系和检测制度，推出了新车油料消耗量标签规定，只有达到油料消耗标准的车才可以获得节油标签上市销售。2014年开始实施欧Ⅵ标准，并计划于2025年7月1日和2027年7月1日分别针对乘用车和商用车实施欧Ⅶ标准。

英国为了鼓励节省能源，积极展开立法保障和政策引导。在《更加绿色的未来》中，英国政府分别针对小汽车、大型货车、公共交通、铁路运输、航空及海运等不同运输方式提出了降低碳排放的发展方向。比如针对小汽车，2024年1月英国颁布零排放汽车（简称ZEV）新法规。该法规要求任何制造商在英国销售的新车中必须有22%为零排放车辆。这一门槛将逐年提高，以最终在2035年达到100%。

日本作为能源匮乏的岛国，一贯注重节能，相继推出多种措施，实现节能减排。比如汽车行业通过领跑者制度，对未达标的制造商采取警告、公告、命令、罚款等措施，2019年的能源消费效率比2016年提高了32%。此外，日本政府要求年运输量在3000万吨以上或分别拥有卡车200辆、大客车200辆、出租车350辆、装载量2万吨船舶及装载量9000吨航空器的运输企业，每年向政府报告节能计划及能源消耗和二氧化碳排放的情况报告。若企业节能减排没有达到计划目标，政府将给予指导。若指导后仍未达到目标，则向社会公布企业名单；如果企业再不采取有效措施，将对企业实施罚款。除了政策上的奖惩，在技术上也在不断推进，日本的汽车生产商本田、丰田和尼桑等公司大力开发混合动力汽车，使得每升燃料的行驶里程达到欧美车的2～3倍。日本还尽力提升低污染汽车的使用率，2023年度日本国内纯电动汽车新车销量为79198辆，与上一年度相比增长2.5%；插电式的混合动力车销势良好，销量增加21.5%至1971445辆。

2. 国内交通运输节能减排

近年来，我国也在不断出台相关政策，促进交通运输行业节能减排。"十一五"期间相继修订推出《中华人民共和国节约能源法》和《中华人民共和国可再生能源法》。早在2010年6月，交通运输部在"十二五"规划新闻发布会上就提出到2015年在2005年基础上综合单耗下降10%，营运船舶综合单耗下降15%，港口生产综合单耗下降8%，二氧化碳和主要污染物排放明显降低，开展绿色、低碳交通运输体系建设。之后相继出台了2017年《"十三五"现代综合交通运输体系发展规划》、2018年《交通运输部关于全面加强生态环境保护坚决打好污染防治攻坚战的实施意见》、2019年《交通强国建设纲要》、2020年《中国交通的可持续发展》白皮书等文件，均强调交通运输工具与设备对清洁能源的使用，促进交通节能减排。提出推动 LNG 动力船舶、电动船舶建造和改造，重点区域沿海港口新增、更换拖轮优先使用清洁能源。在沿海和长江干线等水域设立船舶大气污染物排放控制区，按照国际公约要求对进入中国水域的国际航行船舶实施船用燃油硫含量限制措施，推动船舶使用清洁能源和加装尾气污染治理装备，建立船用低硫燃油供应保障和联合监管机制。推广应用新能源和清洁能源汽车，加大新能源和清洁能源车辆在城市公交、出租汽车、城市配送、邮政快递、机场、铁路货场、重点区域港口等领域的应用。到 2020 年底，城市公交、出租车及城市配送等领域新能源车保有量达到 60 万辆，重点区域的直辖市、省会城市、计划单列市建成区公交车全部更换为新能源汽车。加快老旧和高能耗、高排放营运车辆、施工机械治理和淘汰更新，推进实施机动车排放检测与强制维护制度（I/M 制度）。中央财政采取"以奖代补"方式支持京津冀及周边地区、汾渭平原淘汰国Ⅲ及以下排放标准营运柴油货车。全面开展运输结构调整三年行动，2012—2019 年全国机动车污染物排放量下降 65.2%。

（三）交通运输节能减排的要求

从现有的节能减排措施中可以看出，交通可持续发展既要保障能源的供给，又要尽量减少能源消耗对环境、生态造成的污染。重点优化能源结构，不断寻求低成本、清洁低碳能源替代方案，推动能源绿色低碳化。由于短时间内化石能源的主体地位难以替代，如何提高能源消耗效率成为值得关注的问题之一。可持续交通运输对能源消耗的要求主要体现在优化能源供给结构、提高能耗效率和激励节能减排行为三个方面。

1. 优化能源供给结构

优化能源供给结构是交通运输领域进行节能减排的核心内容，主要是对现有能源利用进行系统变革。降低煤油、柴油在能源消费总量中的所占比例，提高天然气、电力在能源消费总量中的所占比例，加大氢能、生物液体燃料等清洁能源在交通运输领域的应用。

由于各国资源条件、能源战略、技术水平等方面存在差异，国内外对能源结构优化的侧重点有着不同的要求。美国在追求能源独立的前提下，以天然气和可再生能源为过渡能源，推动能源结构清洁化。如波音公司采用汉能阿尔塔柔性砷化镓薄膜电池设计了一架翼展 243 英尺（约 74 米）的太阳能无人机，其仅靠太阳提供动力就能有效地持续飞行。为打破交通运输对石油的依赖，欧盟《欧洲一体化交通区域路线图》白皮书表示到 2030 年城市交通中使用常规燃料的汽车数量减少 50%，基本实现中心城市无二氧化碳排放的运输，2030年可再生能源在交通部门的能源消费比例达到26%，到2050年全部取消城市交通常规燃料汽车。在"Fit for 55"（减少55%的温室气体排放的一揽子计划）中，欧盟委员会启动了ReFuelEU航空计划，要求欧盟机场不断提高可持续航空燃料的使用比例，力争在2025年占航空燃料的2%以上，到2035年达到20%以上，到2050年提升至63%以上。同时要求供应商在2030年至2050年纳入E-燃料（合成燃料，包括可再生氢和氢基合成燃料），计划于2030年达到0.7%，2050年达到28%。对于电能的使用，欧盟根据绿色协议设定了到2025年拥有100万个电动汽车充电点的目标，到2030年拥有300万个充电点。2020年，德国政府公布了一份法律草案，计划2026年前保证德国交通领域中使用的燃料14%来自可再生能源，2030年前航空领域中所用燃料混合2%的零碳排可再生燃料。

我国《能源生产和消费革命战略（2016—2030）》提出，统筹油、气、电等多种交通能源供给，积极推动油品质量升级，全面提升车船燃料消耗量限值标准。《交通强国建设纲要》提出，要优化交通能源结构，推进新能源、清洁能源应用，促进公路货运节能减排，推动城市公共交通工具和城市物流配送车辆全部实现电动化、新能源化和清洁化。《2030年前碳达峰行动方案》指出，积极扩大电力、氢能、天然气、先进生物液体燃料等新能源、清洁能源在交通运输领域应用；到2030年，当年新增新能源、清洁能源动力的交通工具比例达到40%左右。清洁能源行业也一直在开拓新的应用市场，而交通恰恰是重中之重。太阳能利用是现有可再生能源形式中，最适合于"分布式""移动式"交通要求的能源。新一代太阳能技术的诞生和逐步成熟，激发出了分布式能源、移动能源等新兴市场需求。作为我国太阳能动力汽车的开发者及薄膜组件的制造者、提供者，汉能集团在移动能源领域、"太阳能＋交通"领域作过诸多探索。其于2019年研发出了"中国K-car"太阳能动力汽车，该车通过车顶覆盖的薄膜太阳能发电组件吸收太阳光能，并转化为电能，为车辆提供动力，告别了烦琐的充电流程。在正常光照条件下，每日发电量可以让车辆正常行驶20千米以上，连续行驶一个月都无须充电，足以满足日常出行需求。北京大兴国际机场北一跑道南侧区域及其货运区屋顶分布式光伏发电项目顺利并网发电，其"跑道侧光伏系统"是我国首个飞行区跑道旁铺设的光伏系统。

2. 提高能耗效率

提高能源效率已是交通运输节能减排的共识。提高能耗效率包括减少能源消耗的技术或操作措施，使用更加清洁、更加高效的能源，使得能源的传输与消费过程更加节能，减少能源浪费。2018年，能源消耗"效率"在欧盟环境优先事项中仅次于空气污染物，排在第二名。57%的欧洲港口执行能源效率计划，节能被公认为绿色港口的关键指标之一。提高能耗效率主要体现在两个方面：一个是采用能耗效率更高的运输工具与运输设备。目前各国政府在推动内燃机能耗效率方面获得了一些成果，通过火花点火直接射油（spark ignition direct injection，SIDI）、混合燃烧、涡轮增压/快速充电优化汽油引擎等技术推动动力电子控制系统，改进能耗效率。电子技术在汽车中的应用使得其燃油效率提高了70%。码头起重机可使用节能轮胎、控制轮胎气压、发光二极管（LED）泛光灯和能量存储系统提高能耗效率。据统计，2023年中国新能源汽车市场规模为115000亿元，同比增长65.0%，2025年有望达到231000亿元。发展新能源汽车已经成为全球主要国家的普遍共识。从新能源汽车销售的发展目标来看，挪威计划到2025年全部销售新能源汽车（100%），美国加州计划到2025年销售的汽车中有15%为新能源汽车，而中国计划到2025年有25%的销售类型为新能源车型。由此看来，未来一段时间各国都将积极发展电子技术，提高能源效率，推动新能源汽车从蓝图变为现实。二是采用更加先进的能源管理系统，规划和管理能源生产者（供应）与能源消费者（需求）之间所有能源转移的过程，促进能源的高效利用。实施更复杂的能源管理技术，如储能系统、智能电网、微电网、虚拟发电厂（virtual power plant，VPP）和智能负荷管理，并采取措施促进能源消费转型，如交通设施的电气化、自动化、混合化，以及替代燃料和可再生能源的利用。能源管理计划是国际组织推荐使用的一种能源管理系统应用，一方面可减少能源消耗、峰值负荷和温室气体排放，另一方面可提高交通领域政策制定者和决策者的能源效率意识。例如能源管理计划将港口电力管理与物流运营相结合，能够有效提高港口能耗效率。一些港口已通过ISO 50001标准认证开展了能源管理计划，如智利阿里卡、比利时安特卫普、英国费利克斯托、德国汉堡和西班牙巴伦西亚的港口。

3. 激励节能减排行为

除了优化能源结构和在技术上提高能耗效率，采取措施激励机构、企业或者个人的交通节能减排行为是交通可持续发展的另一必然要求。对于交通机构和部门，可将节能减排列入强制性目标，参考国家的相关节能减排要求进行考核。例如我国"十一五"规划纲要将节能减排目标设为约束性指标，2016年《国务院关于加强节能工作的决定》明确要求建立节能目标责任制和评价考核体系，明确规定"节能统计、监测和考核"三个方案对落实节能统计监测、目标考核与奖惩等目标任务的重要作用。"十一五"以来，中国通过各项政策与行动逐渐完善了节能目标责任制，交通运输部门也针对这一系列的政策文件提出了行业节能减排目标并指导行业节能减排工作，明确公路、水路、铁路、民航等各运输部门的节能减排目标，强化考核机制。对于企业和个人，可以采用市场手段、舆论宣传等措施，从而激励节能减排行为。公共财政部门将国有公共交通项目节能低碳减排环保事业基金纳入其中，从而大大减轻中小企业的经济负担，提升中小企业环保行动积极性。同时，还可以适当下调环保型商用车辆的购置税，以引导城镇居民购买环保型车辆的方式，使城镇居民从原有的生活方式逐渐向节能环保方式转变。在实际工作时充分发挥经济杠杆的作用，具体可以借鉴国外一些成功的经验。例如，德国政府积极鼓励发展小型的节能咨询机构，凡新组建的节能咨询机构都可得到政府资助。政府每年对咨询人员进行专业培训，将能源统计信息通过每日的新闻通报、月统计报告和互联网等方式向社会免费提供，通过各种宣传手段来提高民众的节能意识。如每年在德国全国开展节能知识和技能竞赛，对优胜者给予奖励。我国在《2030年前碳达峰行动方案》中提出将生态文明教育纳入国民教育体系，开展多种形式的资源环境国情教育，普及碳达峰、碳中和基础知识。比如国家发展改革委、交通运输部等18个部门联合印发的《关于开展2023年全国节能宣传周和全国低碳日活动的通知》要求，各级交通运输部门以"积极应对气候变化，推动绿色低碳发展"为主题，采用"线上+线下"的组织形式，鼓励各地区、各有关部门和单位围绕活动主题和宣传重点，结合工作实际开展内容丰富有趣、形式新颖多样、各具风格特色的低碳宣传活动，动员全社会广泛参与低碳行动，培育引领低碳新风尚。

二、土地及其他空间资源的利用

（一）交通运输用地现状

土地资源是交通运输发展的物质基础，交通运输基础设施的建设需要占用大量的土地资源。交通运输用地是指用于运输通行的地面线路、场地等的土地，包括民用机场、港口、码头、地面运输管道和各种道路用地。目前交通占用的土地资源较多。我国交通运输用地已由2015年底的0.35亿亩增长到2022年底的15.279亿亩，2022年我国城市道路交通设施用地面积为10052.09平方千米，其中广东、江苏、山东地区道路交通设施用地面积较大，分别为1213.68平方千米、856.59平方千米、789.81平方千米。2022年，北京、深圳、上海、广州道路占建成区面积比例分别为10%、11%、10%、16%。随着我国城镇化进程的加快，城市交通基础设施建设与有限的城市土地资源之间的矛盾会越来越突出，处理交通发展与土地资源的关系，成为影响可持续发展的重要因素。

（二）交通运输用地发展规划要求

为保证交通建设对土地的占用符合可持续发展的总体要求，应当在地方和区域层面上整合交通运输和土地利用规划，协调各种交通运输方式的基础设施的规划建设，大力推广节地技术，促进便捷、通畅、高效、安全综合交通网络的形成和完善，对此我国已经采取了一系列措施。目前无论是规划界还是交通界，均认为只有实现土地使用与交通协调发展才能彻底解决交通问题，促进交通可持续发展。交通用地发展措施主要从规划观念、规划技术、编制体制、土地政策等方面突破。

以城市规划为主、交通规划为辅的传统观念已经转向了城市规划与交通规划并重的新观念。传统城市规划关注的内容侧重于土地的利用及城市功能的空间布局，再配套交通方案，也就是先土地规划后交通配套。然而现在的城市规划越来越偏重公共政策，土地规划内容也逐渐开始关注城市空间发展政策及交通发展政策对规划布局或交通模式的影响。土地使用与交通协调发展的理念贯穿于土地利用研究的发展历程。

从20世纪60年代的劳瑞（Lowry）模型开始，国内外众多学者在城市土地使用与交通一体化研究领域进行了探索实践，并取得了非常瞩目的成就。土地使用模型发展依次为简单可视化模型、非市场基于规则模型、基于价格信号模型和基于空间经济学模型，而交通模型从传统的四阶段模型逐步升级到基于评定模型（logit model）划分的模型、基于出行的模型和基于活动的模型。1971年，美国交通部"交通发展和土地发展"研究课题，正式推动了土地利用与城市交通综合研究。1991年，普特曼（Putman）在细分居住分配模型/就业人口分布模型（DRAM/EMPAL）基础上，研发了美国第一个真正实用的土地使用交通一体化分析软件包——综合土地利用/交通系统模型（ITLUP）。我国进展则较慢，1987年中国城市规划设计研究院交通所启动的"大城市综合交通体系规划模式研究"，首次对城市用地与交通发展的关系进行了深入研究，尤其是用地结构与交通模式特征的关系。2009年，北京市城市规划设计研究院从理论、研究框架和最终的实践应用，系统地介绍了其关于土地使用与交通协调发展的研究，尤其是结合控制性详细规划提出用交通承载力来校核开发强度的技术框架。随着定量化分析工具的出现，我国的土地使用与交通一体化研究已深入规划的各个层面。

（三）交通运输与土地使用协调发展要求

随着城市化进程的发展，未来世界上大部分人口将向城市集中，土地及空间作为最宝贵的资源，在城市发展和交通可持续发展中起到至关重要的作用。城市土地使用与交通协调发展一直是交通可持续发展的核心内容之一。绝对增加或者减少交通用地都不能有效解决交通问题。促进交通可持续发展需要推动和加强城市土地交通一体化的研究和实践，既需要规划思维上的更新，也需要实践方法上的更新。

首先，在规划思维上，需要将土地规划与交通系统设计结合起来，认识到城市的演变是用地和交通的一体化演变，城市的可持续发展目标只有从整体上对土地利用、交通、环境保护一起考虑才能实现，特别是对可持续的公共交通系统而言，其成败很大程度上取决于土地规划与控制上的配合。此外，可以将公共交通系统作为诱导工具，提高以私人小汽车为主要交通工具的城市人口与就业密度，发挥交通工具与基础设施对城市发展的主导作用。

其次，在实践方法上，整合国外近几十年的实践案例，将城市交通规划与建设和城市土地利用的成功归纳为四种模式。第一种是构建以公共交通系统为骨架的城市土地利用格局，形成公交导向型的发展模式。这种模式往往以有轨交通为干线通道，在沿线的主要站点建立相对密集和具有混合土地利用特征的社区或者新城镇。成功的案例有斯德哥尔摩、哥本哈根、东京和新加坡。第二种是构建顺应城市扩展而跟进发展的公交系统。很多城市在已经形成了低密度形态的扩散后才不得不发展公共交通，低密度、分散的土地利用与私人小汽车相叠加导致交通环境问题突出。在庞大的私人汽车交通流量下，公共交通必须采用先进灵活的技术设备和富有创意的服务，来提高公共交通的占有率，促进城市交通可持续发展。在这方面取得成功的城市有提供道路与轨道两用巴士的阿德莱德，以及充分发挥私营小型公共汽车服务的墨西哥城。第三种是构建强核心城市，使用各种交通方式包括有轨电车、轻轨、地铁、步行区、单车道与城市公共空间有机结合，如苏黎世和墨尔本都是这类城市。第四种是构建公共交通与城市扩展相互迁就的城市，如慕尼黑和渥太华，一方面努力建立以公共交通（特别是大型轨道交通）干线通道为主的较高密度的集中性活动中心或生活中心，另一方面充分使用公共汽车等传统交通工具作为支线，覆盖低密度居住区。

土地使用与多模式交通应是一个整体，城市交通系统是一个有规则指向的多模式叠加和复合的网络服务系统。由于城市生活的日益多样化，城市交通规划要从单一模式向一个多模式的相互支撑的交通体系转变。我国城市交通与土地使用具有共发并生的特点，多模式交通体系的选择应该符合其所处城市环境的特征，城市的开发建设要考虑对不同交通模式的影响以及与城市发展的多维度目标相结合，从而保证城市交通建设的快变量与城市总体发展的协调一致，实现可持续发展和低碳城市建设的目标。

三、交通安全

交通安全是指在交通活动过程中将人身伤亡或财产损失控制在可接受水平的状态。交通安全关乎人们的生命和财产，影响着社会与国家的稳定发展，是可持续交通以人为本的重要内涵。随着交通工具和基础设施的发展，交通已经成为人们生活中不可或缺的一部分，在给人们带来便利的同时，也威胁着人们的健康和生命。

（一）交通安全现状

随着交通量的增加、机动车的广泛使用，交通安全形势不容乐观。交通事故是如今导致人类死亡的第一大因素。世界卫生组织2015年数据显示，全球每年大约有130万人的人生因交通事故而终止，还有2000万～5000万人受到非致命伤害，其中许多人因此残疾。我国2018年共发生交通事故约24.49万起，因交通事故死亡达到6.32万人，受伤约25.85万人，交通事故造成直接财产损失共计138456万元。交通事故导致人体伤残，给个人、家庭和整个国家都带来了巨大的生命伤害与财产损失。而且交通事故需要支付死者的赔偿费、伤者的治疗费用，以及因事故伤残者丧失劳动能力后的生活补助，这些都是社会巨大的经济负担。世界卫生组织2023年12月13日发布的道路交通伤害报道显示，仅道路交通碰撞的损失就占大多数国家国内生产总值的3%。

目前交通安全问题已成为世界各国的问题，尤其是低收入国家，因道路交通死亡的风险是高收入国家3倍之多。非洲每10万人中有26.6人因道路交通事故而死亡，死亡率最高。全世界道路死亡中有90%左右发生在低收入和中等收入国家，而这些国家的车辆仅占全世界总量的约60%。随着经济发展和人口增长，这些中低收入国家人口的驾驶证比例将会快速增长，例如中国的机动车驾驶员人数已由2010年的2.01亿人增长到2023年的5.23亿人，占到全国总人口的37.1%。而美国2007年驾驶员人数就已经达到了2.06亿，占全国人口总数的68.3%。与美国等发达国家相比，中国今后的机动车驾驶人员还有较大的增长空间。世界各国对交通安全日益关注，开始投入大量的人力、物力研究道路交通事故并制定相应对策,在实践中不断完善。

(二)交通安全措施

交通安全意味着人或物遭受损失的可能性是可以接受的。为维持这种安全的状态,主要从技术和管理两方面开展措施保障交通活动的安全进行。

1.技术措施

从技术方面做的安全措施可分为主动交通安全技术和被动交通安全技术两种。主动交通安全技术是通过预先防范,在突发情况下,辅助驾驶员在轻松和舒适的驾驶条件下自如地操纵控制交通工具,规避交通事故的发生。汽车主动安全技术比较多,主要体现为对危险因素进行判断,并提前采取预防措施,保证车辆的可控。例如在制动避险方面,常见的技术措施有汽车制动防抱死系统、电子制动力分配系统、自动紧急制动、自动制动差速器、坡道控制系统、紧急制动辅助装置等。其中,制动防抱死系统是目前应用较为广泛的一种主动安全技术,当汽车紧急制动时,这个系统使车轮保持在微弱滑移的滚动状态下制动且不会抱死,避免因前轮抱死无法控制车辆行驶方向以及后轮抱死出现侧滑的现象,可以避免车辆出现甩尾和侧移从而引发翻车等交通事故。另一种主动安全技术是时刻检验车辆的运行状态,并与环境进行对比,识别与预警危险,有车道偏离预警系统、前碰撞预警系统、驾驶警觉控制系统等,以提高车辆行驶中的安全系数。例如车道偏离预警系统可根据车轮与车道之间的距离监测车辆偏离车道的程度,并在适当时候发出警报信号,提示驾驶员车辆处于车道偏离状态,应该及时修正方向,避免发生交通事故。主动安全技术除了可以通过车载系统对汽车安全性能进行干预,也可以从对驾驶员的监控着手。据统计,约有90%的交通事故是由驾驶员注意力不集中引起的。将驾驶员的眨眼频率等体征与其正常状态进行对比,超过或者低于一定值则被认定为疲劳状态,这时车辆会通过发出警报声、方向盘振动等方式对驾驶员进行警示,提示需要停车休息,避免疲劳驾驶带来的事故危险。随着主动安全技术与人工智能技术、自动化技术、大数据技术等深度融合,已有主动智能安全技术,比如辅助驾驶系统,其在一般情况下能辅助驾驶员行车,降低驾驶员的劳动强度。

被动交通安全技术是指在事故发生过程中和事故发生后,为了避免人员受伤或者降低人员受伤程度而采用的一种应急安全技术。当前广泛应用的交通被动安全技术主要包括安全带、安全气囊、胶质强化风挡玻璃、吸能车身、安全头枕、激光焊接车身等。汽车安全带是在碰撞时对乘员进行约束以及避免碰撞时乘员与方向盘及仪表板等发生二次碰撞或冲出车外导致死伤的安全装置，是公认最有效的安全装置之一，很多国家要求强制装备安全带。我国1992年11月15日发布《关于驾驶和乘坐小型客车必须使用安全带的通知》，规定上路行驶的小型客车驾驶人和前排乘车人必须使用安全带。安全气囊在现代车辆中的应用越来越广泛，发生被动碰撞事故后，安全气囊会在短时间爆开并充满惰性气体，对车内人员的撞击起缓冲作用。随着人工智能技术的发展，事故自动报警系统逐渐得到应用，这个系统在全球导航卫星系统和智能汽车交通展开相互配合的基础上实施，当汽车发生安全事故时，该系统就会自动向最近的医疗急救部门和交通安全管理部门进行报警，为有关部门及时提供较完整的事故信息。未来汽车被动碰撞安全技术研究会朝着智能化方向不断发展，寻求接触搜寻新算法，提高汽车自身的安全性能等。

2. 管理措施

除了技术上的安全措施外，交通参与者安全意识的培养和行为规范也非常重要，对交通参与者的管理主要体现在法律法规的颁布和交通安全知识的宣传教育两方面。

为了减少交通事故，美国从法规制度入手开展多项活动。1930年颁布了《统一机动车辆法》《驾车规则》。1966年基于《意外死亡和残疾：现代社会忽略的疾病》《国家交通及机动车安全法》等实施联邦机动车安全标准。1986年执行酒驾入刑规定，完善《机动车安全规定》《长途公共汽车安全》《机动车辆安全》《国民驾驶员注册登记》等涉及驾驶员安全管理的相关法律法规。2012年制定《21世纪推进发展法案》。2017年9月发布《自动驾驶系统2.0：安全愿景》，列出了自动化设备系统开发、测试和部署过程中最突出需要考虑和解决的12个安全要素。德国政府以"减少交通事故死伤人数"为目标，连续采取一系列管理措施，如限制州级道路最高时速、推荐高速公路时速、严厉查处酒后驾驶，以及严管车辆驾驶人和乘客系安全带、摩托车驾驶人和乘客戴头盔，营运驾驶人每天驾驶时间不得超过9小时等，并对违反规定的行为处以严厉惩罚。开车打电话罚款从60欧元提升到200欧元，超速和闯红灯违法行为还会被罚禁止驾驶一段时间。另外，德国的记分制度十分严格，德国驾照的交通违法记分从18分减少为8分，其中被扣6～7分会被严重警告，8分直接吊销驾照。日本在交通安全管理方面非常注重人文关怀。2001年全面实施《儿童安全座椅法》，保证婴幼儿的交通安全，并将使用儿童安全座椅的年龄定为0～7岁（包括身高不足120厘米者）。2020年日本通过的新《道路交通法》，增加了新的规定来规范人们的驾车行为，如把别车定义为"妨碍交通"行为。我国有关道路交通安全的管理法规也比较多，主要包括《中华人民共和国刑法》《中华人民共和国民法典》《中华人民共和国治安管理处罚法》《中华人民共和国道路交通安全

法》《中华人民共和国道路交通安全法实施条例》《机动车交通事故责任强制保险条例》等，这些法律法规在保护人民生命和财产安全方面起到了很大作用。尤其是《中华人民共和国刑法修正案（八）》中的"醉驾入刑"，对醉驾等危险驾驶处罚力度超前，有效遏制了酒驾等不良行为的发生。

关于交通安全宣传教育，各国十分重视对青少年的宣传教育。美国从1928年开始在小学设立交通安全教育课程，开展日常性交通安全教育工作。之后成立了美国交通工程师学会和全国性的交通安全领导机构，负责编制交通安全教育的教材、宣传画和小册子。在保育院、幼儿园开设交通安全教育课，对儿童进行系统的交通安全教育。日本也格外重视全民的交通安全教育，尤其是对中小学生的教育，设立了交通安全巡视制度，负责保护行人和儿童交通安全，监督交通安全教育的开展情况。法国在20世纪50年代就以法律形式规定了学校有义务对学生进行交通安全宣传教育，每月要有半小时的交通知识教育和一个半小时的技术训练。指定由交通安全协会分发教材，指导孩子们如何驾驶自行车、摩托车等，使他们在实践中掌握交通安全知识。德国则设立了机动车监督协会，主要从事交通安全培训，开展汽车安全检测和交通事故鉴定，促进汽车产品更加安全等工作。相比而言，我国的交通安全宣传教育工作水平起步较晚，先后有《关于加强道路交通管理法制宣传教育工作的通知》的总体部署和《"十四五"全国道路交通安全规划》等，一些城市也已经把交通安全教育纳入幼儿园、中小学校的教学内容。

（三）交通运输安全的发展要求

交通安全是可持续交通中以人为本的体现。许多国家已经将交通安全摆在交通可持续发展的首位，在交通战略计划中，将交通安全作为首要目标，明确指出要实现减少交通伤亡、促进公共健康、改善公共安全的目标。联合国会员国于2017年11月就12项全球道路安全绩效目标达成了共识，鼓励各国在符合国家和地方政府法规的情况下，围绕交通安全管理、增强道路和机动车安全、增强车辆安全、增强道路使用车安全和事故后的响应这五大主题开展活动。

交通安全的
发展要求

第三节　可持续交通运输发展对策

为人员和货物的流动提供安全可靠的交通运输是建立在环境、经济、社会和科技可持续理念基础上的。当社会经济发展到一定阶段时，就要解决交通事故、交通堵塞和环境污染等问题，推进可持续交通的发展。只有利用先进的科学技术手段，大力发展智能交通基础设施，推动绿色交通工具发展，同时建设开放、共享、协调的服务与管理系统以及基于数据的智能决策系统，才能取得较好的效果。

一、发展智能交通基础设施

发展智能交通基础设施，一方面能释放出现有基础设施更多的内在价值，只需很少的人力、物力，就能增加数据获取的维度，延长设施的生命周期；另一方面满足基础设施全寿命数据监测、海量数据处理分析等需求，充分形成体现创新、协调、绿色、开放、共享新发展理念的模式，不断增强交通基础设施的核心竞争力。

可持续交通
发展对策

目前世界各国都在紧锣密鼓地布局交通智能基础设施建设。如德国应用具备桥梁健康监测和养护相关技术的智慧桥梁，还有意大利的无人机监测智慧高速、印度的智慧绿色高速（smart and green highway）、澳大利亚的智慧高速（smart motorway）、马来西亚的智慧高速（smart highway），以及荷兰的发光智慧高速（glow line）。美国以公路智能运营维护和车联网技术部署为契机推进基础设施智能化升级改造，研发模块化可感应的智能路面（smart pavement），并持续开展基于5.9吉赫短程无线通信技术的车联网产品研究。日本围绕智慧公路建设目标，促进车路设备有序迭代，逐步构建高速公路车路协同体系，推进基础设施的更新升级。欧洲以主动交通管控为基本路径推进智能基础设施建设，比如开展内嵌协作式智能交通（C-ITS）的智能基础设施带研究，提出高速公路路内智能监测体系，支持基于位置的车载终端及手机端无线交互，集成交通流监测、指引体系及管控信息虚拟化、基础设施健康状态实时感知等功能，集约化理念突出，节约了生产资源。

我国以数据链为核心，差异化开展智慧公路示范建设，围绕交通强国示范建设和新型基础设施建设部署，以智慧公路为融合基础设施的重要抓手。比如杭绍台智慧高速，基于高桥隧比、大雾冰雪等极端天气易发等基础特征，着重打造准全天候运行、智慧隧道、车路协同、智慧服务区等四类特色应用场景，搭建智慧高速云控平台，支持隧道主动应急救援及自动驾驶，体现出以人为本的理念。交通运输部2020年发布的《关于推动交通运输领域新型基础设施建设的指导意见》，指出要从助力信息基础设施建设、打造融合高效的智慧交通基础设施、完善行业创新基础设施三大领域的14项任务推动交通运输基础建设的发展，具体如表10.1所示。

表10.1　我国智能基础设施内涵体系

信息基础设施					融合高效的智慧交通基础设施								行业创新基础设施
5G等协同应用	北斗系统和遥感卫星行业应用	网络安全保护	数据中心	人工智能	智慧公路	智能铁路	智慧航道	智慧港口	智慧民航	智慧邮政	智慧枢纽	新能源新材料行业应用	科技研发

二、发展绿色交通工具

绿色交通工具包括各种低污染车辆，如双能源汽车、天然气汽车、电动汽车、氢气动力车、太阳能汽车，以及绿色船舶、绿色飞机等。发展绿色交通工具是发展可持续交通的主要对策之一。绿色交通工具在自然环境方面能够减少空气污染与酸雨，减少公共空间噪声，减少路道面尘土与污垢。绿色交通工具在社会效益方面可以提高市民生活品质，在经济方面可以降低能源费用，减少能源短缺的伤害，降低健康照料的费用，是解决交通带来的空气污染、温室气体排放、石油等能源消耗和城市拥堵四大问题的主要抓手。

世界各国针对发展绿色交通工具纷纷采取措施。联合国秘书长古特雷斯特别呼吁制造业大国在2035年前逐步淘汰内燃机汽车的生产，发展中国家则延长到2040年。欧盟委员会2020年12月发布的《可持续与智能交通战略》，提出可持续出行——向零排放、可持续发展的交通转变，推广零排放汽车，建立零排放机场和港口等。美国计划至2035年建立1500～3300个氢能站，为数百万辆燃料电池汽车的市场提供服务。迪拜大力推进自动驾驶和绿色交通相结合，其对自动驾驶相关的数据统计预测显示，假如自动驾驶在整个迪拜实施，将提高13%的生产力，降低12%的污染，降低44%的移动成本，提高公众20%的运行效率，减少50%的停车空间，同时提升12%的交通安全行驶情况。2020年我国印发的《新能源汽车产业发展规划（2021—2035年）》提出，到2025年，我国纯电动乘用车新车平均电耗将降至12.0千瓦时/百千米，新能源汽车新车销售量将达到汽车新车销售总量的20%左右，高度自动驾驶汽车将实现限定区域和特定场景商业化应用，充换电服务便利性显著提高。

三、数字化协同管理

数字化协同管理是基于交通运输系统的结构功能特征，使用协同学原理，根据可持续发展目标对人、车、路、环境等实现数字化管理，以实现交通系统的协调并产生协同效应。如今已是大数据时代，交通数字采集手段增多，数据面广，如公交场站位置、物联网数据、车辆业务数据，以及社交媒体上的一些外部数据等。交通数据的普及性、普遍性、精确性有助于交通信息的高度集成和互联，达到精确管控的效果。交通管理部门依靠各种互联网感知器，将各种分散的、不规则的信息整合成一张"信息网"，对复杂天气、拥堵、事故等进行实时分析，掌握更多的交通状况，实现对资源的协调和优化，减少资源浪费。基于大数据的交通路网动态分析，可以为用户出行提供实时方案选择，提高交通服务的精确性和个性化，体现出以人为本的理念，同时也达到高效出行的目的。随着信息的全方位、全过程、全覆盖，交通数字化协同管理使得人、车、路高度信息化、协同化，不仅能产生了 $1+1>2$ 的效果，也可以进一步提高交通运输安全、绿色水平，契合可持续交通对环境、资源、社会、经济、科技可持续性的要求。

数字化协同管理的发展有赖于各项智能网联技术和协同技术的研发，尤其是对车路协同技术的研发。车联网（V2X）技术是实现高度智能的车路通信与协作的基础，在异构网络融合和频谱资源共享基础上实现无所不在的网络覆盖，例如5G、DSRC、Wi-Fi等。目前国际上V2X技术主要有DSRC和蜂窝车联网（C-V2X）两种技术方案。主要国家和地区车路协同发展动态分析情况如表10.2所示。总体而言，车路协同技术正由V2X技术路线逐渐向C-V2X+5G技术路线转变。2020年，奥迪和美国弗吉尼亚州交通部共同试验了C-V2X技术；2019年，欧盟通过一项法案，允许蜂窝技术应用于车路协同通信；2019年，日本也进行了首次C-V2X试验；中国也在积极开展车路协同技术试验。

表10.2 2019—2020年全球主要国家和地区车路协同发展动态分析情况

地区	年份	重要事件
美国	2019	福特、戴姆勒、大众和英特尔等16家行业巨头，取得在5.9吉赫频段部署C-V2X技术行政许可的请求
	2020	奥迪和美国弗吉尼亚州交通部共同试验C-V2X技术，其芯片组来自高通
欧盟	2019	欧盟委员发布了一项授权法案，认可ITS-G5标准作为车与车、车与路侧基础设施通信的技术基础，同时允许使用LTE和5G蜂窝技术与远程基础设施及云服务进行额外通信

续表

地区	年份	重要事件
欧盟	2020	高通9150 C-V2X芯片组以及其他来自汽车和基础设施供应商的产品，已经完成了欧洲无线电设备指令（RED）认证
日本	2019	成功使用5.8吉赫作为直接通信的实验无线电射频，进行了首次C-V2X试验，以DSRC标准为主的车路协同体系开始向V2X转变，如车到车（V2V）、车到基础设施（V2I）、车到行人（V2P）直接通信，以及车到网络（V2N）运营
中国	2019	《数字交通发展规划纲要》表示要推动自动驾驶与车路协同技术研发，开展专用测试场地建设
	2020	《智能汽车创新发展战略》表示要推动5G与车联网协同建设，开展特定区域智能汽车测试运行及示范应用，验证"人—车—路—云"系统协同性等

V2X将人、车、路、云等交通参与要素有机地联系在一起，支撑车辆获得比单车感知更多的信息，促进自动驾驶技术创新和应用，还有利于构建一个智慧的交通体系，促进汽车和交通服务的新模式新业态发展，改善交通管理，对提高交通效率、节省资源、减少污染、降低事故发生率具有重要意义。2021年1月1日开始，荷兰城市数据开放平台（UDAP）全面运行，荷兰全国的车主都可以通过车到车（V2V）生成的实时交通信息，了解前方路口红灯等待时间和建议车速，以更畅通无阻地出行，提高道路安全。交通管理单位可以访问该平台系统，收集来自车辆的匿名数据，以此控制交通流量。

复习讨论题

复习题　　课件

1. 什么是可持续交通运输？

2. 谈谈可持续交通运输分别在经济、资源、环境、社会、科技方面的体现。

3. 谈谈可持续交通运输在环境、安全、资源及能源方面的发展要求。

参考文献

[1] CROUCH T D. Lighter Than Air [M]. Baltimore: Johns Hopkins University Press, 2008.

[2] SCHRANK D L, TURNER S M, LOMAX T J. Urban Roadway Congestion—1982 to 1992,
     Volume 1: Annual Report [R]. College Station: Texas Transportation Institute, 1995.

[3] YIN Y H, CHEN T, DU Z G et al. The impact of transport pricing policy on individual
     energy consumption: A modeling case study in Kumamoto [J]. Journal of Advanced
     Transportation, 2016, 50(4): 459–472.

[4] YIN Y H, MIZOKAMI S, AIKAWA K. Compact development and energy consumption:
     Scenario analysis of urban structures based on behavior simulation [J]. Applied Energy,
     2015, 159: 449–457.

[5] YIN Y H, MIZOKAMI S, MARUYAMA T. An analysis of the influence of urban form on
     energy consumption by individual consumption behaviors from a microeconomic viewpoint
     [J]. Energy Policy, 2013(61): 909–919.

[6] YIN Y H, WANG H, XIONG J M et al. Estimation of optimum supply of shared cars based
     on personal travel behaviors in condition of minimum energy consumption [J]. Environment,
     Development and Sustainability, 2021, 23: 13324–13339.

[7] YIN Y H, YU Z, WANG H et al. Sharing transport in high education area of Ningbo:
     Examining users' characteristics and driving determinants [J]. Journal of Cleaner
     Production, 2021, 306: 127231.

[8] YIN Y H, ZHANG L, YANG Z Z et al. Achieving maximum energy consumption efficiency

from a personal behavior perspective: A case study of Kumamoto [J]. Journal of Cleaner Production, 2020, 248: 119234.

[9] 陈楠枰. 创新＋智慧助推未来交通高质量发展[J]. 交通建设与管理, 2021（1）: 40-41.

[10] 陈义志. 中低运量的新型城市轨道交通系统[J]. 山西建筑, 2019, 45（18）: 100-101.

[11] 国家技术监督局. 民用航空器飞行事故等级: GB 14648—1993 [S]. 北京: 中国标准出版社, 1994.

[12] 国家统计局. 中国统计年鉴[M]. 北京: 中国统计出版社, 2019.

[13] 过秀成. 交通运输工程学[M]. 北京: 人民交通出版社, 2017.

[14] 贺兴东, 汪鸣. 枢纽经济发展趋势与实现路径[J]. 中国经济报告, 2021（5）: 5-10.

[15] 胡思继. 交通运输学[M]. 2版. 北京: 人民交通出版社, 2017.

[16] 胡永举, 黄芳. 交通港站与枢纽设计[M]. 2版. 北京: 人民交通出版社, 2020.

[17] 黄卫, 陈里得. 智能运输系统（ITS）概论[M]. 北京: 人民交通出版社, 1999.

[18] 孔纲强, 王保田. 路基工程[M]. 北京: 清华大学出版社, 2013.

[19] 李鹤林, 吉玲康, 田伟. 高钢级钢管和高压输送: 我国油气输送管道的重大技术进步[J]. 中国工程科学, 2010, 12（5）: 84-90.

[20] 李美红. 低碳经济下水路运输经济发展优势探讨[J]. 中国储运, 2021（6）: 78-79.

[21] 李雪梅, 刘倩. 国土空间规划中用地分类体系比较研究[J]. 城市, 2020（2）: 34-40.

[22] 李岩, 王永岗. 交通工程学[M]. 北京: 人民交通出版社, 2019.

[23] 连义平. 综合交通运输概论[M]. 2版. 成都: 西南交通大学出版社, 2009.

[24] 刘芳, 杨淑君. 欧盟绿色交通发展新趋势[J]. 工程研究——跨学科视野中的工程, 2017, 9（2）: 148-155.

[25] 刘凯. 现代物流技术基础[M]. 北京: 清华大学出版社, 北京交通大学出版社, 2004.

[26] 刘峥, 王建昕. 汽车发动机原理教程[M]. 北京: 清华大学出版社, 2001.

[27] 陆化普. 交通强国战略下城市交通发展要求与对策重点[J]. 城市交通, 2020, 18（6）: 1-9.

[28] 马湘山, 姜冬梅. 中国民航国际航线的减排压力和应对策略[J]. 生态经济（中文版）, 2012（6）: 38-41.

[29] 欧阳旭, 张晔芝. 高速铁路桥梁桥面方案比较研究[J]. 中国西部科技, 2010, 9（17）:

26–27，29.

[30] 齐中熙，周圆，许可，等.书写"联通""畅通""沟通"新篇章——习近平主席在第二届联合国全球可持续交通大会开幕式上的主旨讲话解读[J].珠江水运，2021（20）：20–21.

[31] 上海市城乡建设和交通发展研究院.上海市第五次综合交通调查主要成果[J].交通与运输，2015，31（6）：15–18.

[32] 邵春福.城市交通概论[M].北京：北京交通大学出版社，2016.

[33] 邵滢璐，李昕阳，姚立."出行即服务"系统下的城市空间影响探析[J].城市发展研究，2019，26（S1）：60–64.

[34] 沈志云，邓学钧.交通运输工程学[M].2版.北京：人民交通出版社，2003.

[35] 孙百亮，张昭.交通强国建设的内在逻辑及其推进策略[J].西安建筑科技大学学报（社会科学版），2020，39（5）：7–13.

[36] 孙彦明，赵树宽，刘向，等.交通运输发展规划理论与实践[M].北京：电子工业出版社，2019.

[37] 田大新，王云鹏，鹿应荣.车联网系统[M].北京：机械工业出版社，2015.

[38] 王明怀，陈茜.交通基础设施建设和保护国土资源[J].综合运输，2001（9）：1–3.

[39] 王强，李哲.德国道路交通安全管理现状概述及思考[J].汽车与安全，2016（4）：88–93.

[40] 王庆云.关于综合交通网规划的方法与实践[J].交通运输系统工程与信息，2005，5（1）：11–15.

[41] 王庆云.综合交通网规划中的系统工程思想及实践[J].交通运输系统工程与信息，2008，8（1）：11–16.

[42] 王卫.城市交通与城市经济发展[M].南京：东南大学出版社，2016.

[43] 吴国庆.国标《公路运输术语》的制订和说明[J].交通运输研究，1988（3）：6–8.

[44] 徐桂琼.低碳经济视角下公路运输经济的发展探讨[J].全国流通经济，2019（27）：140–141.

[45] 徐金贵.汽车尾气排放的危害及治理措施分析[J].内燃机与配件，2021（21）：225–226.

[46] 徐宪平.统筹协调　优化配置　着力推进综合运输体系建设[J].综合运输，2011（1）：4–9.

[47] 闫海峰.城市轨道交通设备[M].北京：科学出版社，2016.

[48] 杨春雨.我国水运业国民经济影响分析[J].科技、经济、市场，2016（4）：38–39.

[49] 于英.交通运输工程学[M].2版.北京：北京大学出版社，2017.

[50] 曾军.城市道路横断面设计研究[J].工程建设与设计，2021（11）：61–63.

[51] 张琳琳.城市交通管理[M].北京：中国人民大学出版社，2018.

[52] 张卫华，缪炳荣.下一代高速列车关键技术的发展趋势与展望[J].机车电传动，2018（1）：1–5，12.

[53] 赵光辉，李长健.交通强国战略视野下交通治理问题探析[J].管理世界，2018，34（2）：182–183.

[54] 赵鹏飞.全面推动交通运输绿色低碳发展　加快形成绿色低碳交通运输方式[N].中国交通报，2022–02–11（1）.

[55] 赵萍.动车组的定义及分类[J].内燃机车，2011（1）：5.

[56] 中国民航局空管局技术中心.智慧空管有多智慧[J].大飞机，2022（1）：13–17.

[57] 周江评，李玉涛.可持续交通的概念演进与范式体系[J].中国投资（中英文），2021（23–24）：30–34.

[58] 周龙.交通运输安全管理问题及对策研究[J].交通世界，2021（21）：149–150.

[59] 周正祥，刘海双.湖南省综合交通运输体系优化策略[J].长沙理工大学学报（社会科学版），2018，33（5）：79–87.

[60] 朱鹏飞.悬挂式单轨交通的发展现状与应用展望[J].现代城市轨道交通，2020（4）：96–100.